DEUTSCHES INSTITUT FÜR WIRTSCHAFTSFORSCHUNG

BEITRÄGE ZUR STRUKTURFORSCHUNG HEFT 107 · 1988

Frank Stille, Renate Filip-Köhn, Heiner Flassbeck,
Bernd Görzig, Erika Schulz und Reiner Stäglin

Strukturverschiebungen zwischen sekundärem und tertiärem Sektor

DUNCKER & HUMBLOT · BERLIN

Verzeichnis der Mitarbeiter

Bearbeiter

Frank Stille
Renate Filip-Köhn
Heiner Flassbeck
Bernd Görzig
Erika Schulz
Reiner Stäglin

EDV/Statistik

Peter Baumann
Ingrid Ludwig
Barbara Müller-Unger
Gerda Noack
Manfred Schmidt
Susanne Reising
Alfred Zoche

Textverarbeitung

Sylvia Brauner
Maria Enneking-Meyer
Gisela Rudat

Herausgeber: Deutsches Institut für Wirtschaftsforschung, Königin-Luise-Str. 5, D-1000 Berlin 33
Telefon (0 30) 82 99 10 — Telefax (0 30) 82 99 12 00
BTX-Systemnummer * 2 99 11 #
Schriftleitung: Dr. Oskar de la Chevallerie
Verlag Duncker & Humblot GmbH, Dietrich-Schäfer-Weg 9, D-1000 Berlin 41.
Druck: 1988 bei ZIPPEL-Druck, Oranienburger Str. 170, D-1000 Berlin 26.
Printed in Germany.
ISBN 3-428-06566-2

Gliederung

Seite

Seite

Verzeichnis der Tabellen

Seite

Seite

Seite

Seite

Verzeichnis der Schaubilder

Vorbemerkung

Ende 1984 hat der Bundesminister für Wirtschaft dem Deutschen Institut für Wirtschaftsforschung (DIW) und den anderen vier großen wirtschaftswissenschaftlichen Forschungsinstituten den Auftrag zur Fortsetzung der Strukturberichterstattung erteilt. Im Rahmen dieses Auftrages sind vom DIW neben dem Kernbericht der Strukturberichterstattung (vgl. DIW-Beiträge zur Strukturforschung, Heft 103, 1988. Exportgetriebener Strukturwandel bei schwachem Wachstum) auch zwei weitere Berichte zu Schwerpunktthemen erstellt worden.

Ein Schwerpunktthema lautete:

> "Strukturverschiebungen zwischen sekundärem und tertiärem Sektor. Empirischer Befund unter Berücksichtigung neuerer Formen der Finanzierung und Unternehmenskooperation (Leasing, Factoring, Gründung von Holdinggesellschaften u.a.), Bestimmungsgründe, Folgerungen für ausgewählte Politikbereiche"

Obwohl - aus pragmatischen Gründen - der umfangreiche Untertitel nicht in den Titel übernommen worden ist, entspricht der Inhalt dieses Strukturheftes weitgehend dem Abschlußbericht des Gutachtens und ist daher nach wie vor durch die Präzisierungen des Untertitels geprägt.

1. Einleitung

1.1 Problemstellung

Mit dem Thema "Strukturverschiebungen zwischen sekundärem und tertiärem Sektor" wird eine Fragestellung aufgegriffen, die schon seit geraumer Zeit immer wieder diskutiert wurde: Besteht in hochentwickelten Volkswirtschaften ein Trend zur "Dienstleistungsgesellschaft"? Dies heißt einmal, daß die Dienstleistungen im Verhältnis zur (primären) landwirtschaftlichen Produktion und/ oder zur (sekundären) Warenproduktion von einem bestimmten Punkt an schneller zunehmen als diese. Dies heißt aber auch, daß Dienstleistungsberufe in der Berufsstruktur der Beschäftigten deutlich zunehmen.

In historischer Perspektive hat die anfangs dominierende Stellung des primären Sektors abgenommen; hohe Produktivitätsfortschritte in der Landwirtschaft, Kolonialisierung und Handel mit "primären" Produkten bildeten eine ausreichende Grundlage für die Expansion der Warenproduktion. In den hochentwickelten Ländern ist der Beitrag des Agrarbereichs zum Sozialprodukt zwar absolut noch gestiegen; dennoch ist er mittlerweile - z.T. weit - geringer als ein Zehntel.

Auch die Warenproduktion - der sekundäre Sektor - geht anteilsmäßig zurück. Berechnungen über das Ausmaß hängen u.a. davon ab, welchen Indikator man heranzieht - den Wert oder das Volumen des Outputs von Waren und Dienstleistungen, die dazu benötigten Mengen an Arbeitskraft, die eingesetzten beruflichen Fähigkeiten oder andere Inputmaße. Die Verschiebung zum tertiären Sektor ist umso deutlicher, je mehr man personengebundene Kriterien zur Abgrenzung von Dienstleistungen anlegt, z. B. Berufe oder Tätigkeiten. In Beschäftigtenzahlen ist die Strukturverschiebung ausgeprägter als in Outputgrößen; in beruflicher Dimension ist die Strukturverschiebung wiederum ausgeprägter als in den Beschäftigtenzahlen.

Die empirischen Befunde haben deutlich gemacht, daß beim Prozeß der Strukturverschiebungen zwischen sekundärem und tertiärem Sektor eine Reihe von Aspekten zu berücksichtigen ist und sich ein einziger integrierter Ansatz nicht finden läßt. Dazu sind diese Aspekte zu verschiedenartig; sie betreffen Produkt-

und Produktivitätsentwicklungen, sozialstrukturelle Aspekte wie Berufe und Tätigkeiten, rechtliche und organisatorische Aspekte, die Expansion von Finanzierungsinstrumenten und internationalen Finanzmärkten und anderes mehr.

Daher muß man versuchen, den Bestimmungsgründen von verschiedenen Seiten nachzugehen. In der Literatur wird traditionell der endnachfragebedingten Expansion der Dienstleistungen besondere Aufmerksamkeit geschenkt (Fisher, 1939), die mit bestimmten technologischen Gesetzmäßigkeiten einhergeht (Clark, 1940; Fourastié, 1949). Neuerdings wird aber zunehmend auch den veränderten intersektoralen Verflechtungen bzw. der Veränderung in der Zwischennachfrage der Unternehmen Beachtung geschenkt (Stigler, 1956; Gershuny/Miles, 1983).

Sicherlich kann man fast keinen Wirtschaftszweig ausschließlich in dieses Raster von Endnachfrage- oder Zwischennachfragebestimmtheit einordnen. Banken, Versicherungen, Handel, Verkehr und die meisten der freien Berufe expandieren sowohl aufgrund veränderter Endnachfrage- als auch Zwischennachfragebedingungen. Die Input-Output-Analyse differenziert daher auch zwischen den Anstoßeffekten, die von der Endnachfrage (nach Waren und Diensten) ausgehen, und den dadurch ausgelösten direkten und indirekten Folgeeffekten, die aus der Verarbeitung dieser Anstöße im Produktionsprozeß, also bei den Wirtschaftsbereichen, resultieren.

In diesem Bericht konnten die im Verlauf der Arbeiten herangezogenen internationalen Vergleiche, besonders mit den USA, nicht systematisch aufgearbeitet und dargestellt werden. Dies hätte den vorgegebenen, ohnehin engen Rahmen bei weitem gesprengt.

Die Arbeit gliedert sich in folgende Schritte: Zuerst werden Dienstleistungen von Waren begrifflich unterschieden. Im Zusammenhang damit steht die Frage, auf welche Art und Weise Sektoren abgegrenzt werden sollen bzw. können. Dies wirft eine Reihe von methodischen und statistischen Problemen auf, die ebenfalls vorab geklärt werden müssen (Abschnitt 1.2).

Zu den empirischen Befunden der Strukturverschiebungen zwischen sekundärem und tertiärem Sektor gehören erst einmal die Strukturverschiebungen in der

Produktion und den Vorleistungen (Kapitel 2). Für Strukturverschiebungen zwischen sekundärem und tertiärem Sektor ist die Produktion ein umfassender Indikator (2.1). Hierbei wird der Zusammenhang von Tertiarisierung und Nachfrage diskutiert (2.2) und der Zusammenhang von Produktion und Nachfrage mittels der Input-Output-Rechnung untersucht (2.3). Der private Verbrauch wird als gewichtigste Komponente in seiner Zusammensetzung herausgegriffen (2.4). Daran schließt sich eine kurze Erörterung der Preisentwicklung und der Unterschiede der Produktion in jeweiligen und zu konstanten Preisen an (2.5). Veränderte Relationen von Waren zu Dienstleistungen stellen sich auch innerhalb der Sektoren her. Es wird versucht, diesen intrasektoralen Wandel bei den Vorleistungen sowie beim Umsatz zu erfassen (2.6). Als illustrative Ergänzung wird anschließend kurz der Strukturwandel im Handwerk reflektiert (2.7).

Im nächsten Kapitel werden die Strukturverschiebungen in der Dimension der Beschäftigung und der Investitionen aufgefächert (Kapitel 3). Dazu gehören Aspekte der Erwerbstätigkeit (3.1), der Arbeitszeit (3.2) und des Einkommens (3.3). Auch hier wird, wie bei der Produktion, der Zusammenhang von Nachfrage und Beschäftigung quantifiziert (3.4). Neben ihrer sektoralen Zugehörigkeit kann man die Erwerbstätigen auch nach dem ausgeübten Beruf gliedern. Dies stellt wieder eine Verbindung von inter- und intrasektoralen Strukturverschiebungen dar. Mittels sogenannter Beruf-Wirtschaftszweig-Matrizen lassen sich auch hier Verschiebungen in der Produktions- und Berufsstruktur analysieren (3.5). Die Strukturverschiebungen in den Investitionen und im Anlagevermögen sind schließlich besonders aufschlußreich, da sich hier die zunehmende Bedeutung von Holding- und Leasinggesellschaften als Teil der übrigen Dienstleistungen deutlich zeigt (3.6).

In einem Exkurs über den "quartären" Sektor - den Informationssektor - werden erste Überlegungen zu einer Erweiterung der Drei-Sektoren-Hypothese und einer empirischen Erfassung dieses viel diskutierten Aspektes angestellt (Kapitel 4).

Wichtig für den Strukturwandel ist die Entwicklung der Arbeitsproduktivität (Kapitel 5). Dabei werden die Probleme einer für das Thema adäquaten Produktivitätsmessung aufgegriffen und quantifiziert (5.1), ebenso wie der Zusammenhang von Produktion, Produktivität und Beschäftigung (5.2).

In Kapitel 6 steht die internationale Wettbewerbsfähigkeit im Vordergrund, soweit sie mit Strukturverschiebungen zwischen sekundärem und tertiärem Sektor verbunden ist. Dabei wird die Entwicklung des Dienstleistungsaußenhandels der Bundesrepublik dargestellt (6.1), seine Aussagekraft für die Wettbewerbsfähigkeit der Bundesrepublik analysiert (6.2) und neue Finanzierungsformen international tätiger Unternehmen skizziert (6.3).

Im Kapitel 7 geht es um Aspekte der Unternehmensorganisation. Hierin kommt eine zunehmende Aufgabenteilung der Unternehmen zum Ausdruck (7.1). Vertieft wird die Bedeutung der Beteiligungs- und Anlagegesellschaften (7.2) und der Konzerne (7.3) analysiert. Die Analyse der Eigentumsstruktur (7.4) beschließt dieses Kapitel.

Strukturverschiebungen werden auch im Kapitaleinsatz und -ertrag sichtbar. Hierbei spielen organisatorische Einflüsse eine Rolle, z.B. Ausgliederungen von Unternehmensteilen in rechtlich selbständige, wirtschaftlich aber verbundene Unternehmen (Kapitel 8). Dabei werden zuerst die Renditerechnung des DIW (8.1) und die Unterscheidung von Eigen- und Sachkapitalrenditen kurz dargestellt (8.2). Anschließend werden die Beziehungen zwischen den Produktionsunternehmen und den Finanzierungsinstitutionen aufgrund der Erfolgs- und der Bestandsrechnung der Unternehmen beleuchtet (8.3). In Abschnitt 8.4 werden die Ergebnisse für die Produktionsunternehmen und in Abschnitt 8.5 die Strukturverschiebungen bei Gewinnen und Investitionen präsentiert.

In Kapitel 9 wird die Unternehmensfinanzierung erneut aufgegriffen. Im Abschnitt 9.1 wird die sog. Eigenkapitallücke der Unternehmen diskutiert; in Abschnitt 9.2 wird die Kapitalstruktur der Unternehmen auf der Grundlage vor allem des Materials der Deutschen Bundesbank quantifiziert. Diese Ergebnisse werden anschließend kritisch bewertet (9.3) und in wirtschaftspolitische Schlußfolgerungen umgesetzt (9.4).

Auch im abschließenden Kapitel 10 werden Folgerungen aus den in den verschiedenen Kapiteln gewonnenen empirischen Befunden für ausgewählte Politikbereiche gezogen. Dies gilt für die Ordnungs- und Wettbewerbspolitik (10.1), für die Handelspolitik (10.2), für die Finanz- und Strukturpolitik (10.3), die Beschäftigungs- und Einkommenspolitik (10.4) sowie für die Statistik des tertiären Sektors (10.5).

1.2 Abgrenzungs- und Erfassungsmöglichkeiten von Dienstleistungen und tertiärem Sektor

Der Begriff "Dienstleistung" wird in den verschiedensten Zusammenhängen (Tätigkeit, Beruf, Ergebnis einer Leistung, Bedürfnisbefriedigung) benutzt. Auf die vielfältigen Definitions- und Klassifikationsversuche kann hier nur - unvollständig - verwiesen werden (Marshall, 1905; Stigler, 1956; Fuchs, 1968; Gershuny, 1978; Berekoven, 1983; Gershuny/Miles, 1983).

Einige Attribute werden immer wieder genannt:

- Dienstleistungen seien immateriell. Anders als materielle Güter seien sie aber nicht lagerfähig und in spezieller Weise standortgebunden;
- die Gleichzeitigkeit von Produktion und Konsum (uno-actu-Prinzip);
- Dienstleistungen befriedigten persönliche Bedürfnisse, ohne aber ein materielles Gut zu sein. Andererseits sind sie aber auch auf materielle Güter bezogen (Reparatur, Wartung);
- Dienstleistungstätigkeiten seien vorwiegend nicht auf die Transformation von Stoffen in materielle Produkte (Waren) bezogen, sondern zielten auf die Reproduktion gesellschaftlicher Basisfunktionen (Rechtsordnung, Bildung, etc.).

Die genannten Attribute machen deutlich, daß es eine zu starke Einschränkung bedeuten würde, bezöge man Dienstleistungen nur auf unmittelbar konsum- oder personenbezogene Sachverhalte. Dienstleistungen können gleichermaßen zwischen Produktion und Konsumtion stehen (Handel), auf die Produktion bezogen sein (Organisation, Disposition etc.) oder als Vorleistung von anderen Wirtschaftszweigen bezogen werden.

Für die hier zu behandelnde Themenstellung geht es weniger um eine Definition von Dienstleistungen als vielmehr um eine Klassifizierung von wirtschaftlichen Tätigkeiten. Dabei müssen zwei Sachverhalte voneinander unterschieden werden: Zum einen, welche Güter, und zum anderen, an welcher Stelle sie produziert werden. Das heißt, auf der einen Seite geht es um die Produktion des Outputs "Dienstleistung", auf der anderen Seite geht es um die Produktionstätigkeit der Sektoren.

1.2.1 Dienstleistungen als Output

Klammert man Güter der primären Produktion aus, so werden in der outputbezogenen Definition Dienstleistungen als jene Produkte definiert, die keine Waren sind; damit deutet sich schon der nicht sehr trennscharfe Residualcharakter von Dienstleistungen an. Darüber hinaus ist zu erwarten, daß diese Residualkategorie irgendwann weiter unterteilt wird, z.B. in quartäre Güter wie Informationsprodukte und -dienstleistungen.

Im Prinzip ist es sinnvoll, das Produkt bzw. das Gut als Anknüpfungspunkt für eine Unterscheidung zu wählen. Die Betrachtung der Dienstleistungen als Produkt (Gut) ist auch für die Systematik der amtlichen Statistik ein wesentlicher Ausgangspunkt. Dies bedeutet aber nicht, daß für Dienstleistungsprodukte befriedigend tief gegliederte Informationen in der amtlichen Statistik vorlägen. Dies liegt z.T. an den Schwierigkeiten, Dienstleistungen pragmatisch so zu definieren, daß sie systematisch und eigenständig erfaßt werden können.

Die statistischen Erfassungsmöglichkeiten auf der Outputseite sind bei einigen marktbestimmten Dienstleistungen, für die ein Entgelt gezahlt wird, genauso gut wie bei Waren. Eine Trennung von Preis- und Mengenkomponenten stößt bei Dienstleistungen jedoch durchweg auf große Schwierigkeiten. Bei anderen marktbestimmten Dienstleistungen (z. B. Handel und Finanzierung) wird dieses Entgelt auf andere Weise berechnet, z.B. in Form von Handelsspannen, Zinsspannen etc. Dadurch bekommen diese Werte einen kalkulatorischen Charakter, der vollends bei den nichtmarktbestimmten Dienstleistungen, vor allem jenen des Staates, gegeben ist, da hier die Personalkosten und z.T. andere Inputs den Wert des Outputs determinieren.

Notwendig sind Konventionen, die die Abgrenzung von Dienstleistungen und Waren, aber auch die Abgrenzung von Eigenproduktion und Sozialproduktion betreffen. Häufig wird übersehen, daß Eigen- und Sozialproduktion sich sowohl auf Waren als auch auf Dienstleistungen beziehen. Die Strukturverschiebungen zwischen sekundärem und tertiärem Sektor werden von einer Veränderung der Relation von Eigen- und Sozialproduktion nur dann beeinflußt, wenn hiervon auch das Verhältnis von Waren und Dienstleistungen in unterschiedlichen Ausmaß betroffen ist. Dies dürfte der Fall sein, wenn nur Dienstleistungen -

z.B. Kinderbetreuung -, aber keine Warenproduktion - z.B. Autoreparatur - vom Haushalt an Dritte gegen Bezahlung übertragen werden. Umgekehrt führt Selbstbedienung (cash and carry, Geldautomaten etc.) dazu, daß ehemals marktbewertete Dienstleistungen - aus Gründen der Kostenersparnis - auf die Konsumenten verlagert werden und damit nicht mehr in der Sozialproduktberechnung und der Dienstleistungsproduktion auftauchen.

1.2.2 Tertiärer Sektor

Ein Großteil der statistischen Informationen der Volkswirtschaftlichen Gesamtrechnungen und anderer Statistiken, die in diesem Zusammenhang von Bedeutung sind, ist in erster Linie institutionell nach Wirtschaftsbereichen gegliedert (Unternehmen, Organisationen ohne Erwerbszweck und Private Haushalte, Gebietskörperschaften und Sozialversicherung) und erst in zweiter Linie funktional nach Waren und Diensten. Der institutionelle Ansatz liegt der Systematik der Wirtschaftszweige von 1979 des Statistischen Bundesamtes (WZ 1979) zugrunde. Dabei wird die Gliederung nach Sektoren als Obergliederung aufgefaßt, so daß gleiche oder ähnliche Dienstleistungen in verschiedenen Sektoren anfallen; insbesondere Leistungen im Gesundheits- und Bildungsbereich verteilen sich auf Dienstleistungsunternehmen, Organisationen ohne Erwerbszweck und Staat.

In tiefster Untergliederung wären im Prinzip "alle Bausteine vorhanden, um die wirtschaftlichen Institutionen sowohl nach Sektoren als auch nach der Art der von ihnen produzierten Waren und Dienstleistungen zu gruppieren" (vgl. Statistisches Bundesamt, 1979, S. 9). Hilfreich wäre bereits, wenn dort alternative Gliederungen angeboten würden, wo die Überschneidungen von funktionaler und institutioneller Abgrenzung groß sind.

Selbst bei der kleinsten Position der Wirtschaftszweigsystematik, der Klasse der "Fünfsteller", ist eine klare Trennung von Waren und Dienstleistungen nicht möglich, da auf örtlicher Ebene bei den erfaßten Betrieben die Produktionsbreite immer noch sehr unterschiedlich sein kann. Um diesem Umstand Rechnung zu tragen, müßte eine Wirtschaftszweigsystematik sehr viele Positionen enthalten, da es zahlreiche Kombinationen von Waren- und Dienstleistungsproduktion gibt. Vorschläge in dieser Richtung betreffen z.B. die getrennte

Erfassung von produktbezogenen Unternehmensteilen und zweckdienliche Umrechnungsmöglichkeiten, für die mit der "Kartei" im produzierenden Gewerbe und dem zugehörigen Numerierungssystem auch eine Ausgangsbasis vorhanden ist.

Das Problem der Mischung von Produkten, das um so gravierender wird, je größer das Unternehmen ist bzw. je höher man aggregiert, wird von der amtlichen Statistik dadurch gelöst, daß die Unternehmen grundsätzlich nach dem Schwerpunkt ihrer wirtschaftlichen Tätigkeit einem Wirtschaftszweig zugerechnet werden. Dabei kann der Schwerpunkt nach dem Umsatz oder der Beschäftigtenzahl festgelegt werden.

In Anlehnung an die amtliche Wirtschaftszweigsystematik lassen sich dann der sekundäre und der tertiäre Sektor wie folgt definieren:

<u>Sekundärer Sektor:</u> 2 Verarbeitendes Gewerbe, 3 Baugewerbe;

<u>Tertiärer Sektor:</u> 4 Handel, 5 Verkehr und Nachrichtenübermittlung, 6 Kreditinstitute und Versicherungsgewerbe, 7 Dienstleistungen, soweit von Unternehmen und freien Berufen erbracht, 8 Organisationen ohne Erwerbszweck, private Haushalte, 9 Staat (Gebietskörperschaften, Sozialversicherung)

Die Ziffern bezeichnen die Abteilungen gemäß der amtlichen Systematik der Wirtschaftszweige (WZ 1979), in der Fassung für volkswirtschaftliche Gesamtrechnungen (Juni, 1985). Sicherlich kann man sich auch leichte Modifikationen vorstellen; z.B. könnte man die Energie- und Wasserversorgung sowie den Bergbau, die hier zusammen mit der Landwirtschaft den primären Sektor bilden, auch dem sekundären Sektor zurechnen.

Die Abteilungen 2 bis 7 umfassen ebenfalls Unternehmen, die sich in öffentlicher Hand befinden (Bundesbahn, Bundespost). In der Abteilung 8 haben private Haushalte gegenüber den Organisationen ohne Erwerbszweck wenig Bedeutung, da nur Haushalte, die Hausangestellte (nicht jedoch Haushaltshilfen) beschäftigen, einbezogen werden. Daher wird im folgenden dieser Wirtschaftszweig als "häusliche Dienste" bezeichnet.

Ähnlich wie der Dienstleistungsbegriff stellt auch der "tertiäre Sektor" eine Sammelkategorie ganz unterschiedlicher Institutionen und Wirtschaftszweige dar. Ihre Heterogenität ist aus der Auflistung unmittelbar ersichtlich. Zum einen handelt es sich um die Distributionssphäre (Handel, Verkehr und Bundespost, wobei alle anderen Formen der Nachrichtenübermittlung in den jeweiligen Wirtschaftszweigen erfaßt werden). Der Handel umfaßt den Groß- und Einzelhandel sowie die Handelsvermittlung. Der Verkehr umfaßt die Eisenbahnen, den Bereich Schiffahrt und Häfen sowie den übrigen Verkehr. Die Bundespost ist nicht nur in der Nachrichtenübermittlung tätig, sondern auch in der Personenbeförderung und in der Abwicklung des Postgiro- und Postsparkassendienstes. Die Finanzierungsaktivitäten der Bundespost werden in der Wirtschaftszweigsystematik den Kreditinstituten zugeordnet.

Zum anderen handelt es sich um die "typischen" Dienstleistungsunternehmen wie Kreditinstitute, Versicherungen und die sonstigen privaten Dienstleistungen (Gastgewerbe, Bildung, Gesundheit und die übrigen Dienstleistungen). Die übrigen Dienstleistungen sind ein Residualbereich, der im folgenden, wenn irgend möglich, weiter unterteilt werden soll. Zu ihm gehören die freien Berufe und Teile des Handwerks, aber auch Beteiligungs-, Grundstücks-, Vermögensverwaltungs- und Leasingfirmen u.a. Auch die Gebietskörperschaften sowie die Sozialversicherung sind Teil des tertiären Sektors. Die Ausweitung der staatlichen Dienste hat die Strukturverschiebungen vom sekundären zum tertiären Sektor entscheidend mitgeprägt. Überdies sind wichtige andere Teile des tertiären Sektors ebenfalls staatlich (Bundesbahn, Bundespost). Die Bundespost ist das größte Einzelunternehmen in der Bundesrepublik Deutschland. Auch im Bankenbereich gibt es öffentlich-rechtliche Institutionen von beträchtlicher Größe.

Die Organisationen ohne Erwerbszweck sind u.a. im Gesundheits- und Sozialbereich tätig; sie operieren i.d.R. mit staatlicher Förderung. Sie werden von bestimmten Steuerzahlungen befreit, soweit sie als gemeinnützig anerkannt sind. Sie bilden eine Zwischenstufe zwischen privatwirtschaftlicher und staatlicher Organisationsform.

Die am Schwerpunktprinzip orientierte Abgrenzung von sekundärem und tertiärem Sektor führt zum Begriff der branchentypischen Produktion. Sie kann krasse Unschärfen mit sich bringen, wenn Warenproduktion und Dienstleistungen in einem Unternehmen ähnlich großes Gewicht haben. Da bei der systematischen Zuordnung das rechtlich selbständige Unternehmen maßgeblich ist, können bereits Firmenzusammenlegungen - bei unveränderter Produktionsstruktur - zu Änderungen des Schwerpunktes führen. Verzerrungen der Entwicklungstendenzen ergeben sich auch, wenn geringe Verlagerungen des Produktionsschwerpunktes die kritische Grenze von 50 vH betreffen.

Dienstleistungen, die von Unternehmen in Nebentätigkeit, also als branchenfremde Produktion erbracht werden, sind entsprechend der Systematik Teil der Wertschöpfung des schwerpunktmäßig zugeordneten Unternehmens. Hierzu gehören z.B. Handels-, (Werks-) Verkehrsleistungen u.a. in Unternehmen des verarbeitenden Gewerbes; aber auch die Kfz-Reparaturleistungen können hier eine Rolle spielen, wenn sie nur als Nebentätigkeit ausgeübt werden. Umgekehrt verhält es sich mit den von Tankstellen durchgeführten Kfz-Reparaturen: sie stellen eine Dienstleistungsproduktion dar, die zur schwerpunktmäßigen Handelsvermittlung gehört. Weiterhin werden neben Reparaturen auch Montage- und Instandhaltungsleistungen, Software-Produktion, etc. als branchenfremde Tätigkeiten von Unternehmen des produzierenden Gewerbes erfaßt. Dieser Teil des gesamtwirtschaftlichen Dienstleistungsoutputs läßt sich - mehr oder weniger gut - statistisch rekonstruieren. Er betrifft etwa 30 Wirtschaftsklassen des produzierenden Gewerbes, das sind 7,5 vH aller berücksichtigten Wirtschaftsklassen (vgl. Strohm, 1986). Aufgrund der Informationen der Input-Output-Tabelle des Statistischen Bundesamtes für 1980 belief sich die "branchenfremde" Dienstleistungsproduktion des sekundären Sektors auf 51,3 Mrd. DM; das sind gut 3 vH der Gesamtproduktion dieses Sektors.

Umgekehrt gibt es auch Wirtschaftszweige des tertiären Sektors, die in Nebentätigkeit Waren herstellen. Dies betrifft vor allem den (Groß-)Handel. Die branchenfremde Produktion der Dienstleistungsunternehmen belief sich im Jahre 1980 auf 26,4 Mrd. DM; das sind ebenfalls 3 vH der Bruttoproduktion des tertiären Sektors (ohne Wohnungsvermietung und Staat). Von diesen 26,4 Mrd. DM branchenfremder Produktion entfielen allein auf den Sektor Großhandel und Handelsvermittlung 7,5 Mrd. DM.

Trotz dieser am Schwerpunktprinzip orientierten Zuordnung ist zu beachten, daß Unternehmen, die in Hauptätigkeit Reparaturleistungen erbringen, ebenfalls zum produzierenden Gewerbe gerechnet werden. Erklären läßt sich dies aus der Tradition, die sog. industriellen und handwerklichen Dienstleistungen dem verarbeitenden Gewerbe und dem Baugewerbe zuzurechnen. Dies geschieht zu Recht, wenn man das Reparaturgewerbe funktional auf die "Erhaltung" produzierter Waren bezieht.

Über die Nebentätigkeiten hinaus werden im sekundären Sektor auch "Hilfstätigkeiten" ausgeübt. Dabei ist aber zu beachten, daß die Produktion von "Hilfstätigkeiten" statistisch kaum erfaßt wird, obwohl sie für den Unternehmenserfolg sehr bedeutsam sein kann. Hierunter fallen höherwertige Unternehmensfunktionen (Management, Forschung und Entwicklung), aber auch der Vertrieb und der Transport etc.

1.2.3 Unternehmensgrößen und Darstellungskonzepte

Die in Haupt- oder Nebentätigkeit erstellten Dienstleistungen des sekundären Sektors lassen sich vor allem anhand der jährlichen Kostenstrukturstatistik des produzierenden Gewerbes statistisch erfassen. Hierbei ist zu beachten, daß Unternehmen nur dann einbezogen werden, wenn sie 20 und mehr Beschäftigte haben. Damit fehlen vor allem Informationen über kleinere Unternehmen. Dieses Manko ist teilweise behebbar, wenn man die verfügbaren Informationen über das Handwerk - Unternehmen, die in der Handwerksrolle eingetragen sind - berücksichtigt. Auch hier erfolgt die Zuordnung der die Betriebe umfassenden Unternehmen nach dem Schwerpunkt ihrer Tätigkeit. Handwerksbetriebe können demnach sowohl den Wirtschaftszweigen des sekundären als auch denen des tertiären Sektors angehören.

Ein anderer Aspekt der empirischen Erfassung von Strukturverschiebungen zwischen sekundärem und tertiärem Sektor betrifft die Darstellungskonzepte in den Statistiken des produzierenden Gewerbes. Hier wird zwischen Unternehmenskonzept, Betriebskonzept und dem Konzept der fachlichen Unternehmensteile unterschieden. Je nachdem, welches Konzept der Erhebung zugrundeliegt, ändern sich die Relationen. So ist z. B. der Anteil der von den Unternehmen in

Nebentätigkeit erbrachten industriellen und handwerklichen Dienstleistungen ist in der Tendenz höher, wenn man das Betriebs- anstelle des Unternehmenskonzepts heranzieht.

1.2.4 Dienstleistungen als Input

Auch auf der Inputseite gibt es Probleme bei der Abgrenzung von Dienstleistungen. Zugespitzt formuliert, ist jede Arbeitsleistung eine Dienstleistung. In der statistischen Praxis werden aber Differenzierungen, z.B. nach arbeitsrechtlichen Aspekten, vorgenommen. Lohnveredelung stellt eine Dienstleistung dar, Lohnarbeit innerhalb eines Arbeits- oder Dienstvertrages aber Warenproduktion. Leistungen aufgrund eines Werkvertrages gelten wiederum als Dienstleistungsproduktion.

An der Warenproduktion sind immer Dienstleistungen als Input beteiligt, sei es im Betrieb selbst oder über den Bezug von Vorleistungen. Ein- und Verkauf, Lagerhaltung, Verwaltung, Planung, Entwicklung u.a. sind aus dem Umfeld der eigentlichen Produktion und Fertigung nicht wegzudenken. Im Zuge der Arbeitsteilung verschieben sich hier die Gewichte; Dispostition, Arbeitsvorbereitung, Forschung und Entwicklung gewinnen an Bedeutung.

Empirisch erfaßt werden diese Dienstleistungsinputs zumeist erst dann, wenn solche "Hilfstätigkeiten" im Sinne der Wirtschaftszweigsystematik aus den warenproduzierenden Unternehmen ausgelagert und rechtlich selbständigen Dienstleistungsunternehmen übertragen werden. Dagegen lassen sich die intern eingesetzten Dienstleistungen kaum bzw. nur durch spezielle Befragungen erfassen. Ein häufig benutzter Ausweg besteht darin, die Arbeitsinputs anhand der Berufsangaben aufzuschlüsseln, um damit hilfsweise diesen Aspekt des brancheninternen Strukturwandels einzufangen. Die Abgrenzung von Dienstleistungsberufen ist aber schwierig. Die starke Expansion der Dienstleistungsberufe hängt sicherlich auch mit Statusproblemen zusammen. Aufgrund der traditionell besseren Bezahlung von Angestellten als von Arbeitern ist es häufig das Ziel, in die Angestelltenkategorie aufzurücken. Umgekehrt sind für moderne Berufe keine angemessenen Berufsbezeichnungen vorhanden. In der Bundesrepublik folgt die Klassifizierung der Berufe sehr eng der Wirtschaftszweigsystematik.

Es ist bereits erwähnt worden, daß ein direkter Einsatz von Dienstleistungen bei der Warenproduktion sowohl durch eigene Produktion als auch durch Vorleistung möglich ist. Ferner gehen Dienstleistungen auf indirektem Wege in die Warenproduktion ein, wenn Vorprodukte mit hohem Dienstleistungsanteil eingesetzt werden. Alle diese Dienstleistungen, die direkt oder indirekt in die Warenproduktion eingehen, werden der Warenproduktion zugeschlagen. Mittels der Input-Output-Rechnung ist - wenn die Informationen entsprechend aufbereitet werden - eine Zurechnung auf der Ebene der Produktion, der Beschäftigung und der Berufe möglich.

2. Produktion und Vorleistungen

2.1 Bruttoproduktion

Die Produktionswerte sind umfassender Ausdruck des Wertes der produzierten Waren und Dienstleistungen. In den Produktionswerten sind die Verkäufe aus eigener Produktion sowie von Handelsware enthalten. Beim Vergleich der Wirtschaftszweige ist es nicht angebracht, den Handel mit seinem Produktionswert einzubeziehen. Daher wird, falls möglich, - abweichend von der Konvention der VGR - der Handel netto, d.h. ohne den Wareneingang und nur mit seiner Handelsleistung, erfaßt.

Der Produktionswert der Kreditinstitute umfaßt nur die tatsächlichen Gebühreneinnahmen. Es wird jedoch auch ein erweiterter Produktionswert berechnet, der unterstellte Entgelte für Bankdienstleistungen (im wesentlichen aus der Differenz zwischen Aufwands- und Ertragszinsen) enthält. Bei den Versicherungsunternehmen wird ein Teil der Bruttoprämien als Dienstleistungsentgelt und damit als Produktionswert herangezogen. Beim Staat und den Organisationen ohne Erwerbszweck ist der Produktionswert die Addition der Aufwendungen, die zur Erbringung der Leistungen gemacht werden. Bei den privaten Haushalten besteht der Produktionswert aus den Entgelten für die dort beschäftigten Arbeitnehmer.

Gemessen an den Produktionswerten zu jeweiligen Preisen (vgl. Tabelle 2.1./1) ist das Gewicht des sekundären Sektors bisher größer gewesen als das des tertiären Sektors. Der Abstand zum tertiären Sektor hat sich aber stark verringert, da das Entwicklungstempo des tertiären Sektors - in beiden betrachteten Teilperioden (1960 bis 1973 und 1973 bis 1984) - größer war als das des sekundären Sektors. Dies gilt aber nicht gleichmäßig für alle Wirtschaftszweige innerhalb des sekundären und tertiären Sektors. Genauso wie es im verarbeitenden Gewerbe Wirtschaftszweige mit schnellerer Entwicklung als im Durchschnitt des tertiären Sektors gibt (Kunststoffverarbeitung, Straßenfahrzeugbau, u.a.), war auch in einigen tertiären Wirtschaftszweigen die Entwicklung langsamer als im Durchschnitt des sekundären Sektors (Großhandel, Schiffahrt, Eisenbahnen).

Tabelle 2.1/1
Produktionswerte zu jeweiligen Preisen

	Mrd. DM			Struktur in vH			Jahresdurchschn. Veraenderung in vH	
	1960	1973	1984	1960	1973	1984	1973/60	1984/73
Primaerer Sektor	56.74	110.69	265.84	9.2	6.2	7.4	5.3	8.3
Land- und Forstwirtschaft	27.84	48.02	71.98	4.5	2.7	2.0	4.3	3.7
Energiewirtschaft und Bergbau	28.90	62.67	193.86	4.7	3.5	5.4	6.1	10.8
Sekundaerer Sektor	350.23	959.50	1718.75	56.8	54.2	47.9	8.1	5.4
Verarbeitendes Gewerbe	308.64	825.49	1516.32	50.0	46.6	42.2	7.9	5.7
Baugewerbe	41.59	134.01	202.43	6.7	7.6	5.6	9.4	3.8
Tertiaerer Sektor	210.11	701.56	1606.57	34.0	39.6	44.7	9.7	7.8
Handel	58.62	148.87	278.21	9.5	8.4	7.7	7.4	5.8
Grosshandel, Handelsvermittl.	30.31	73.92	135.31	4.9	4.2	3.8	7.1	5.7
Einzelhandel	28.31	74.95	142.90	4.6	4.2	4.0	7.8	6.0
Verkehr und Nachrichten	32.60	91.87	190.25	5.3	5.2	5.3	8.3	6.8
Eisenbahnen	9.82	16.33	21.41	1.6	0.9	0.6	4.0	2.5
Schiffahrt, Haefen	4.81	8.31	14.22	0.8	0.5	0.4	4.3	5.0
Uebriger Verkehr	12.48	44.89	107.07	2.0	2.5	3.0	10.3	8.2
Deutsche Bundespost	5.49	22.34	47.55	0.9	1.3	1.3	11.4	7.1
Kreditinst. und Versicherungen	11.72	51.75	144.82	1.9	2.9	4.0	12.1	9.8
Kreditinstitute	8.18	36.75	104.91	1.3	2.1	2.9	12.3	10.0
Versicherungen	3.54	15.00	39.91	0.6	0.8	1.1	11.7	9.3
Sonstige Dienstleistungen	38.51	142.99	390.93	6.2	8.1	10.9	10.6	9.6
Gastgewerbe, Heime	13.59	29.85	55.51	2.2	1.7	1.5	6.2	5.8
Bildung, Wissensch., Kultur	7.13	20.63	56.83	1.2	1.2	1.6	8.5	9.6
Gesundheits- und Veterinaerw.	4.67	21.89	55.70	0.8	1.2	1.6	12.6	8.9
Uebrige Dienstleistungen	13.12	70.62	222.89	2.1	4.0	6.2	13.8	11.0
Wohnungsvermietung	16.90	61.90	150.09	2.7	3.5	4.2	10.5	8.4
Staat	45.03	183.07	403.77	7.3	10.3	11.2	11.4	7.5
Priv. Hh., Organ. o. Erwerb.	6.73	21.11	48.50	1.1	1.2	1.4	9.2	7.9
Alle Wirtschaftszweige	617.08	1771.75	3591.16	100	100	100	8.5	6.6

1) Handel netto (ohne Wareneingang, nur mit Handelsleistung)
Quelle: Statistisches Bundesamt; eigene Berechnungen.

Im gesamten Zeitraum ist der Produktionswert von drei Wirtschaftszweigen des sekundären Sektors am stärksten expandiert - Luftfahrzeugbau, ADV und Kunststoffverarbeitung; dabei ist zu bemerken, daß in dem Wirtschaftszweig ADV (Büromaschinen, Datenverarbeitung) im Produktionswert hohe Dienstleistungsanteile enthalten sind. Danach folgen die Kreditinstitute und die Versicherungen; aber auch die sonstigen Dienstleistungen, insbesondere die übrigen Dienstleistungen, nahmen stark zu.

Vergleicht man beide Zeiträume, so zeigen sich große Unterschiede im Entwicklungstempo beim Baugewerbe; sein Wachstum ist von 1973 bis 1984 mit am schwächsten von allen Wirtschaftszweigen gewesen (neben Schiffbau und eisenschaffender Industrie). Generell zeigt sich, daß die Wachstumsraten der Produktion seit 1973 deutlich unter denen der ersten Teilperiode liegen. Doch hat sich das Wachstum des tertiären Sektors relativ weniger abgeschwächt als das des sekundären Sektors.

Schwierig ist die Beurteilung der wechselseitigen Abhängigkeit der Entwicklungen des sekundären und tertiären Sektors. Eng ist der Zusammenhang von Warenproduktion und Distribution (Handel und Verkehr). Innerhalb dieses Bereichs sind Differenzierungen angebracht. Im Handel ändert sich die Aufteilung auf Groß- und Einzelhandel. Im Verkehrssektor expandiert der Straßenverkehr überdurchschnittlich. Als Bestandteil des sekundären Sektors bleibt dabei der Werkverkehr unberücksichtigt, der noch deutlich an Gewicht gewonnen hat. Zum Verkehrssektor gehört auch die Bundespost, deren Wachstumsraten ebenfalls - besonders 1960 bis 1973 - überdurchschnittlich waren - vor allem getragen vom Fernmeldebereich (Telekommunikation). Dagegen verloren die Eisenbahnen und die Schiffahrt an Bedeutung. Weniger eng ist der Zusammenhang bei den Kreditinstitutionen und den Versicherungen. Der Finanzierungsbereich hat selbst nach dem hier betrachteten Indikator eine weit überdurchschnittliche Entwicklung zu verzeichnen. Dies steht in Zusammenhang mit der Ausweitung des Kreditvolumens, der Internationalisierung des Warenaustausches, der anhaltenden Vermögensbildung und dem steigenden Sicherheitsbedürfnis der Wirtschaft und der privaten Haushalte.

Auch die Expansion der sonstigen Dienstleistungen, des Staates und der Organisationen ohne Erwerbszweck lag in beiden Teilperioden deutlich über dem gesamtwirtschaftlichen Durchschnitt und dem Durchschnitt sowohl des sekundären als auch tertiären Sektors. Dabei war die Entwicklung in den beiden Teilperioden unterschiedlich; während in der ersten Teilperiode der Staat die höchsten Zuwachsraten unter den drei genannten Wirtschaftszweigen realisierte, fiel in der zweiten Teilperiode im Vergleich dazu die Zuwachsrate deutlich zurück. Sie war zwar immer noch höher als die des sekundären Sektors, aber nicht mehr als die des tertiären Sektors. Die Entwicklungsspielräume des Staates bleiben nicht unberührt von der gesamtwirtschaftlichen Entwicklung.

Im Gegensatz dazu blieb das Expansionstempo der sonstigen Dienstleistungen in beiden Teilperioden fast unverändert überdurchschnittlich hoch. Die übrigen Dienstleistungen verzeichneten in der zweiten Teilperiode die schnellste Entwicklung unter den in der Tabelle 2.1/1 ausgewiesenen Wirtschaftszweigen. Aber auch Bildung und Gesundheit, deren Expansion eng mit entsprechenden Entwicklungen im staatlichen Bereich zusammenhängen, haben sehr hohe Zuwachsraten in der zweiten Teilperiode realisiert. Unter den sonstigen Dienstleistungen haben die sog. übrigen Dienstleistungen das größte Gewicht. 1984 hat der Produktionswert der übrigen Dienstleistungen den aller anderen ausgewiesenen Wirtschaftszweige - vom Staat abgesehen - übertroffen.

Schon allein deswegen ist zu klären, welche wirtschaftlichen Aktivitäten sich hinter der Bezeichnung "übrige" Dienstleistungen verbergen. Da der Umsatz die bestimmende Komponente des Produktionswertes ist, können hier die Informationen der Umsatzsteuerstatistik herangezogen werden. Dies geschieht für die Zeit ab 1968, also nach Einführung der Mehrwertsteuer. Bei der Interpretation der Zahlen ist daran zu denken, daß Steuererhöhungen wirksam wurden, und die Besteuerung der Wirtschaftszweige unterschiedlich ist (z.B. in Abhängigkeit von den Außenhandelsumsätzen) und Bundesbahn und Bundespost keine Umsatzsteuer zahlen. (Tabelle 2.1/2)

- Die von den privaten Haushalten direkt nachgefragten "übrigen" Dienstleistungen haben sich sehr unterschiedlich entwickelt; auf der expansiven Seite stehen z.B. Ehevermittlung, Kosmetik, und andere persönliche Dienstleistungen mit hohen Umsatzsteigerungen; auf der anderen Seite befinden sich stagnierende Zweige (Wäschereien, Reinigung) und Bereiche mit unterdurchschnittlicher Entwicklung wie das Friseurgewerbe. Diese Untergruppe

Tabelle 2.1/2
Steuerbarer Umsatz in ausgewählten Wirtschaftszweigen

	steuerbarer Umsatz Mrd.DM 1968	1974	1984	jahresdurchschn. Veränderungsraten in vH 1968/74	1974/84
sekundärer Sektor	531.9	1043.4	1792.6	11.9	5.6
verarbeitendes Gewerbe	488.7	930.4	1590.4	11.3	5.5
Baugewerbe	43.2	113.0	202.2	17.4	6.0
tertiärer Sektor	489.0	892.9	1700.4	10.6	6.7
Großh., Handelsverm.	259.1	464.6	795.1	10.2	5.5
Einzelhandel	137.6	236.3	444.8	9.4	6.5
Straßenverkehr	10.8	20.1	38.9	10.9	6.8
Binnen-,See- u.Küstensch.	2.5	4.7	7.2	11.1	4.4
Luftfahrt, Flugplätze	0.7	3.2	3.9	28.8	2.0
Spedition, Lagerei	8.0	21.1	38.7	17.5	6.3
Schiffsmakler	0.3	0.6	1.4	12.2	8.8
Reisebüros	0.4	1.0	4.6	16.5	16.5
sonst.Verkehrsvermittlg.	0.1	0.2	0.5	12.2	9.6
Kreditinst., Versich.Gew.	3.0	8.1	34.7	18.0	15.7
Kreditinstitute	2.6	6.9	28.8	17.7	15.4
Versicherungsgewerbe	0.4	1.2	5.9	20.1	17.3
Gastgewerbe und Heime	19.8	31.1	53.9	7.8	5.7
Gastgewerbe	19.7	30.9	53.1	7.8	5.6
Heime	0.1	0.2	0.8	12.2	14.9
Bildg.,Wissen.,Kultur,Spo	2.6	4.9	21.6	11.1	16.0
Wiss., Forsch., Unterr.	0.9	1.5	3.9	9.9	10.0
Kultur, Kunst, Sport	1.7	3.4	17.7	12.2	17.9
Rundfunk,Fernsehanst.	1.3	0.6	1.5	-12.1	9.6
Verlagswesen	6.4	12.0	31.1	11.0	10.0
Gesundh.-u.Veterinärwesen	5.3	2.9	12.2	-9.6	15.5
freie Berufe	4.5	1.4	5.9	-17.7	15.5
Einrichtungen	0.8	1.5	6.3	11.0	15.4
übrige Dienstleistungen	29.3	77.2	203.0	17.5	10.2
haushaltsorientiert	5.0	10.3	12.5	12.8	2.0
photogr. Gewerbe	0.4	0.8	1.5	12.2	6.5
Wäscherei, Reinigung	1.8	5.8	3.4	21.5	-5.2
Körperpflege	2.7	3.6	7.4	4.9	7.5
Leihhäuser, Versteig.	0.1	0.1	0.2	0.0	7.2
haush.-u.unternehm.or.	13.1	37.7	113.4	19.3	11.6
Auskunft,Schreibbüros	0.2	1.1	2.2	32.9	7.2
Rechts-,Wirtsch.Ber.	4.5	12.0	37.9	17.8	12.2
Grundst.-,Wohnungswes	8.0	23.6	69.1	19.8	11.3
Abfall, hygen.Einr.	0.4	1.0	4.2	16.5	15.4
unternehmensorientiert	11.2	29.2	75.5	17.3	10.0
Vermietg.beweg.Sachen	1.3	4.6	14.3	23.4	12.0
Archit.-, Ing.-Büros	3.6	11.5	29.7	21.4	10.0
Wirtschaftswerbung	4.0	7.4	19.3	10.8	10.1
Ausstellung	0.3	0.5	1.3	8.9	10.0
Gebäudereinigung	1.2	3.3	7.2	18.4	8.1
Abfüll-u.Verpack.Gew.	0.1	0.3	0.4	20.1	2.9
Bewachung	0.2	0.6	1.4	20.1	8.8
Arbeitnehmerüberlassg.			0.8		
Org.d.Wirtsch.lebens	0.5	1.0	1.1	12.2	1.0
Rest			1.6		
Organisation o.Erwerbszw.	3.1	4.9	8.8	7.9	6.0
i n s g e s a m t	1020.9	1936.3	3493.0	11.3	6.1

Quellen: Stat.Bundesamt, Fachserie L , Reihe 7, Tab.1A(1968), Tab.1.1(1974)
Fachserie 14, Reihe 8, Tab.1.1(1984)

der übrigen Dienstleistungen wird im folgenden als haushaltsorientiert bezeichnet.

- Viele Dienstleistungen, die ausschließlich oder überwiegend von Unternehmen - vor allem auch des tertiären Sektors - in Anspruch genommen werden, haben sich überdurchschnittlich entwickelt. Dazu gehören die Gebäudereinigung, die technische Beratung und Planung, Messen und Ausstellungen, Datenverarbeitung, Arbeitnehmerüberlassung, Bewachung, die Vermietung von Maschinen, Kraftfahrzeugen und anderen beweglichen Gütern (Leasing) sowie - bis 1974 - die Beteiligungsgesellschaften, deren Bedeutung allerdings in der Umsatzsteuerstatistik nicht angemessen erfaßt wird. Diese Untergruppe der hier genannten übrigen Dienstleistungen wird im folgenden als unternehmensorientiert bezeichnet.
- Daneben zeigen diese Zahlen die überdurchschnittliche Expansion einiger anderer Bereiche, die sowohl haushalts- als auch unternehmensorientiert sind - z.B. Abfallbeseitigung, hygienische Einrichtungen, Rechts- und Steuerberatung, Auskunft- und Schreibbüros, Grundstücks- und Wohnungswesen.

Die Umsatzsteuerstatistik zeigt ansatzweise die unterschiedliche Dynamik innerhalb einzelner Wirtschaftszweige des tertiären Sektors, vor allem der in der VGR nur zusammengefaßt ausgewiesenen übrigen Dienstleistungen.

Im Vergleich der beiden Teilperioden - die erste reicht allerdings nur von 1968 bis 1974 - zeigen sich deutliche Unterschiede. Insgesamt hatten nach 1974 auch die übrigen Dienstleistungen ein deutlich niedrigeres Expansionstempo als zuvor. Dies gilt auch für die meisten Untergruppen, ganz extrem beispielsweise bei Wäscherei, Reinigung. Bei so wichtigen Untergruppen wie technische Beratung und Planung hat sich der Umsatz nach 1974 weniger als halb so schnell wie zuvor entwickelt; dies übertraf aber die durchschnittliche Umsatzsteigerung des tertiären Sektors immer noch erheblich. Dies gilt auch für die Rechts- und Steuerberatung, die Vermietung von beweglichen Gütern (mit Ausnahme der Kraftfahrzeugvermietung) u.a. Nach 1974 haben ihre Umsätze nur wenige Wirtschaftszweige noch stärker im Jahresdurchschnitt steigern können als zuvor. Dazu gehören neben der Kraftfahrzeugvermietung z.B. die Ausstellungs-

und Messeeinrichter, die Datenverarbeitungsunternehmen und die Nachrichtenbüros.

Diese Untergliederung der übrigen Dienstleistungen ist auch deshalb aufschlußreich, weil sie doch z.T. erstaunliche Wachstumschancen sichtbar macht. Häufig wird die Frage gestellt, ob es sich dabei um "spin offs" von Unternehmen des sekundären Bereichs, um Kooperationen von warenproduzierenden und dienstleistenden Unternehmen oder um "neue" Anbieter handelt.

Es gibt eine Reihe von Fallbeispielen, die darauf schließen lassen, daß die "Ausgründung" von Geschäftszweigen mit finanzieller Unterstützung des im warenproduzierenden Sektor angesiedelten Unternehmens eine sinnvolle Strategie sein kann:

- die Organisationsstruktur von Großunternehmen kann für neue Entwicklungen hinderlich wirken;
- die Markt- und Wettbewerbssituation ist durch "selbständige" Bereiche schneller und rigoroser zu testen;
- bei Erfolg können und werden solche explorativen "Ausgründungen" wieder in das Unternehmen reintegriert werden.

Dies betrifft vor allem zentrale, für den Unternehmenserfolg in neuen Märkten wichtige Aktivitäten, die in der Bundesrepublik - vermutlich in Gegensatz zu den USA - überwiegend unternehmensintern in Form der eingangs erwähnten sog. "Nebentätigkeiten" organisiert sind. Dazu gehören in erster Linie Forschungs- und Entwicklungsaktivitäten, die, abgesehen von den Vorleistungen durch die Universitäten und die hochschulfreien Forschungsinstitute, in der Bundesrepublik überwiegend im sekundären Sektor selbst angesiedelt sind.

Für die im internationalen Wettbewerb stehenden Wirtschaftszweige des verarbeitenden Gewerbes kommt es vielfach darauf an, dem Kunden Paketlösungen anzubieten. Dies betrifft Dienstleistungen wie Montage, Instandhaltung und Wartung und Finanzierung. Hier ist vor allem das Herstellerleasing zu nennen. In wichtigen Wirtschaftszweigen wird ein hoher Prozentsatz der Produkte mittels des Herstellerleasings oder der Einräumung von günstigen Finanzierungsmodalitäten abgesetzt. Dies wird häufig unternehmensintern abgewickelt. Die Zunahme von Kooperationsbereitschaft oder -zwang erzeugt auch "spill over" Effekte für spezialisierte Dienstleistungsunternehmen, z.B. im consulting- (Ingenieurbüros bis Rechts- und Wirtschaftsberatung) und im software-Bereich.

Innerhalb des tertiären Sektors bekommen Paketlösungen ebenfalls einen höheren Stellenwert. So wird darauf hingewiesen, daß Speditionsunternehmen nicht mehr nur den Transport von Waren übernehmen, sondern für die Logistik von Einkauf, Lagerung und Lieferung sorgen sowie auch Fuhrpark-Leasing betreiben.

Auslagerungen sind aber vor allem bedeutsam bei Funktionen, die für den Unternehmenserfolg eher peripher sind. Dazu gehören z.B. die Gebäudereinigung und die Bewachung. Dies geht in der Regel mit erheblichen Kosteneinsparungen für das auslagernde Unternehmen einher, nicht nur, weil die spezialisierten Dienstleistungsunternehmen hier Skalenerträge realisieren können, sondern auch, weil sie in höherem Maße auf schlechter bezahlte und sozial weniger abgesicherte Arbeitnehmer zurückgreifen können als das auslagernde Unternehmen.

2.2 Nachfrage und Tertiarisierung

Die Entwicklungsperspektiven des tertiären Sektors müssen den Zusammenhang von steigendem Pro-Kopf-Einkommen und vermehrter Nachfrage nach Dienstleistungen berücksichtigen, der auch in den Ansätzen der Drei-Sektoren-Theorie in bezug auf personenbezogene Dienstleistungen eine herausragende Rolle gespielt hat (Fisher, 1939; Fourastié, 1949; Wolfe, 1956). Diese Vorstellungen basieren auf dem aus Querschnittsanalysen bekannten Engel'schen Gesetz, daß mit steigendem Lebensstandard bzw. von einem bestimmten Schwellenwert an zunehmend Dienstleistungen in Anspruch genommen werden, vor allem von den privaten Haushalten. Die Übertragung von Ergebnissen, die für verschiedene soziale Gruppen oder Einkommensniveaus von Personen oder Haushalten zu einem Zeitpunkt gelten, auf die zeitliche Entwicklung ist problematisch. Ungeachtet der Differenzen von Querschnitts- und Zeitreihenergebnissen wird die auf den Zeitverlauf bezogene Aussage steigender Dienstleistungsnachfrage bei steigendem (realen) durchschnittlichen Pro-Kopf-Einkommen als "verallgemeinertes" Engel'sches Gesetz bezeichnet.

Trotz aller Ähnlichkeit der Hypothesenbildung ist immer zu beachten, daß sich die Drei-Sektoren-Theorie vor allem auf die Nachfrage der privaten Haushalte nach personenbezogenen Dienstleistungen bezieht, während die Strukturverschiebungen zwischen sekundärem und tertiärem Sektor in erheblichem Ausmaß auch andere als personenbezogene Dienstleistungen einbeziehen und auch die Einflüsse anderer Endnachfragekomponenten sowie der Veränderungen der Produktionsverflechtungen berücksichtigen müssen.

In den hochentwickelten Volkswirtschaften wird - in unterschiedlichem Ausmaß - die steigende Dienstleistungsnachfrage nicht nur über den Markt befriedigt, sondern auch vom Staat. In der Bundesrepublik ist sein Anteil am Sozialprodukt lange Zeit gestiegen bei erheblicher Veränderung der Ausgabenstruktur zugunsten von Aufgabenbereichen wie Gesundheit, Soziales und Bildung. Die individuelle Einkommenselastizität der privaten Nachfrage nach Dienstleistungen ist größer als Eins, ebenso wie die gesamtwirtschaftliche Einkommenselastizität der Nachfrage nach und des Angebots von öffentlichen Dienstleistungen. Dies bedeutet eine relative Zunahme der Dienstleistungsproduktion. Wenn gleichzeitig die Arbeitsproduktivität der Dienstleistungen nur langsamer gesteigert werden kann als die der Warenproduktion, dann folgt aus beidem eine Ausweitung des Anteils der Beschäftigung in der Dienstleistungsproduktion an der Gesamtbeschäftigung.

Dieser "Hebel" geringerer Arbeitsproduktivitätsfortschritte bei der Dienstleistungsproduktion für die Beschäftigung verliert aber schon dann viel von seiner Wirkung, wenn er durch höhere Preissteigerungen für Dienstleistungen "verkürzt" wird. Ist der Preisanstieg für Dienstleistungen größer als bei Waren, so eröffnen sich Spielräume, durch "intelligente" Waren einen Teil der Dienstleistungen zu ersetzen. Im Bereich der "dauerhaften" Haushaltsgüter (Waschmaschine, Bügelautomat, Staubsauger, Spülmaschine, Stereoanlage, Video, etc.) hat dieser Prozeß stattgefunden. Es kommt also nicht nur auf die Steigerung der (realen) Pro-Kopf-Einkommen an, sondern vielmehr - technisch gesprochen - auf das Verhältnis von Einkommens- und Preiselastizität (vgl. Baumol, 1968).

Sobald es (Teil-) Substitute für Dienstleistungen durch industrielle Produkte gibt, kommt es von einem bestimmten Punkt an - falls die Nachfrage nicht vollkommen preisunelastisch ist - zu derartigen Substitutionsvorgängen. Damit entstehen gegenläufige Bewegungen trotz steigender Einkommen. Marktmäßig angebotene Dienstleistungen, z.B. häusliche Dienste, werden durch Waren ersetzt, wobei aber zu bemerken ist, daß diese erst durch die Kombination mit Eigenleistungen zu einem Substitut werden. Der Rückgang der Beschäftigten in privaten Haushalten (häusliche Dienste) bestätigt diesen Substitutionsprozeß sehr anschaulich, der aber nicht nur auf häusliche Dienste beschränkt bleibt (Unterhaltungselektronik, Heimwerkermaschinen u.a.). Es stellt sich daher die Frage, ob nicht der Trend in Richtung "Selbermachen" (mit Hilfe von Waren) geht und dies zu Lasten der am Markt zu kaufenden Dienstleistungen (Skolka, 1977; Gershuny, 1981).

Substitutionsprozesse zwischen Eigenarbeit und staatlichen oder kommerziell angebotenen Dienstleistungen werden nur z.T. von den Opportunitätskosten des Selbermachens bzw. der Eigenarbeit abhängen. Hinzu kommt die Fähigkeit des Selbermachens, d.h. die Produktivitätsdifferenz zwischen Eigenleistung und gewerblicher Fremdleistung. Es gibt aber sicherlich auch andere Gründe fürs Selbermachen. Durch Eigenarbeit können hier beispielsweise Gegengewichte gegen die Standards der "offiziellen" Wirtschaft bewußt demonstriert werden. Dies hängt, neben allem Engagement, auch vom Umfang der zur Verfügung stehenden Freizeit bzw. von den individuellen Gestaltungsmöglichkeiten von bezahlter und nichtbezahlter Arbeit ab. Zwischen Eigenproduktion und offizieller Produktion bestehen auch in umgekehrter Richtung Komplementaritätsbeziehungen, wenn z.B. Kurse für die Erbringung einer Eigenproduktion in Anspruch genommen und/oder in Eigenarbeit entwickelte Fähigkeiten in Kursen an andere weitergegeben werden.

Welche Folgen sich aus dem Tertiarisierungsprozeß für die Substitutionsprozesse zwischen dem marktwirtschaftlichen Teil der Volkswirtschaft, den Unternehmen, dem kollektiv organisierten Teil, dem Staat, und dem nichtoffiziellen Teil, der Familie, ergeben, läßt sich nicht ohne Berücksichtigung der historischen Dimension dieses Prozesses beantworten (Burns, 1975).

Um diesen Aspekt des nichtoffiziellen Teils im einzelnen zu beleuchten, wäre es erforderlich, genauer auf seine Kontraktions- und Expansionsbedingungen einzugehen. Dazu müssen haushalts-, alters- und familienbezogene Aspekte analysiert werden. In den folgenden Abschnitten werden nur wenige Aussagen zu diesem grundlegenden sozialen Prozeß gemacht, und zwar nur solche, die mit Preis-, Einkommens- und Arbeitszeitentwicklungen zusammenhängen.

In dem Preis der Leistungen sind u.a. die Steuern und Abgaben enthalten. Die Entscheidung für Selbermachen bzw. Eigenarbeit hängt somit auch von deren Höhe ab (Skolka, 1976; Scharpf, 1986). Bilateral ausgehandelte "Nettopreise" (ohne Rechnung) sind zu verbreiteten Usancen geworden; es gehen von den als zu hoch empfundenenden Abgabequoten Incentives zur Schwarzarbeit aus. Solche Zusammenhänge stützen aber nur sehr eingeschränkt die Behauptung, daß die Abgabequote überhöht sei. Abgabequoten sind zuallererst Indikatoren für die historisch gewachsene, gesellschaftlich akzeptierte Übernahme von Aufgaben durch den Staat. Und auch die Kontrahenten von Schwarzarbeitsverhältnissen würden es kaum hinnehmen wollen, wenn ihr Tun als Begründung für den Abbau z.B. von staatlichen Gesundheits- oder Sicherheitsleistungen angeführt würde.

Der Substitutionsprozeß, der auf der Externalisierung ehemals häuslicher Funktionen beruht, hat vielleicht an Dynamik verloren, spielt aber weiterhin eine gewichtige Rolle (Kindergärten, Altenpflege u.a. soziale Dienste). Hierbei schlagen Subventionseffekte zu Buche, wenn solche Dienste vom Staat unterhalb von kostendeckenden Preisen angeboten werden. Verfehlt wäre es, die gesamte staatliche Aufgabenerfüllung und ihre Veränderung als Substitutionsprozeß "häuslicher" oder unternehmerischer Dienstleistungen aufzufassen. In vielen Teilbereichen staatlicher Aufgabenerfüllung liegen Komplementaritätsbeziehungen zu dem marktwirtschaftlich organisierten Teil der Volkswirtschaft vor. Dies gilt für Infrastrukturleistungen bzw. sog. meritorische Güter (Verkehr, Bildung, Gesundheit). Darüber hinaus sind dem Staat kraft hoheitlicher Gewalt Aufgaben wie innere und äußere Sicherheit als Monopol übertragen. Dieses sind gesellschaftliche Basisleistungen, deren Ausgestaltung und Ausmaß von der zunehmenden Unübersichtlichkeit des gesellschaftlichen Normensystems, der Verrechtlichung vieler Lebensbereiche, von internationalen Entwicklungen und zugleich von dem politischen Willensbildungsprozeß - zumindest konzeptionell, wenn auch nicht immer in der Praxis - abhängig sind.

Bei den meritorischen Gütern hat der Staat kein Monopol. Im Verkehrsbereich herrscht eine duale Struktur, in dem der Staat als Anbieter und als Regulierer

Einfluß nimmt. Dennoch wurde beispielsweise die Entwicklung der Aufteilung zwischen privater und staatlicher Personenbeförderung von der privaten Nachfrage her geprägt: Trotz eines gut ausgebauten öffentlichen Verkehrsangebots nahm der Individualverkehr stark zu. Bei der Substitution von öffentlich angebotenen Verkehrsleistungen durch private PKW dominiert offenbar der Einkommenseffekt; nicht Preise, sondern Bequemlichkeits- und Statusaspekte spielen hier die entscheidende Rolle.

Dabei ist aber zu berücksichtigen, daß dem öffentlichen Verkehr als Dienstleistung der Individualverkehr mit einer Kombination verschiedener Bestandteile gegenübersteht: der Kauf von Waren (Autos, Benzin), ihre Wartung durch private Dienstleistung, ihre Fortbewegung durch Eigenleistung und schließlich die Inanspruchnahme von staatlichen Vorleistungen (Straßen).

Auch in anderen Bereichen, z.B. im Humanbereich (Bildung, Gesundheit, Soziale Dienste) gibt es derartige Kombinationen. Im Gesundheitsbereich handelt es sich beispielsweise um das Bündel von ärztlichen Leistungen, medizinischen Apparaturen, Räumen, Medikamenten und Eigenleistungen. Dieses Bündel kann in ganz unterschiedlichen Kombinationen eingesetzt werden, von der Eigenmedikation über die Selbsthilfegruppe bis hin zur umfassenden Behandlung im Krankenhaus. Gesundheitsleistungen werden von privaten Unternehmen, dem Staat und den Organisationen ohne Erwerbszweck erbracht. Bei Krankenhäusern dominieren Länder und Gemeinden sowie Organisationen ohne Erwerbszweck. Dies gilt auch für den Sozialbereich, in dem neben städtischen oder kommunalen Institutionen auch solche der freien Wohlfahrtpflege und der Kirchen aktiv sind. Auch hier besteht wiederum Platz für Eigeninitiativen; auch sie werden i.d.R. staatlich gefördert (Kinderläden, Tagesmütter u.a.).

Aus diesen Beispielen wird deutlich, wie wichtig die jeweilige Form der Finanzierung (von Teilen) des zur Diskussion stehenden Leistungsbündels ist. Die Inanspruchnahme hängt davon ab, ob die Finanzierung aus Steuern, über eine Sozialversicherung (z.B. gesetzliche Krankenversicherung), eine private Versicherung mit Beitrittszwang (Kfz-Haftpflichtversicherung) oder aus der Haushaltskasse erfolgt.

Das Ausmaß von Strukturverschiebungen zwischen sekundärem und tertiärem Sektor hängt schließlich - besonders für eine Volkswirtschaft wie die deutsche - von dem Grad ihrer außenwirtschaftlichen Verflechtung ab. Auch von der Exportnachfrage als einer für die Bundesrepublik sehr gewichtigen Endnachfragekomponente gehen zahlreiche Einflüsse aus. Häufig wird die Vermutung geäußert, daß eine hohe Exportquote die Sektorenstruktur zugunsten des verarbeitenden Gewerbes beeinflußt, da die Exporte anteilsmäßig sehr viel mehr Waren als Dienstleistungen umfassen. Diese Sichtweise ist aber verkürzt (vgl. Petersen u.a., 1984). Denn in den Warenexporten sind in erheblichem Umfang Dienstleistungen in Form von unternehmensinternen Bestandteilen oder in Form von Vorleistungen enthalten.

Die Vorleistungen sind von anderen Wirtschaftszweigen bezogene und bei der eigenen Produktion eingesetzte Waren und Dienstleistungen. Die Vorleistungen spielen bei den einzelnen Wirtschaftszweigen eine ganz unterschiedliche Rolle. Im verarbeitenden Gewerbe hat beispielsweise das Gewicht der Vorleistungen zugenommen und macht mittlerweile mehr als 63 vH des Produktionswertes aus, im Baugewerbe gut 50 vH, im Verkehrsbereich weniger als 50 vH, bei den Kreditinstituten weniger als 25 vH und bei den sonstigen Dienstleistungsunternehmen etwas mehr als ein Drittel.

Die steigende Nachfrage nach Dienstleistungen wird neuerdings mit der steigenden Zwischennachfrage nach Dienstleistungen in der Warenproduktion begründet. Die vermehrte in- und ausländische Nachfrage nach qualitativ hochwertigen und innovativen Waren hat auch die Zwischennachfrage der Unternehmen nach Dienstleistungsvorleistungen zunehmen lassen. Als Folge dieser letztlich von der Endnachfrage abgeleiteten Dienstleistungsnachfrage steigt dann - indirekt - Output und Beschäftigung bei den Dienstleistungsunternehmen (vgl. dazu Gershuny/Miles, 1983), aber auch der Dienstleistungsinput in der Warenproduktion. In den Produkten steckt ein höherer Anteil von beratenden, forschenden und dispositiven Inputs als früher. Dies gilt für jene hochentwickelten Länder, die auf Märkten der Standardprodukte mit Niedriglohn- und/oder Schwellenländern nicht konkurrieren können oder aufgrund von Rentabilitätserwägungen nicht konkurrieren wollen.

Die Berücksichtigung von End- und Zwischennachfrage in der Input-Output-Rechnung gibt Aufschluß über die relative Bedeutung dieser Nachfragekomponenten für die Strukturverschiebungen zwischen sekundärem und tertiärem Sektor. Eine Diskussion dieser These müßte anhand einer längeren Zeitreihe von Input-Output-Tabellen erfolgen; dies ist hier allerdings nicht möglich. Proberechnungen anhand eines Vierjahresvergleichs haben zwar teilweise bestätigende Hinweise für die Richtigkeit der These ergeben, sind aber aufgrund der konjunkturellen Besonderheiten nicht zuverlässig genug, um endgültigen Aufschluß zu liefern. Ein bemerkenswertes Resultat ist jedoch, daß in der Nachfrage nach Dienstleistungsvorleistungen der tertiäre Sektor sein Gewicht im Vergleich zum verarbeitenden Gewerbe deutlich gesteigert hat.

2.3 Bruttoproduktion und Endnachfrage

Mit dem Instrument der Input-Output-Rechnung kann der direkte und indirekte Zusammenhang zwischen Endnachfrage einerseits und Produktion andererseits unter Einschluß der Vorleistungsverflechtung nachgewiesen werden. Dieser Aspekt ist insbesondere für den tertiären Sektor mit seinen endnachfrageorientierten und seinen zwischennachfrageorientierten Dienstleistungen wichtig, weil gezeigt werden kann, in welchem Umfang die beiden Dienstleistungsarten zur Endnachfrage beigetragen haben.

Um die Verschiebungen zwischen dem sekundären und dem tertiären Sektor sichtbar zu machen, werden die Veränderungen beim Dienstleistungsgehalt der Endnachfrage den entsprechenden Veränderungen in den Bereichen der Warenproduktion gegenübergestellt. Aus Konsistenzgründen ist auch der primäre Sektor teilweise mit aufgeführt worden. Den Interdependenzanalysen liegen die Input-Output-Tabellen des DIW mit 60 institutionell abgegrenzten Wirtschaftszweigen für die Jahre 1976 und 1980 zugrunde. Weder vom Statistischen Bundesamt noch vom DIW konnte bisher eine aktuellere Input-Output-Datenbasis als 1980 geschaffen werden. Der Output des Handels wird wie bisher durch die Handelsleistung, also netto, definiert; die Käufe des Staates werden nun aber als Endnachfragekomponente erfaßt, was dazu führt, daß der Beitrag des Staates zur Bruttoproduktion hier identisch ist mit seiner Bruttowertschöpfung.

Der Tabelle 2.3/1 ist zu entnehmen, in welchem Umfang die zum primären, sekundären und tertiären Sektor zusammengefaßten 60 Wirtschaftszweige im Beobachtungszeitraum 1970 bis 1984 zur Endnachfrage beigetragen haben. Der Anteil des sekundären Sektors ist von 59 vH (1970) auf 51 vH (1984) kontinuierlich zurückgegangen. Der Anteil des tertiären Sektors hat sich von 34 vH auf 41 vH erhöht. Für die Jahre 1976 und 1980 konnte aufgrund der Input-Output-Tabellen eine weitere Unterteilung der gesamten Produktionseffekte in direkte und indirekte Effekte vorgenommen werden. Die direkte Abhängigkeit ergibt sich durch den unmittelbar für die Endnachfrage bestimmten Produktionsteil, die indirekte Abhängigkeit durch die mittelbar - über Vorleistungsoutputs an andere Sektoren - der Endnachfrage zugute kommende Produktion. Diese Abhängigkeitsquoten lassen erkennen, daß der Anteilszuwachs beim tertiären Sektor fast ausschließlich auf indirekte Effekte zurückzuführen ist, also auf eine stärkere Zunahme der zwischennachfrageorientierten Dienstleistungen. Demgegenüber sind beim sekundären Sektor die indirekten, vorleistungsbedingten Abhängigkeiten um fast 2 Prozentpunkte zurückgegangen, auch wenn ein Drittel des Rückgangs durch mehr direkte Endnachfragebelieferung wieder kompensiert wurde.

Tabelle 2.3/1

Der Endnachfrage zugerechnete Bruttoproduktion des primären, sekundären und tertiären Sektors
- in vH der Bruttoproduktion aller Sektoren -

	1970	1976			1980			1984
	insgesamt	insgesamt	dav. direkt	indirekt	insgesamt	dav. direkt	indirekt	insgesamt
Primärer Sektor	6,8	7,3	1,9	5,4	7,1	1,9	5,2	7,9
Sekundärer Sektor	59,0	54,7	32,1	22,6	53,6	32,9	20,7	50,7
Tertiärer Sektor	34,2	38,0	23,7	14,3	39,3	23,9	15,4	41,4
dar. Staat	5,0	6,1	5,6	0,5	6,1	5,6	0,5	5,9
Priv. HH, Org. o. Erw.	1,1	1,3	1,3	0,0	1,4	1,4	0,0	1,4
Nachrichtlich: Bruttoproduktion in Mrd. DM zu jeweiligen Preisen	1 260	2 131	1 231	900	2 824	1 658	1 166	3 387

Quellen: Input-Output-Rechnung des DIW und Statistisches Bundesamt, Fachserie 18.

Eine weitere Unterteilung dieser Zurechnung der Bruttoproduktion (Vorleistungs- und Endproduktion) zur Endnachfrage nach den einzelnen Komponenten privater Verbrauch, öffentlicher Verbrauch, Bruttoinvestitionen (Anlageinvestitionen und Vorratsveränderung) und Ausfuhr ist in Tabelle 2.3/2 vorgenommen. Dabei wurde die bei den drei Sektoren durch die jeweiligen Endnachfragekomponenten insgesamt induzierte Produktion der Berechnung der jeweiligen Anteile zugrunde gelegt. Es zeigt sich, daß die erwähnte Zunahme der zwischennachfrageorientierten Dienstleistungen zwischen 1976 und 1980 allen Endnachfragekomponenten zugute kommt, wenn auch in unterschiedlichem Umfang. Das verdeutlichen die Absolutwerte und die Strukturanteile. Der Anteilsrückgang der endnachfrageinduzierten Vorleistungsproduktion im sekundären Sektor trifft ebenfalls alle Komponenten, wird aber - abgesehen vom privaten Verbrauch - durch eine entsprechende Zunahme der direkten Abhängigkeitsquote beim öffentlichen Verbrauch und bei den Bruttoinvestitionen vollständig und bei der Ausfuhr teilweise wieder kompensiert.

Nimmt man die direkten und indirekten Produktionsanteile zusammen, so zeigt sich eine deutliche Verschiebung vom sekundären zum tertiären Sektor bei den Endnachfragekomponenten privater Verbrauch und Ausfuhr. Welche Wirtschaftszweige zu dieser gestiegenen Endnachfrageabhängigkeit des tertiären Sektors beigetragen haben, kann der Tabelle 2.3/3 entnommen werden. Beim privaten Verbrauch sind es vor allem die Wirtschaftszweige Wissenschaft, Kunst, Publizistik und übrige Dienstleistungen, bei der Ausfuhr die Zweige übrige Dienstleistungen und Kreditinstitute. In der Tabelle sind für alle Dienstleistungszweige, die zum tertiären Sektor zählen, die direkten, indirekten und gesamten Produktionsanteile für die vier Endnachfragekomponenten wiedergegeben. Sie lassen erkennen, ob die einzelnen Wirtschaftszweige mehr durch ihre endnachfrageorientierten Dienstleistungen oder mehr durch ihre zwischennachfrageorientierten Dienstleistungen mit den Endnachfragekomponenten verflochten sind und wie sich diese Abhängigkeiten von 1976 bis 1980 verschoben haben. Ist z.B. die gesamte Abhängigkeit des Einzelhandels und der Wohnungsvermietung vom privaten Verbrauch direkt bedingt, so resultiert sie bei den übrigen Dienstleistungen mehr aus den vorleistungsorientierten Dienstleistungen, die erst über den Umweg der intersektoralen Verflechtung zum privaten Verbrauch gelangen. Ebenso verhält es sich mit den Leistungen des Straßenverkehrs und des restlichen Verkehrs bei der Erbringung der Bruttoinvestitionen.

Tabelle 2.3/2

Endnachfrageinduzierte Produktion der Sektoren

	1976			1980		
	DIREKT	INDIREKT	GESAMT	DIREKT	INDIREKT	GESAMT
	PRIVATER VERBRAUCH					
	IN MILL.DM					
PRIMÄRER SEKTOR	27416	64378	91794	34416	77555	111971
SEKUNDÄRER SEKTOR	220740	179188	399928	270752	205573	476325
TERTIÄRER SEKTOR	275510	155701	431211	367115	208352	575467
INSGESAMT	523666	399267	922933	672283	491480	1163763
	STRUKTUR IN VH					
PRIMÄRER SEKTOR	2.97	6.98	9.95	2.96	6.66	9.62
SEKUNDÄRER SEKTOR	23.92	19.42	43.33	23.27	17.66	40.93
TERTIÄRER SEKTOR	29.85	16.87	46.72	31.55	17.90	49.45
INSGESAMT	56.74	43.26	100.00	57.77	42.23	100.00
	ÖFFENTLICHER VERBRAUCH					
	IN MILL.DM					
PRIMÄRER SEKTOR	4279	7419	11698	6032	10162	16194
SEKUNDÄRER SEKTOR	29530	29051	58581	42085	36617	78702
TERTIÄRER SEKTOR	171665	25146	196811	228524	35288	263812
INSGESAMT	205474	61616	267090	276641	82067	358708
	STRUKTUR IN VH					
PRIMÄRER SEKTOR	1.60	2.78	4.38	1.68	2.83	4.51
SEKUNDÄRER SEKTOR	11.06	10.88	21.93	11.73	10.21	21.94
TERTIÄRER SEKTOR	64.27	9.41	73.69	63.71	9.84	73.55
INSGESAMT	76.93	23.07	100.00	77.12	22.88	100.00
	BRUTTOINVESTITIONEN					
	IN MILL.DM					
PRIMÄRER SEKTOR	1790	13607	15397	3516	20072	23588
SEKUNDÄRER SEKTOR	189422	114280	303702	287304	153787	441091
TERTIÄRER SEKTOR	19631	49512	69143	22573	76778	99351
INSGESAMT	210843	177399	388242	313393	250637	564030
	STRUKTUR IN VH					
PRIMÄRER SEKTOR	0.46	3.50	3.97	0.62	3.56	4.18
SEKUNDÄRER SEKTOR	48.79	29.44	78.22	50.94	27.27	78.20
TERTIÄRER SEKTOR	5.06	12.75	17.81	4.00	13.61	17.61
INSGESAMT	54.31	45.69	100.00	55.56	44.44	100.00
	AUSFUHR					
	IN MILL.DM					
PRIMÄRER SEKTOR	7427	28004	35431	9125	39800	48925
SEKUNDÄRER SEKTOR	245484	159603	405087	332292	192507	524799
TERTIÄRER SEKTOR	38661	74267	112928	54677	109562	164239
INSGESAMT	291572	261874	553446	396094	341869	737963
	STRUKTUR IN VH					
PRIMÄRER SEKTOR	1.34	5.06	6.40	1.24	5.39	6.63
SEKUNDÄRER SEKTOR	44.36	28.84	73.19	45.03	26.09	71.11
TERTIÄRER SEKTOR	6.99	13.42	20.40	7.41	14.85	22.26
INSGESAMT	52.68	47.32	100.00	53.67	46.33	100.00

QUELLE: INPUT-OUTPUT-RECHNUNG DES DIW.

Tabelle 2.3/3

Abhängigkeit der Produktion der Wirtschaftsbereiche des tertiären Sektors von den Endnachfragekomponenten 1976 und 1980 in vH

	PRIVATER VERBRAUCH						ÖFFENTLICHER VERBRAUCH					
	1976			1980			1976			1980		
	DIREKT	INDIREKT	GESAMT	DIREKT	INDIREKT	GESAMT	DIREKT	INDIREKT	GESAMT	DIREKT	INDIREKT	GESAMT
GROSSHANDEL,HV	0.40	3.90	4.29	0.41	3.66	4.07	1.19	1.35	2.54	1.15	1.29	2.44
EINZELHANDEL	9.18	0.40	9.58	9.52	0.31	9.83	1.04	0.20	1.24	1.08	0.16	1.24
EISENBAHNEN	0.34	0.36	0.71	0.33	0.29	0.62	0.64	0.22	0.86	0.64	0.17	0.82
SCHIFFAHRT USW.	0.01	0.28	0.29	0.01	0.26	0.27	0.04	0.25	0.29	0.03	0.22	0.26
STRASSENVERKEHR	0.52	0.75	1.27	0.52	0.81	1.32	0.22	0.55	0.76	0.23	0.59	0.82
RESTL.VERKEHR	0.13	0.78	0.92	0.15	0.89	1.04	0.46	0.49	0.95	0.44	0.57	1.01
DEUTSCHE BU.POST	1.22	0.77	2.00	1.27	0.73	2.01	0.90	0.69	1.58	0.73	0.66	1.39
KREDITINSTITUTE	0.42	3.36	3.78	0.42	3.44	3.87	0.25	1.52	1.77	0.21	1.38	1.59
VERSICHERUNGSUNT.	1.30	0.47	1.77	1.45	0.53	1.98	0.13	0.23	0.36	0.12	0.27	0.39
WOHNUNGSVERMIETG.	8.80	0.01	8.81	8.94	0.00	8.94	0.00	0.02	0.02	0.00	0.01	0.01
BEHERBERGUNGSGEW.	1.83	0.59	2.42	1.81	0.60	2.42	0.19	0.39	0.58	0.18	0.38	0.56
WISS.,KUNST,PUBL.	1.33	0.74	2.07	1.91	0.65	2.56	0.99	0.59	1.57	0.85	0.45	1.31
GESUNDHEITSWESEN	0.62	0.11	0.73	0.70	0.10	0.80	9.88	0.39	10.27	9.88	0.31	10.19
ÜBR.DIENSTLEISTG.	1.53	3.73	5.26	1.69	4.99	6.68	0.99	2.24	3.23	1.45	3.06	4.51
STAAT	0.89	0.61	1.50	1.02	0.64	1.66	41.37	0.30	41.66	40.49	0.31	40.80
PR.HH,PR.ORG.O.E.	1.33	0.00	1.33	1.39	0.00	1.39	5.99	0.00	5.99	6.20	0.00	6.20
TERTIÄRER SEKTOR	29.85	16.87	46.72	31.55	17.90	49.45	64.27	9.41	73.69	63.71	9.84	73.55

	BRUTTOINVESTITIONEN						AUSFUHR					
	1976			1980			1976			1980		
	DIREKT	INDIREKT	GESAMT	DIREKT	INDIREKT	GESAMT	DIREKT	INDIREKT	GESAMT	DIREKT	INDIREKT	GESAMT
GROSSHANDEL,HV	1.88	2.89	4.77	0.90	2.73	3.63	1.78	2.93	4.71	1.99	2.82	4.81
EINZELHANDEL	0.73	0.29	1.01	0.34	0.22	0.56	0.10	0.23	0.33	0.10	0.18	0.28
EISENBAHNEN	0.42	0.47	0.90	0.30	0.38	0.68	0.37	0.59	0.96	0.40	0.48	0.88
SCHIFFAHRT USW.	0.00	0.32	0.32	0.01	0.30	0.31	0.37	0.77	1.14	0.40	0.70	1.09
STRASSENVERKEHR	0.12	1.20	1.32	0.19	1.30	1.49	0.10	1.21	1.31	0.10	1.32	1.43
RESTL.VERKEHR	0.14	0.96	1.10	0.19	1.09	1.28	2.01	1.03	3.04	2.01	1.20	3.20
DEUTSCHE BU.POST	0.32	0.60	0.92	0.43	0.54	0.97	0.04	0.65	0.68	0.04	0.62	0.65
KREDITINSTITUTE	0.01	1.01	1.03	0.03	1.13	1.16	0.08	1.24	1.31	0.23	1.85	2.08
VERSICHERUNGSUNT.	0.00	0.31	0.31	0.00	0.36	0.36	0.04	0.30	0.33	0.03	0.33	0.37
WOHNUNGSVERMIETG.	-0.04	0.07	0.03	0.01	0.04	0.05	0.01	0.00	0.01	0.01	0.00	0.01
BEHERBERGUNGSGEW.	0.00	0.56	0.56	0.01	0.52	0.53	1.30	0.59	1.89	1.33	0.60	1.93
WISS.,KUNST,PUBL.	-0.02	0.52	0.50	0.00	0.41	0.42	0.07	0.53	0.60	0.08	0.45	0.53
GESUNDHEITSWESEN	-0.01	0.04	0.03	0.00	0.04	0.04	0.03	0.06	0.09	0.03	0.06	0.09
ÜBR.DIENSTLEISTG.	1.41	3.13	4.54	1.48	4.16	5.64	0.62	2.89	3.51	0.58	3.83	4.41
STAAT	0.10	0.37	0.46	0.13	0.38	0.51	0.09	0.40	0.49	0.08	0.41	0.49
PR.HH,PR.ORG.O.E.	0.00	0.00	0.00	0.00	0.00	0.00	0.00	0.00	0.00	0.00	0.00	0.00
TERTIÄRER SEKTOR	5.06	12.75	17.81	4.00	13.61	17.61	6.99	13.42	20.40	7.41	14.85	22.26

DIE NEGATIVEN GRÖSSEN BEI DEN BRUTTOINVESTITIONEN ERGEBEN SICH DURCH VORRATSABNAHME.
QUELLE: INPUT-OUTPUT-RECHNUNG DES DIW.

Über alle Wirtschaftszweige des tertiären Sektors hinweg läßt sich für den kurzen Untersuchungszeitraum festhalten, daß bei knapp der Hälfte von ihnen der Anteil des zwischennachfrageorientierten Outputs zu Lasten des endnachfrageorientierten Dienstleistungsoutputs gestiegen ist, d.h. die Impulse für die Ausweitung des Dienstleistungssektors kommen nicht so sehr aus einer Mehrnachfrage des Endverbrauchs nach Dienstleistungen, sondern gehen eher von den Unternehmen aus, die ihren Dienstleistungsinput erhöhen. Man kann annehmen, daß die Zahl der von dieser Verlagerung betroffenen Dienstleistungszweige in den letzten Jahren zugenommen hat.

2.4 Privater Verbrauch

Der private Verbrauch ist die wichtigste Nachfragekomponente. Daher sollen die von Strukturänderungen in der Zusammensetzung des privaten Verbrauchs ausgehenden Impulse gesondert diskutiert werden. Dies ist eine exemplarische Erweiterung der bisherigen Behandlung des privaten Verbrauchs als Ganzes im Zusammenhang mit allen anderen Endnachfragekomponenten. Zusätzlich wird in einem späteren Kapitel (6) der Dienstleistungshandel im Zusammenhang mit Fragen der internationalen Wettbewerbsfähigkeit untersucht.

Über die Käufe der privaten Haushalte informiert Tabelle 2.4/1. Vergleicht man die Wachstumsraten dieser Käufe in den sechziger und siebziger Jahren mit denen des verfügbaren Pro-Kopf-Einkommens, so sind sie fast identisch. Die Entwicklung der Käufe liegt um 0,2 bzw. um 0,1-Prozentpunkte über der des verfügbaren Pro-Kopf-Einkommens.

Die Verwendungsstruktur der Käufe der privaten Haushalte hat sich zwischen 1960 und 1985 erheblich verändert. Deutlich abgenommen hat das Gewicht von Nahrungs-und Genußmitteln, auch wenn sie in Gaststätten verzehrt wurden; dennoch bleibt dies nach wie vor der größte Ausgabenposten. Deutlich zugenommen haben die Ausgaben für Wohnungsmieten und für Verkehrszwecke, insbesondere für Kraftfahrzeuge. Rechnet man zu den Wohnungsmieten noch die Ausgaben für Haushaltsenergie hinzu, so entfallen auf das Wohnen 1985 rd. 21 vH der Haushaltsausgaben im Inland.

Tabelle 2.4/1

Käufe der privaten Haushalte im Inland

	MILL.DM IN JEWEILIGEN PREISEN			INSGESAMT = 100			DURCHSCHNITTL.JAEHRL. VERAENDERUNGSRATE I.VH	
	1960	1970	1985	1960	1970	1985	1960/70	1970/85
KAEUFE D.PRIV.HAUSHALTE IM INLAND	170360	361020	1014060	100.00	100.00	100.00	7.80	7.13
NAHRUNGS-UND GENUSSMITTEL	63350	108300	235660	37.19	30.00	23.24	5.51	5.32
DAR.VERZEHR IN GASTSTAETTEN	7500	13250	29600	4.40	3.67	2.92	5.86	5.50
BEKLEIDUNG UND SCHUHE	19750	37170	90100	11.59	10.30	8.89	6.53	6.08
WOHNUNGSMIETEN	16900	44910	159340	9.92	12.44	15.71	10.27	8.81
HAUSHALTSENERGIE	5110	13950	64880	3.00	3.86	6.40	10.56	10.79
HAUSHALTSFUEHRUNG	19600	36580	92440	11.51	10.13	9.12	6.44	6.38
GESUNDHEITS-U.KOERPERPFLEGE	8330	16580	49470	4.89	4.59	4.88	7.13	7.56
DAR.DIENSTLEISTUNGEN	3550	8120	26630	2.08	2.25	2.63	8.63	8.24
VERKEHRSZWECKE	14480	46110	137760	8.50	12.77	13.58	12.28	7.57
DAV.KFZ-AUSGABEN	9730	37760	117410	5.71	10.46	11.58	14.52	7.86
DAR.KAEUFE VON KFZ	4100	14020	43390	2.41	3.88	4.28	13.08	7.82
FREMDE VERKEHRSLEISTUNGEN	4750	8350	20350	2.79	2.31	2.01	5.80	6.12
NACHRICHTENUEBERMITTLUNG	850	4590	18780	0.50	1.27	1.85	18.37	9.85
BILDUNG,UNTERHALTUNG,FREIZEIT	14490	36910	99360	8.51	10.22	9.80	9.80	6.82
DAR.DIENSTLEISTUNGEN	5590	11060	35990	3.28	3.06	3.55	7.06	8.18
PERSOENL.AUSSTATTUNG,SONST. WAREN UND DIENSTLEISTUNGEN	7500	15920	66270	4.40	4.41	6.54	7.82	9.97
DAR.DIENSTLEISTUNGEN	4490	10110	49670	2.64	2.80	4.90	8.46	11.20
DAR.BANKEN	750	990	.	0.44	0.27	.	2.82	12.39*
VERSICHERUNGEN	1810	5230	.	1.06	1.45	.	11.19	9.93*
BEHERBERGUNGSGEWERBE	870	2280	9700	0.51	0.63	0.96	10.11	10.13
NACHRICHTL.:REISEAUSGABEN IM AUSL	2900	10850	45560				14.10	10.04

* 1970/83

Quelle: Statistisches Bundesamt; eigene Berechnungen.

Kleinere Ausgabenposten haben zum Teil sehr rasch zugenommen; dies gilt für die Ausgaben für die Bundespost (vor allem in den sechziger Jahren - Telefon), für Banken und besonders für Versicherungen. Auch das Beherbergungsgewerbe hat deutlich mehr Ausgabenanteile auf sich ziehen können. Bildungs-, Unterhaltungs- und Freizeitausgaben haben ebenfalls überdurchschnittlich zugenommen. Nachrichtlich sind in der Tabelle die Reiseausgaben der Privaten im Ausland aufgeführt; sie sind, bei viel höherem Ausgabenanteil, nach den Ausgaben für Nachrichtenübermittlung am stärksten expandiert.

Es bestätigt sich die Engel'sche oder die Fisher'sche Aussage, daß bei steigendem Pro-Kopf-Einkommen die Ausgaben für Güter des "Grundbedarfs" relativ ab- und für höherwertige Güter zunehmen. Dabei wird aber wenig differenziert zwischen Käufen von Waren und Dienstleistungen. Kraftfahrzeuge sind nach überwiegender Meinung Güter des gehobenen Bedarfs; sie stehen in engem Zusammenhang mit Dienstleistungen. Dabei treten die oben diskutierten Probleme der Kombination von Waren, eigenen Leistungen, privaten Dienstleistungen und oft unentgeltlich zur Verfügung gestellten öffentlichen Dienstleistungen auf. Die privaten Verbrauchsausgaben im Gesundheits- und Bildungswesen spiegeln nicht die Bedeutung dieser Bereiche wider, da der Großteil der Aufwendungen über Abgaben finanziert wird und nicht Teil des privaten Verbrauchs ist. Dies gilt auch für die Nutzung öffentlicher Dienstleistungen im Verkehrsbereich, die weit unterhalb der Kostendeckung angeboten werden. Kfz-Käufe sind dagegen ein weit größerer und vor allem sehr viel stärker expandierender Posten.

Die Inanspruchnahme von persönlichen Dienstleistungen hat z.T. relativ abgenommen - z.B. der Verzehr in (inländischen) Gaststätten. Der Substitutionsspielraum umfaßt hier sowohl das Kantinenessen als auch die Mahlzeiten zu Hause. Der Ausgabenanteil für Dienstleistungen im Bereich Bildung, Unterhaltung und Freizeit bleibt konstant, während sich die Ausgaben für Waren hier erhöht haben. Das deutet auf eine partielle Substitution von Kino- und Konzertbesuchen durch Waren wie Hifi-Anlagen, Videogeräte etc. hin.

Dagegen hat sich der Anteil für andere persönliche Dienstleistungen, z.B. für Beherbergungen erhöht. Das Beherbergungsgewerbe steht in Konkurrenz mit den Anbietern von Ferienwohnungen. Offen bleibt, welcher Teil dieser Umsätze im

Grenzbereich zwischen Unternehmen und Haushalten in die Berechnungen eingeht.

Während die Käufe von persönlichen Dienstleistungen insgesamt nur geringfügig schneller zugenommen haben als die Käufe von Waren - und dies auch nur, wenn man hier die Reiseausgaben im Ausland mit einbezieht -, hat sich der Anteil der Käufe anderer Dienstleistungen deutlich erhöht. Dies gilt vor allem für die Ausgaben für Banken und Versicherungen. Bei Banken hat der Kundendienst zugenommen. Die Ausweitung der Bankdienstleistungen schlägt sich hier in einer Zunahme der Gebühren (Buchungen, Scheckgebühren, Kreditbearbeitungsgebühren) nieder, die die privaten Haushalte zu entrichten haben. (Die Zinsen und deren Tilgungen sind in den Ausgaben nicht enthalten.) Bei Versicherungen (ohne Sozialversicherung) hat vor allem der Autoboom zu einer starken Expansion geführt. Ferner kam es auch in anderen Bereichen zu einer wohlstandsbedingten Steigerung des Sicherheitsbedürfnisses bei den privaten Haushalten mit einem entsprechend ausgeweiteten Angebot von Versicherungsdienstleistungen. Die kräftige Steigerung der Versicherungsabschlüsse schlug sich auch in erheblichen Gewinnen der Unternehmen nieder.

Insgesamt sind vom privaten Verbrauch deutliche Impulse für die Strukturverschiebungen zum tertiären Sektor ausgegangen; bei den personenbezogenen Dienstleistungen haben aber weniger die direkten Ausgaben der privaten Haushalte, sondern vor allem die von den privaten Haushalten via Staat bezogenen und durch Steuern und Abgaben finanzierten Dienstleistungen (Gesundheit, Bildung, Soziales) dominiert.

2.5 Preise

Bisher sind die Strukturverschiebungen zwischen sekundärem und tertiärem Sektor vor allem anhand von Kennziffern in jeweiligen Preisen diskutiert worden. Die nominalen Entwicklungen beruhen teilweise auf sehr unterschiedlichen Preisveränderungen; die generelle Hypothese in diesem Zusammenhang ist, daß die Dienstleistungsproduktion aufgrund ihrer langsameren Produktivitätsentwicklung - bei etwa gleichförmiger Einkommensentwicklung - in der Tendenz eine überdurchschnittliche Preisentwicklung aufweisen müsse.

Die VGR liefert keine Informationen über die "realen" Produktionswerte. Nach den Preisindikatoren der Input-Output-Rechnung des DIW (vgl. Tabelle 2.5/1) zeigt sich, daß in der ersten Teilperiode die Preise des tertiären Sektors deutlich schneller gestiegen sind als die des sekundären Sektors. In der zweiten Teilperiode war dagegen die Preisentwicklung ungefähr gleich. Dabei haben sich im Handel und im Verkehrsbereich die Preise unterdurchschnittlich, bei den Kreditinstitutionen und den Versicherungen und bei den sonstigen Dienstleistungen - wie schon in der ersten Teilperiode - überdurchschnittlich erhöht. Dies gilt auch - in beiden Teilperioden - für die Organisationen ohne Erwerbszweck und - in der ersten Teilperiode - für den Staat. Überdurchschnittliche Preissteigerungen konnten vor allem jene tertiären Wirtschaftszweige durchsetzen, deren Produktion - in jeweiligen Preisen gemessen - überdurchschnittlich gestiegen ist. Es spricht also viel dafür, daß hier Einkommenseffekte die Preiseffekte dominiert haben; oder anders: die Preissteigerungen haben der überdurchschnittlichen Ausweitung dieser tertiären Wirtschaftszweige keine erkennbaren Grenzen durch Substitutionsvorgänge gesetzt. Im Gegensatz dazu haben die vergleichsweise geringen Preissteigerungen z.B. bei der Bundesbahn den Trend zum Individualverkehr nicht dämpfen können. Schließlich gibt es aber auch starke Ausweitungen der Produktion bei unterdurchschnittlichen Preissteigerungen (Bundespost; Telefon).

Eine Betrachtung der Strukturverschiebungen zu konstanten Preisen unterstellt, daß es möglich ist, Preisentwicklungen zu eliminieren und damit die reale Entwicklung - hinter dem Preisschleier - offenzulegen. Die Umbewertung von Güterbündeln, die sich in geänderten Preisrelationen ausdrückt, ist aber wesentliches Moment des Strukturwandels. Gerade bei längerfristigen Entwicklungen, wie sie hier im Vordergrund stehen, ist daher eine Analyse auf der Basis von Werten zu konstanten Preisen i.d.R. problematisch.

In Tabelle 2.5/2 sind die Produktionswerte zu Preisen von 1980 ausgewiesen worden. Wie nicht anders zu erwarten, hat sich die Struktur der Produktionswerte zu konstanten Preisen weniger deutlich verschoben als in jeweiligen Preisen. Das liegt vor allem daran, daß zu konstanten Preisen die sich aus den unterschiedlichen Produktivitätsentwicklungen ergebenden Verschiebung der Preisrelationen zwischen sekundärem und tertiärem Sektor eliminiert wird. Zu konstanten Preisen ist der Rückgang des produktivitätsstärkeren sekundären

Tabelle 2.5/1
Preisentwicklung der Produktionswerte

	Index 1980 = 100			Jahresdurchschn. Veraenderung in vH	
	1960	1973	1984	1973/60	1984/73
Primaerer Sektor	50.3	66.0	125.6	2.1	6.0
Land- und Forstwirtschaft	66.2	82.8	106.3	1.7	2.3
Energiewirtschaft und Bergbau	40.8	57.1	134.7	2.6	8.1
Sekundaerer Sektor	50.4	69.9	115.0	2.6	4.6
Verarbeitendes Gewerbe	54.1	70.2	115.7	2.0	4.6
Baugewerbe	33.2	67.9	109.7	5.7	4.5
Tertiaerer Sektor	37.5	69.7	116.2	4.9	4.8
Handel	51.9	72.7	114.3	2.6	4.2
Grosshandel, Handelsvermittl.	51.4	71.1	114.4	2.5	4.4
Einzelhandel	52.4	74.3	114.2	2.7	4.0
Verkehr und Nachrichten	47.5	76.7	111.1	3.8	3.4
Eisenbahnen	59.5	82.9	105.6	2.6	2.2
Schiffahrt, Haefen	34.6	65.4	115.5	5.0	5.3
Uebriger Verkehr	46.2	73.2	115.8	3.6	4.3
Deutsche Bundespost	49.2	85.7	102.8	4.4	1.7
Kreditinst. und Versicherungen	40.6	71.0	131.0	4.4	5.7
Kreditinstitute	40.7	73.1	135.7	4.6	5.8
Versicherungen	40.3	66.3	120.1	3.9	5.5
Sonstige Dienstleistungen	32.0	65.3	116.4	5.7	5.4
Gastgewerbe, Heime	41.1	70.1	115.1	4.2	4.6
Bildung, Wissensch., Kultur	31.4	70.4	123.4	6.4	5.2
Gesundheits- und Veterinaerw.	26.8	62.2	111.7	6.7	5.5
Uebrige Dienstleistungen	27.7	63.2	116.2	6.5	5.7
Wohnungsvermietung	34.9	74.3	119.4	6.0	4.4
Staat	29.4	67.0	113.7	6.5	4.9
Priv. Hh., Organ. o. Erwerb.	24.1	62.3	120.6	7.6	6.2
Alle Wirtschaftszweige	45.1	69.6	116.3	3.4	4.8

Quelle: Statistisches Bundesamt; eigene Berechnungen

Tabelle 2.5/2

Produktionswerte zu Preisen von 1980

	Mrd. DM			Struktur in vH			Jahresdurchschn. Veraenderung in vH	
	1960	1973	1984	1960	1973	1984	1973/60	1984/73
Primaerer Sektor	112.89	167.81	211.61	8.2	6.6	6.9	3.1	2.1
Land- und Forstwirtschaft	42.03	58.02	67.72	3.1	2.3	2.2	2.5	1.4
Energiewirtschaft und Bergbau	70.86	109.79	143.89	5.2	4.3	4.7	3.4	2.5
Sekundaerer Sektor	695.56	1372.92	1494.96	50.8	53.9	48.4	5.4	0.8
Verarbeitendes Gewerbe	570.16	1175.45	1310.46	41.6	46.1	42.4	5.7	1.0
Baugewerbe	125.40	197.47	184.50	9.2	7.8	6.0	3.6	-0.6
Tertiaerer Sektor	560.50	1006.59	1382.17	40.9	39.5	44.7	4.6	2.9
Handel	112.99	204.73	243.37	8.3	8.0	7.9	4.7	1.6
Grosshandel, Handelsvermittl.	58.92	103.92	118.25	4.3	4.1	3.8	4.5	1.2
Einzelhandel	54.07	100.81	125.12	3.9	4.0	4.1	4.9	2.0
Verkehr und Nachrichten	68.63	119.78	171.27	5.0	4.7	5.5	4.4	3.3
Eisenbahnen	16.51	19.71	20.27	1.2	0.8	0.7	1.4	0.3
Schiffahrt, Haefen	13.92	12.70	12.31	1.0	0.5	0.4	-0.7	-0.3
Uebriger Verkehr	27.04	61.29	92.44	2.0	2.4	3.0	6.5	3.8
Deutsche Bundespost	11.16	26.08	46.25	0.8	1.0	1.5	6.7	5.3
Kreditinst. und Versicherungen	28.86	72.91	110.53	2.1	2.9	3.6	7.4	3.9
Kreditinstitute	20.08	50.29	77.29	1.5	2.0	2.5	7.3	4.0
Versicherungen	8.78	22.62	33.24	0.6	0.9	1.1	7.6	3.6
Sonstige Dienstleistungen	120.51	218.82	335.95	8.8	8.6	10.9	4.7	4.0
Gastgewerbe, Heime	33.08	42.60	48.23	2.4	1.7	1.6	2.0	1.1
Bildung, Wissensch., Kultur	22.72	29.29	46.06	1.7	1.1	1.5	2.0	4.2
Gesundheits- und Veterinaerw.	17.42	35.19	49.85	1.3	1.4	1.6	5.6	3.2
Uebrige Dienstleistungen	47.29	111.74	191.81	3.5	4.4	6.2	6.8	5.0
Wohnungsvermietung	48.38	83.34	125.74	3.5	3.3	4.1	4.3	3.8
Staat	153.15	273.11	355.08	11.2	10.7	11.5	4.6	2.4
Priv. Hh., Organ. o. Erwerb.	27.98	33.90	40.23	2.0	1.3	1.3	1.5	1.6
Alle Wirtschaftszweige	1368.95	2547.32	3088.74	100	100	100	4.9	1.8

Quelle: Statistisches Bundesamt; eigene Berechnungen.

Sektors, der Produktivitätsfortschritte auch in Preissenkungen weitergibt, weniger ausgeprägt als in jeweiligen Preisen; dies ist unabhängig von der Wahl des Basisjahres der Preisbereinigung (vgl. auch Kapitel 5).

2.6 Vorleistungs- und Umsatzstruktur

Wie schon mehrfach angesprochen, werden Änderungen in der Waren- und Dienstleistungsproduktion nach geltenden Konventionen und Festlegungen statistisch nur bedingt erfaßt. Auch wenn hier das Hauptaugenmerk auf Strukturverschiebungen zwischen den Sektoren liegt, ist es für eine Beurteilung dieses Sachverhalts erforderlich zu prüfen, wie sich diese intersektoralen Strukturverschiebungen auf die interne Struktur der Sektoren ausgewirkt haben.

Dabei kann auf die Kostenstrukturstatistik für das produzierende Gewerbe zurückgegriffen werden, aus der man Informationen über veränderte Vorleistungs- und Umsatzstrukturen erhält, die auf entsprechende Umstrukturierungsprozesse im sekundären Sektor - z.T. auch in Reaktion auf eine veränderte Arbeitsteilung mit dem tertiären Sektor - schließen lassen.

Der umgekehrte Fall, die veränderte Bedeutung der Warenproduktion für den tertiären Sektor, ist statistisch so schlecht belegt, daß auf eine Darstellung der für Teilbereiche des tertiären Sektors nur vierjährig erhobenen Kostenstruktur verzichtet wird. Deutlich machen diese Untersuchungen, daß Mieten und Fremdkapitalzinsen in der Vorleistungsstruktur auch der Diensleistungsunternehmen zugenommen haben - ein Resultat, das für den sekundären Sektor ebenfalls zu beobachten ist. Die Ausweitung der Nachfrage nach bestimmten Leistungen tertiärer Wirtschaftszweige geht also von Branchen des tertiären Sektors ebenso wie des sekundären Sektors aus.

Die Vorleistungen bestehen aus Materialverbrauch, dem Einsatz von Handelsware, den Kosten für Lohnarbeiten, den Kosten für sonstige industrielle und handwerkliche Dienstleistungen, Mieten und Pachten sowie sonstigen Kosten, worunter auch Versicherungsprämien und Bankspesen ausgewiesen werden. Darüber informiert die Tabelle 2.6/1. Fast zwei Drittel der Vorleistungen des verarbeitenden Gewerbes bestehen nach wie vor aus Materialverbrauch; dieser

Tabelle 2.6/1

Vorleistungsstruktur des Verarbeitenden Gewerbes

	1976									1984								
	Vorleistungen insgesamt	Materialverbrauch	Einsatz an Handelsware	Kosten für Lohnarbeiten	Kosten für sonst.ind/ handwerkl. Dienstleistungen	Mieten und Pachten	sonstige Kosten insgesamt	darunter Versicherungsprämien	Bankspesen	Vorleistungen insgesamt	Materialverbrauch	Einsatz an Handelsware	Kosten für Lohnarbeiten	Kosten für sonst.ind/ handwerkl. Dienstleistungen	Mieten und Pachten	sonstige Kosten insgesamt	darunter Versicherungsprämien	Bankspesen
	in Mrd.DM	in vH von Spalte 1								in Mrd.DM	in vH von Spalte 1							
13 verarb.Gew	556.80	68.71	12.93	2.33	2.24	1.35	12.43	0.50	0.05	914.80	65.25	15.97	2.59	2.40	1.75	12.04	0.50	0.05
14 Chemie	70.90	60.93	15.80	1.41	3.24	1.41	17.21	0.56	0.14	118.90	59.21	18.42	1.18	2.86	1.35	16.99	0.67	0.08
15 Minölv	40.20	63.43	26.87	1.24	1.49	1.00	5.97	0.25	0.00	92.50	55.68	34.49	2.49	1.19	0.54	5.62	0.11	0.00
16 Kunststv	10.10	70.30	8.91	0.99	2.97	1.98	14.85	0.99	0.00	20.90	70.81	9.09	1.44	2.87	2.87	12.92	0.96	0.00
17 Gummi	5.70	63.16	21.05	0.00	3.51	1.75	10.53	0.00	0.00	9.50	57.89	25.26	1.05	3.16	1.05	11.58	1.05	0.00
18 Steinerd	13.70	62.04	10.22	1.46	5.84	1.46	18.98	0.73	0.00	19.60	61.22	10.71	2.55	6.12	2.55	16.84	1.02	0.00
19 Feinker	1.20	58.33	8.33	0.00	8.33	0.00	25.00	0.00	0.00	1.80	55.56	16.67	0.00	5.56	0.00	22.22	0.00	0.00
20 Glas	3.40	64.71	11.76	0.00	2.94	2.94	17.65	0.00	0.00	5.90	62.71	11.86	1.69	5.08	1.69	16.95	0.00	0.00
21 Eisensch	31.90	82.45	3.45	2.19	2.51	0.63	8.78	0.31	0.00	37.30	75.34	6.97	3.49	2.95	1.34	9.92	0.27	0.00
22 Ne-Met	12.70	75.59	14.96	0.79	2.36	0.79	5.51	0.00	0.00	20.50	74.63	14.15	1.46	2.44	0.98	6.34	0.49	0.00
23 Giesser	4.80	70.83	8.33	2.08	4.17	2.08	12.50	0.00	0.00	6.90	69.57	8.70	4.35	4.35	1.45	11.59	0.00	0.00
24 Zieherei	5.50	76.36	12.73	1.82	1.82	0.00	7.27	0.00	0.00	6.30	77.78	9.52	1.59	1.59	1.59	7.94	0.00	0.00
25 Stahlbau	14.10	70.92	4.26	8.51	2.13	1.42	12.77	0.71	0.00	20.60	67.96	5.34	9.22	2.91	2.43	12.14	0.49	0.00
26 Maschbau	60.80	67.60	12.17	3.12	1.81	1.32	13.98	0.66	0.16	84.20	68.17	8.19	3.44	2.14	2.38	15.68	0.71	0.24
27 BM,ADV	4.20	45.24	14.29	2.38	0.00	2.38	35.71	0.00	0.00	13.90	54.68	16.55	2.16	2.16	2.16	22.30	0.00	0.00
28 Strfzbau	51.90	74.57	11.95	2.50	1.73	1.16	8.09	0.19	0.00	106.60	66.14	19.14	2.44	2.25	1.41	8.63	0.28	0.00
29 Schiffbau	4.40	84.09	2.27	4.55	2.27	0.00	6.82	0.00	0.00	4.90	77.55	2.04	6.12	0.00	2.04	12.24	0.00	0.00
30 Luftfzb	1.70	64.71	5.88	0.00	0.00	5.88	23.53	0.00	0.00	4.40	61.36	4.55	11.36	2.27	4.55	15.91	2.27	0.00
31 Eltechn	50.10	60.08	18.96	1.20	2.00	2.00	15.77	0.60	0.20	79.20	57.58	21.59	1.52	2.53	2.40	14.39	0.63	0.13
32 Feinmech	4.90	51.02	24.49	4.08	2.04	2.04	16.33	0.00	0.00	7.90	54.43	20.25	5.06	2.53	2.53	15.19	0.00	0.00
33 EBM	14.60	68.49	10.27	2.74	2.05	1.37	15.07	0.68	0.00	23.90	68.20	10.04	2.51	2.93	2.93	13.39	0.42	0.00
34 Mus.Splw	2.20	63.64	13.64	4.55	0.00	0.00	18.18	0.00	0.00	3.40	61.76	11.76	2.94	2.94	2.94	17.65	0.00	0.00
35 Holzbear	4.00	70.00	15.00	2.50	2.50	0.00	10.00	2.50	0.00	5.30	71.70	13.21	0.00	3.77	1.89	9.43	1.89	0.00
36 Holzver	11.30	71.68	7.96	0.88	1.77	1.77	15.93	0.88	0.00	16.90	70.41	8.28	1.78	2.37	2.96	14.20	1.18	0.00
37 Zellst	6.00	76.67	6.67	0.00	3.33	1.67	11.67	1.67	0.00	11.20	78.57	4.46	0.00	3.57	0.89	12.50	0.89	0.00
38 Papierv	7.00	70.00	11.43	1.43	2.86	1.43	12.86	1.43	0.00	11.70	70.09	10.26	0.85	3.42	2.56	12.82	0.85	0.00
39 Druck	7.10	64.79	2.82	8.45	2.82	2.82	18.31	1.41	0.00	10.40	66.35	3.85	7.69	3.85	3.85	14.42	0.96	0.00
40 Leder	4.10	68.29	14.63	2.44	2.44	0.00	12.20	0.00	0.00	5.50	65.45	16.36	3.64	1.82	1.82	10.91	0.00	0.00
41 Textil	19.50	71.79	7.18	7.69	2.05	1.03	10.26	1.03	0.00	23.00	69.13	8.70	7.83	2.17	1.74	10.43	0.87	0.00
42 Bekleid	11.20	65.18	8.04	13.39	0.89	1.79	10.71	0.89	0.00	14.30	59.44	9.09	16.78	1.40	2.10	11.19	0.70	0.00
43 Ernährg	62.40	79.33	10.42	0.16	1.28	0.96	7.85	0.16	0.00	105.60	76.42	13.35	0.28	1.42	1.14	7.39	0.28	0.09
44 Getränke	12.50	60.00	15.20	0.80	4.00	2.40	17.60	0.80	0.00	17.20	58.14	15.70	1.16	3.49	4.07	17.44	0.58	0.00
45 Tabakver	2.70	62.96	7.41	0.00	3.70	3.70	22.22	0.00	0.00	4.60	50.00	10.87	2.17	2.17	2.17	32.61	0.00	0.00

Quelle: Statistisches Bundesamt, Fachserie 4, Reihe 4.3.1-3; eigene Berechnungen.

Anteil ist zwischen 1976 und 1984 allerdings zurückgegangen. In der Vorleistungsstruktur machte der Einsatz von Handelsware im Durchschnitt des verarbeitenden Gewerbes 1984 rd. 16 vH aus. Damit lag er gegenüber 1976 um drei Prozentpunkte höher. Einen besonders hohen Vorleistungsanteil an Handelsware und eine rasche Zunahme hatten die Wirtschaftszweige Mineralölverarbeitung, Gummi, Feinkeramik und Straßenfahrzeugbau. Bei der Mineralölverarbeitung ist diese Entwicklung bedingt durch hohe Preissteigerungen der Rohölprodukte. Es wurden aber auch in verstärktem Maß Enderzeugnisse - vor allem aus den Niederlanden - importiert. Beim Straßenfahrzeugbau ist der Anteil aus Handelsware weit überdurchschnittlich gewachsen. Hier dürfte der Handel mit Zubehör und mit anderen, das eigene Produktsortiment erweiternden Waren eine zunehmende Rolle gespielt haben. Dies dürfte auch für andere Wirtschaftszweige zutreffen (Feinkeramik, Feinmechanik, Leder, Getränke).

In vielen Branchen ist der Handelsanteil auch deswegen gestiegen, weil die internationale Arbeitsteilung zugenommen hat. Viele große Unternehmen operieren multinational. Im Bereich z.B. der Büromaschinen- und Datenverarbeitungshersteller oder auch der Elektrotechnik dominieren in der Bundesrepublik Unternehmen mit eigener Auslandsproduktion. Ihre Einbindung in den internationalen Handel ist besonders ausgeprägt. Im Zuge dieser international angelegten Arbeitsteilung wachsen die sog. Eigenimporte dieser Firmen (vgl. Jungnickel, Maenner, 1984). Zum Teil werden sie auch wieder exportiert. Die Zunahme des Handelsteils läßt also auf eine größere Produktarrondierung und Internationalisierung der Produktion schließen, die für sich genommen profitabel ist und gleichzeitig die Absatzchancen eigener Erzeugnisse positiv beeinflussen dürfte.

Gemessen an den Gesamtumsätzen, entfielen im verarbeitenden Gewerbe rd. 13 vH auf die Umsätze aus Handelsware. Mehr als vier Fünftel betrug der Umsatz aus eigenen Erzeugnissen (vgl. Tabelle 2.6/2). Auch in dieser Betrachtung zeigen sich die überdurchschnittliche Zunahme des Umsatzes aus Handelsware und die gleichen sektoralen Differenzierungen wie bei Betrachtung der Vorleistungen. Bezieht man den Umsatz aus Handelsware auf den Einsatz an Handelsware, so erhält man einen Indikator für den in den Wirtschaftszweigen des verarbeitenden Gewerbes erhobenen Aufschlag auf eingesetzte Handelsware (vgl. Tabelle 2.6/3). Er ist seit 1976 von kanpp 24 vH auf rd. 20 vH im Jahre

Tabelle 2.6/2

Umsatzstruktur des Verarbeitenden Gewerbes

	1976					1984				
		U M S A T Z					U M S A T Z			
	Umsätze insgesamt Mrd.DM	aus eigenen Erzeug-nissen	aus industr./ handwerkl. Dienst-leistungen	aus Handels-ware	aus sonstigen nichtind./ nichthand-werklichen Tätigkeit.	Umsätze insgesamt Mrd.DM	aus eigenen Erzeug-nissen	aus industr./ handwerkl. Dienst-leistungen	aus Handels-ware	aus sonstigen nichtind./ nichthand-werklichen Tätigkeit.
		in vH von Spalte 1					in vH von Spalte 1			
13 verarb.Gew	888.20	86.20	2.56	10.02	1.23	1380.90	82.90	3.23	12.72	1.15
14 Chemie	107.50	84.74	0.84	12.56	1.86	171.40	81.91	0.99	14.99	2.10
15 Minölv	55.60	69.06	5.58	23.92	1.44	115.10	65.33	4.43	29.37	0.87
16 Kunststv	16.20	91.36	0.62	7.41	0.62	32.00	90.63	1.25	7.81	0.31
17 Gummi	10.10	84.16	0.99	13.86	0.99	15.40	79.87	0.65	18.18	1.30
18 Steinerd	22.90	90.39	0.87	7.42	1.31	31.10	89.71	0.96	8.04	1.29
19 Feinker	3.10	96.77	0.00	3.23	0.00	4.10	92.68	0.00	7.32	0.00
20 Glas	6.50	92.31	0.00	6.15	1.54	9.70	90.72	0.00	8.25	1.03
21 Eisensch	45.90	94.12	1.74	2.40	1.74	51.10	91.39	1.37	5.28	1.96
22 NE-Met	16.40	82.32	4.88	12.20	0.61	25.70	83.27	3.89	12.06	0.78
23 Giesser	9.30	93.55	0.00	5.38	1.08	12.30	92.68	0.81	5.69	0.81
24 Zieherei	17.20	87.79	4.65	6.98	0.58	8.70	88.51	3.45	8.05	0.00
25 Stahlbau	14.10	85.11	11.35	2.84	0.71	35.50	83.66	11.27	4.23	0.85
26 Maschbau	103.30	87.42	2.81	8.91	0.87	142.20	87.76	5.20	6.33	0.70
27 BM,ADV	9.80	87.76	2.04	9.18	1.02	21.90	76.26	9.59	13.70	0.46
28 Strfzbau	84.90	87.63	1.77	9.78	0.82	164.30	78.76	3.47	16.98	0.79
29 Schiffb	7.30	90.41	8.22	1.37	0.00	10.50	90.48	6.67	0.95	1.90
30 Luftfzb	3.20	84.38	6.25	3.13	6.25	8.50	91.76	5.88	2.35	0.00
31 Eltechn	89.40	80.31	4.25	13.09	2.35	137.10	77.32	5.69	15.54	1.46
32 Feinmech	9.60	79.17	3.13	16.67	1.04	14.80	81.08	3.38	14.86	0.68
33 EBM	25.90	89.58	1.54	8.11	0.77	39.60	89.39	1.52	8.33	0.76
34 Mus.Splw	4.40	88.64	2.27	9.09	0.00	6.20	88.71	1.61	9.68	0.00
35 Holzbear	5.80	86.21	1.72	12.07	0.00	7.30	86.30	1.37	12.33	0.00
36 Holzver	18.60	93.01	0.54	5.91	0.54	27.10	92.25	0.74	6.64	0.37
37 Zellst	8.70	94.25	0.00	4.60	1.15	15.50	96.13	0.00	3.23	0.65
38 Papierv	11.20	88.39	0.89	9.82	0.89	17.50	89.71	1.14	8.57	0.57
39 Druck	14.70	91.16	4.08	2.04	2.72	20.00	88.00	1.50	2.50	8.00
40 Leder	6.70	86.57	1.49	11.94	0.00	8.10	82.72	1.23	14.81	1.23
41 Textil	30.50	86.56	6.89	5.90	0.66	34.30	85.13	6.71	7.58	0.58
42 Bekleid	17.80	88.20	5.06	6.18	0.56	21.10	83.41	7.58	8.53	0.47
43 Ernährg	76.10	88.83	0.26	10.38	0.53	125.90	86.34	0.24	12.87	0.56
44 Getränke	22.20	86.49	0.45	10.81	2.25	27.60	83.33	1.09	12.68	2.90
45 Tabakver	13.30	97.74	0.00	1.50	0.75	19.30	96.37	0.52	2.59	0.52

Quellen: Stat. Bundesamt, Fachserie 4, Reihe 4.3.1-3; eigene Berechnungen.

Tabelle 2.6/3

Handelsspanne *) in vH

	1976	1984
13 verarb.Gew	23.6	20.3
14 Chemie	20.5	17.4
15 Minölv	23.1	6.0
16 Kunststv	33.3	31.6
17 Gummi	16.7	16.7
18 Steinerd	21.4	19.0
19 Feinker	0.0	0.0
20 Glas	0.0	14.3
21 Eisensch	0.0	3.8
22 Ne-Met	5.3	6.9
23 Giesser	25.0	16.7
24 Zieherei	20.0	16.7
25 Stahlbau	33.3	36.4
26 Maschbau	24.3	30.4
27 BM,ADV	33.3	30.4
28 Strfzbau	33.9	36.8
29 Schiffbau	0.0	0.0
30 Luftfzb	0.0	0.0
31 Eltechn	23.2	24.6
32 Feinmech	33.3	37.5
33 EBM	40.0	37.5
34 Mus.Splw	33.3	50.0
35 Holzbear	16.7	28.6
36 Holzver	22.2	28.6
37 Zellst	0.0	0.0
38 Papierv	37.5	25.0
39 Druck	50.0	25.0
40 Leder	33.3	33.3
41 Textil	35.7	30.0
42 Bekleid	22.2	38.5
43 Ernährg	20.0	14.9
44 Getränke	31.6	29.6
45 Tabakver	0.0	0.0

*) Erhobener Aufschlag auf eingesetzte Handelsware

Quelle: Statistisches Bundesamt; eigene Berechnungen.

1984 gesunken. Er differiert aber in den einzelnen Wirtschaftszweigen sehr deutlich. Häufig ist in den Wirtschaftszweigen mit einem überdurchschnittlichen Aufschlagssatz auch der Einsatz von Handelsware überdurchschnittlich hoch; dies gilt z.B. für die Wirtschaftszweige ADV, Straßenfahrzeugbau, Elektrotechnik, Feinmechanik und Leder.

Die etwas raschere Zunahme der sog. industriellen und handwerklichen Dienstleistungen - sowohl in Bezug auf die Vorleistungen als auch auf den Umsatz - ist ein weiterer Hinweis auf die intrasektoralen Strukturverschiebungen. Wenn auch das Gewicht der industriellen und handwerklichen Dienstleistungen relativ gering ist, so ist dennoch hervorzuheben, daß expansive Branchen diese Dienstleistungen überdurchschnittlich einsetzten - z.B. der Straßenfahrzeugbau, die Datenverarbeitungsgeräteshersteller, der Luftfahrzeugbau und in etwas geringerem Maße die Chemie.

Unter den sonstigen Vorleistungen ist das steigende Gewicht von Mieten und Pachten zu nennen; darin enthalten sind auch die Aufwendungen für Leasing.

2.7 Das Handwerk im Strukturwandel

Das Handwerk ist für das hier behandelte Thema besonders aufschlußreich. Handwerksunternehmen sind sowohl im sekundären als auch im tertiären Sektor tätig; selbst in primären Sektor sind vereinzelt Handwerksunternehmen anzutreffen. Die institutionelle Zuordnung von weiten Teilen des Handwerks zum warenproduzierenden Gewerbe wird den sich im Zeitablauf vollziehenden Strukturwandlungen immer weniger gerecht. Wie zu zeigen sein wird, hat sich der Schwerpunkt von der Neuherstellung zu den produktionsnahen Dienstleistungen (Installation, Montage, Wartung, Reparatur, Reinigung), zu den persönlichen Dienstleistungen (Friseur- und andere persönliche Dienstleistungen) und zu den Handelsfunktionen verschoben.

Daß eine ganze Reihe von Handwerksunternehmen, deren Schwerpunkt bei diesen Dienstleistungen liegt, dennoch zum sekundären Sektor gerechnet wird, hat - wie erwähnt - weitgehend historische Gründe. Viele Handwerksbetriebe sind im Zusammenhang mit der Produktion dauerhafter Gebrauchsgüter entstanden (Haushaltsgüter, Bekleidung, Gebäude, Autos etc.). und arbeiten unter veränderten Bedingungen weiterhin in einem engen Bezug zur Warenproduktion. Auch Handelsleistungen der Handwerksunternehmen stehen zumeist im Zusammenhang mit der Güterproduktion; Handelsleistungen und handwerkliche Dienstleistungen sind überdies bei technischen Gütern oft unmittelbar aufeinander bezogen.

Handwerksunternehmen müssen in der Handwerksrolle eingetragen sein. Voraussetzung dafür ist, daß eine Person, die von der Handwerkskammer den Meisterbrief erhalten hat, den Betrieb leitet. Die Ablegung der Meisterprüfung ist also insofern eine Marktzutrittsbarriere, deren Überwindung dann allerdings Vorteile eröffnet. Aufgrund der engen Verzahnung von Handelsleistung und Kunden-bzw. Reparaturdienstleistungen beim Verkauf von technischen Gütern gliedern sich Einzelhandelsunternehmen häufig einen handwerklichen Nebenbetrieb an, der ebenfalls von einem Handwerksmeister geführt werden muß. Größere Einzelhandelsketten versprechen sich von der Einrichtung von handwerklichen Nebenbetrieben zunehmend Wettbewerbsvorteile.

Die Veränderung der "Arbeitsteilung" zwischen Industrie und Handwerk wurde durch die kostengünstigere und qualitativ hochwertige Industrieproduktion ausgelöst. Die handwerkliche Neuherstellung von Waren ist infolgedessen zurückgegangen, die sachbezogenen handwerklichen Dienstleistungen haben dagegen zugenommen. Allerdings besteht bei den nachgelagerten "Kundendiensten" inzwischen auch ein Konkurrenzverhältnis zwischen Industrie und Handwerk. Denn oftmals ist es für die Vermarktung industrieller Produkte entscheidend, entsprechenden "Service" in eigener Regie anzubieten. Die technische Entwicklung schafft hier ständige Veränderungen: Durch Standardisierung und Weiterentwicklung werden Produkte "servicefreundlicher", d.h. sie erfordern weniger Instandhaltung und Reparatur. Zuweilen kann ihre Reparatur von dem Kunden selbst vorgenommen werden; ein Beispiel hierfür ist die Modultechnik. Häufig sind neue Produkte der Massenproduktion so kostengünstig, daß der Neukauf billiger ist als die Reparatur.

Die folgenden empirischen Ergebnisse stützen sich vor allem auf die Handwerkszählungen 1968 und 1977; für aktuellere Informationen wird auf die laufende vierteljährliche Handwerksberichterstattung zurückgegriffen.

Der Umsatz des Handwerks (ohne Nebenbetriebe) hat sich zwischen 1967 und 1976 um jahresdurchschnittlich 6,3 vH auf 235 Mrd. DM erhöht; gleichzeitig ist die Zahl der Beschäftigten um über 200 Tsd. zurückgegangen. Zwischen 1976 und 1985 war das Umsatzwachstum deutlich geringer als in der Vorperiode; dennoch reduzierte sich in dieser Zeit die Zahl der Beschäftigten nur geringfügig (vgl. Tabelle 2.7/1).

Im Zeitraum von 1967 bis 1976 hat sich die Zahl der handwerklichen Nebenbetriebe von nichthandwerklichen Unternehmen - vor allem des Handels - erhöht. Nebenbetriebe sind besonders im Ausbaugewerbe gegründet worden. Das Umsatzwachstum der Nebenbetriebe insgesamt war wesentlich stärker als das der Handwerksunternehmen. Dies ist ein Beispiel für die wachsende Integration von Handwerksfunktionen vor allem in den Handelsbereich.

Innerhalb des Handwerks war die Umsatz- und Beschäftigtenentwicklung ganz unterschiedlich. Die größten Handwerkszweige - das verarbeitende Gewerbe und das Baugewerbe - haben zusammengenommen sowohl beim Umsatz als auch bei der Beschäftigung über den gesamten Zeitraum unterdurchschnittlich abgeschnitten; ihr Anteil an der Zahl der Beschäftigten ist von fast 86 vH im Jahre 1967 auf 76 vH im Jahre 1985 zurückgegangen; beim Umsatz von 90 vH auf 82 vH. Abweichend von diesem Trend hat sich allerdings das Ausbaugewerbe entwickelt.

Dagegen haben die Handwerksunternehmen des Handels und der sonstigen Dienstleistungen ihre Beschäftigungs- und Umsatzanteile erhöht. Die Handelsunternehmen des Handwerks haben in der ersten Teilperiode - bei hohen Umsatzsteigerungen - die Zahl der Beschäftigten um 80 Tsd. erhöht, in der zweiten dagegen kaum noch. Die sonstigen Dienstleistungen haben dagegen auch nach 1976 ihre Beschäftigung weiter erhöht, immerhin mit jahresdurchschnittlich 3 vH. Die Strukturverschiebungen zwischen sekundären und tertiären Sektor treten demzufolge im Handwerk noch deutlicher hervor als in der Gesamtwirtschaft.

Die Entwicklung der Umsatzstruktur des Handwerks (vgl. Tabelle 2.7/2) zeigt dies auch für die Strukturverschiebungen innerhalb der Sektoren. Bei den Handwerksunternehmen des verarbeitenden Gewerbes ist der Umsatz aus eige-

Tabelle 2.7/1

Beschäftigte und Umsatz der Handwerksunternehmen nach Wirtschaftszweigen

	Beschaeftigte in 1000			Umsatz in Mrd.DM			Struktur in vH Beschaeftigte			Struktur in vH Umsatz			Jahresdurchschnittl. Veraenderungsrate in vH Beschaeftigte		Jahresdurchschnittl. Veraenderungsrate in vH Umsatz	
	1967	1976	1985	1967	1976	1985	1967	1976	1985	1967	1976	1985	1967/76	1976/85	1967/76	1976/85
Verarbeitendes Gewerbe	1718	1405	1363	70	107	147	44.1	38.1	37.2	51.7	45.5	45.2	-2.2	-0.3	4.8	3.6
Baugewerbe	1644	1564	1425	52	90	121	42.2	42.4	38.9	38.1	38.2	37.1	-0.6	-1.0	6.3	3.3
davon: Bauhauptgewerbe	1023	852	733	34	50	64	26.3	23.1	20.0	24.8	21.3	19.6	-2.0	-1.7	4.5	2.7
Ausbaugewerbe	620	712	692	18	40	57	15.9	19.3	18.9	13.3	16.8	17.5	1.5	-0.3	9.1	4.1
Handel	128	211	219	8	30	44	3.3	5.7	6.0	6.2	12.6	13.5	5.7	0.4	14.9	4.5
davon: Grosshandel, Handelsvermittlung	26	18	20	3	5	6	0.7	0.5	0.5	2.3	2.0	1.8	-4.0	1.2	5.1	2.3
Einzelhandel	102	193	199	5	25	38	2.6	5.2	5.4	4.0	10.6	11.7	7.3	0.3	18.4	4.8
Dienstl.v.fr.Berufen u.Unt.	406	509	659	5	9	14	10.4	13.8	18.0	3.9	3.7	4.3	2.5	2.9	5.8	5.3
Handwerk insg.**	3896	3689	3666	136	235	326	100	100	100	100	100	100	-0.60	-0.07	6.3	3.7

*: ohne Nebenbetriebe

**: ohne Land- und Forstwirtschaft, Energie u. Bergbau, Verkehr u. Nachrichten, Kreditinstute u. Versicherungen

Quelle: Statistisches Bundesamt, Handwerkszaehlung 1968, Heft2; Handwerkszaehlung 1977, Heft2; Reihe 7.1: Beschaeftigung und Umsatz im Handwerk, 2.Vierteljahr 1986; eigene Berechnungen

Tabelle 2.7/2

Umsatzstruktur des Handwerks* nach Wirtschaftszweigen
1976

	Umsatz insg.	davon aus: eigene Erzeugn.	handw. Dienstl.	Handels-ware	Sonst.	Entwicklung 1976/67: Umsatz insg.	eigene Erzeugn.	handw. Dienstl.	Handels-ware	Sonst.
	in Mill.	in vH				Index 1967=100				
Verarbeitendes Gewerbe	106907	60.0	19.9	18.9	1.3	152	94	203	77	77
1-19	66214	56.0	22.7	20.0	1.3	148	82	235	98	73
20 u. mehr	40693	66.5	15.4	17.0	1.1	160	117	153	54	86
davon:										
Reparaturgewerbe	19694	1.9	45.7	49.6	2.8	.	.	.	.	.
1-19	12554	1.6	50.2	45.8	2.4	.	.	.	.	.
20 u. mehr	7140	2.6	37.7	56.4	3.4	.	.	.	.	.
Baugewerbe	89773	51.1	43.4	4.8	0.7	173	57	915	116	77
1-19	40809	38.5	54.6	6.6	0.3	203	45	671	99	71
20 u. mehr	48964	61.7	34.0	3.3	1.0	154	66	1315	131	85
davon:										
Bauhauptgewerbe	50177	66.9	30.9	1.6	0.6	149	71	998	191	48
1-19	15018	53.5	44.4	1.8	0.3	187	59	613	231	47
20 u. mehr	35159	72.7	25.1	1.5	0.7	137	76	1396	176	51
Ausbaugewerbe	39599	31.1	59.2	8.9	0.8	219	38	759	86	291
1-19	25793	29.8	60.5	9.4	0.3	214	37	694	88	107
20 u. mehr	13806	33.6	56.8	7.9	1.8	229	40	953	82	679
Handel	29639	2.6	10.4	84.9	2.0	349	19	134	109	343
1-19	12263	4.4	9.1	84.7	1.7	257	25	124	114	231
20 u. mehr	17376	1.4	11.3	85.1	2.2	468	14	137	104	586
davon:										
Grosshandel, Handelsvermittlung	4796	3.4	5.5	87.8	3.2	156	23	100	111	654
1-19	1273	6.7	3.5	87.0	2.7	121	25	79	129	207
20 u. mehr	3523	2.2	6.2	88.1	3.3	346	13	52	125	3406
Einzelhandel	24843	2.5	11.4	84.4	1.8	459	18	126	110	277
1-19	10990	4.1	9.8	84.5	1.6	296	28	120	111	275
20 u. mehr	13853	1.2	12.6	84.3	1.9	817	11	115	109	251
Dienstl.v.fr.Berufen u.Unt.	8762	4.9	82.6	7.1	5.5	166	70	110	52	114
1-19	5450	5.2	79.2	10.0	5.5	143	73	111	61	108
20 u. mehr	3312	4.2	88.2	2.2	5.4	226	68	105	38	136
Handwerk insg.	235081	47.3	30.0	21.4	1.3	173	69	292	109	93
1-19	124736	42.9	34.3	21.5	1.2	170	65	279	108	80
20 u. mehr	110345	52.2	25.2	21.2	1.4	177	73	319	111	111

*: ohne Nebenbetriebe, ohne Landwirtschaft, Energie u. Bergbau, Verkehr u. Nachrichten, Kreditinstitute u. Versicherungen
Quelle: Statistisches Bundesamt, Handwerkszaehlung 1968, Heft2; Handwerkszaehlung 1977, Heft2; eigene Berechnungen

nen Erzeugnissen wesentlich niedriger als im Durchschnitt des verarbeitenden Gewerbes, wo er 1975 bei über 86 vH lag. Er ist zwischen 1967 und 1976 um mehr als vier Prozentpunkte auf 60 vH zurückgegangen, beim Bauhauptgewerbe von 95 vH auf 67 vH und beim Ausbaugewerbe von 82 vH auf 31 vH. Nach dem Schwerpunkt ihres Umsatzes sind die Handwerksunternehmen des Ausbaugewerbes spätestens seit 1976 als Dienstleistungsunternehmen anzusehen.

Im Reparaturhandwerk werden kaum eigene Erzeugnisse hergestellt. 46 vH seines Umsatzes beruhen auf handwerklichen Dienstleistungen, fast 49 vH resultieren aus dem Verkauf von Handelsware. Auch die Handwerksunternehmen im Ausbaugewerbe erzielten 1976 mehr als 50 vH ihres Umsatzes aufgrund von handwerklichen Dienstleistungen. Betrachtet man einige Handwerkszweige, so machen die handwerklichen Dienstleistungen bei Sanitär- und Heizungstechnikern, bei Elektroinstallateuren, bei Landmaschinentechnikern, Radio- und Fernsehtechnikern sowie Kraftfahrzeugmechanikern mehr als drei Viertel des Umsatzes aus.

Insgesamt ist der Anteil des Umsatzes des Handwerks, der auf eigene Erzeugnisse entfällt, von 68,7 vH im Jahre 1967 auf 47,3 vH im Jahre 1976 gefallen. Der Umsatzanteil, der auf handwerklichen Dienstleistungen beruht, hat wesentlich rascher als der gesamte Umsatz zugenommen. Er stieg auf 30 vH im Jahre 1976. Nach Größenklassen betrachtet, verlagert sich der Umsatz aus eigenen Erzeugnissen mehr und mehr zu den größeren Handwerksunternehmen; die kleineren machen ihren Umsatz verstärkt mit handwerklichen Dienstleistungen.

Der Umsatzanteil, der auf dem Handel mit Waren beruht, ist um zwei Prozentpunkte auf 21,4 vH im Jahre 1976 im Durchschnitt des Handwerks angestiegen. Mit 19 vH erzielten die Handwerksunternehmen des verarbeitenden Gewerbes 1976 einen deutlich höheren Umsatz an Handelswaren als das verarbeitende Gewerbe insgesamt; dessen Handelsumsatzanteil betrug 1975 gut 9 vH.

Der Strukturwandel im Handwerk hatte weiterhin wesentliche Veränderungen für die Sozialstruktur der Beschäftigten innerhalb der Betriebe zur Folge. Dies zeigen die Informationen über die Beschäftigten nach ihrer Stellung in den Betrieben der einzelnen Gewerbezweige (vgl. Tabelle 2.7/3). Die Zahl der

Tabelle 2.7/3

Handwerksunternehmen* nach Gewerbezweigen
- Beschäftigte nach Stellung im Betrieb -
1976

	Beschaeftigte insg. in 100	Inhaber	Mith.Fam.	Betriebsleiter	Angestellte	Facharb.	Arbeiter	Lehrl.
		in vH						
Bau- u. Ausbaugewerbe	11623	9.5	1.3	0.6	9.1	52.7	20.4	6.5
Metallgewerbe	12245	12.9	2.2	1.2	16.6	38.9	9.0	19.2
Holzgewerbe	2425	20.0	3.0	1.0	10.8	39.6	14.0	11.6
Bekleidungs-, Textil- u. Ledergewerbe	1506	36.0	6.0	0.7	12.2	22.2	14.0	8.8
Nahrungsmittelgewerbe	4764	19.0	5.2	0.9	18.5	26.4	15.7	14.2
Gewerbe fuer Gesundheits- u. Koerperpflege sowie Chem. u. Reinigungsgewerbe	5543	11.4	1.7	0.5	4.4	21.1	49.2	11.7
Glas-, Papier-, Keramische u. Sonst. Gewerbe	959	19.0	2.9	1.5	17.1	31.9	18.6	9.2
Handwerk insg.	39065	13.9	2.4	0.9	12.3	38.2	19.6	12.6
		Index 1967=100						
Bau- u. Ausbaugewerbe	84	99	109	140	143	101	83	115
Metallgewerbe	105	91	76	124	125	102	101	89
Holzgewerbe	89	78	87	127	156	89	125	156
Bekleidungs-, Textil- u. Ledergewerbe	60	81	90	122	179	101	146	90
Nahrungsmittelgewerbe	95	75	54	95	127	98	135	129
Gewerbe fuer Gesundheits- u. Koerperpflege sowie Chem. u. Reinigungsgewerbe	137	63	43	95	110	71	179	74
Glas-, Papier-, Keramische u. Sonst. Gewerbe	88	92	72	133	124	99	103	89
Handwerk insg.	96	81	69	121	132	95	117	102

*: einschl. Handwerkl. Nebenbetriebe nichthandwerkl. Unternehmen
Quelle: Statistisches Bundesamt, Handwerkszaehlung 1968, Heft3; Handwerkszaehlung 1977, Heft3; eigene Berechnungen

Inhaber und mithelfenden Familienangehörigen hat relativ abgenommen und die der Betriebsleiter und Angestellten zugenommen. Der Anteil von Facharbeitern und Arbeitern hat sich insgesamt kaum verändert; absolut genommen wird aber deutlich, daß die Zahl der Arbeiter zwischen 1967 und 1976 noch gestiegen ist, während die der Facharbeiter abgenommen hat. Dieses Resultat darf auf dieser Aggregationsebene nur mit Vorsicht interpretiert werden. Es könnte bedeuten, daß die veränderte Aufgabenstellung der handwerklichen Unternehmen bei den gegebenen Kostenrelationen zwischen Facharbeitern und Arbeitern einen Substitutionsprozeß in Gang gesetzt hat. Dies scheint besonders bei den kleinen und ganz großen Handwerksunternehmen der Fall gewesen zu sein: Bei den kleinen kann der Handwerksmeister als Inhaber das Geschäft mit Hilfe von Arbeitern abwickeln; wenn ein Geselle die Meisterprüfung ablegt, dürfte er sich überdies selbständig machen. Bei den großen dürften die Rationalisierungsprozesse ähnlich ablaufen wie in der Industrie.

Diese geschilderte Entwicklung im Durchschnitt des Handwerks bedarf einer Differenzierung nach Wirtschafts- bzw. Gewerbszweigen. Im Metallgewerbe erhöhte sich z.B. in dem Zeitraum von 1967 bis 1976 die Zahl der Facharbeiter absolut stärker als die der Arbeiter; dagegen sind in den unter Anpassungsdruck stehendenen Handwerkszweigen (Holz, Bekleidung) die Rückgänge bei den Facharbeitern drastisch; bei den Arbeitern dagegen hat das Holzgewerbe sogar noch Zuwächse zu verzeichnen.

In dem expansivsten Zweig - der Gebäudereinigung - nimmt dagegen die Zahl der Facharbeiter wenig zu, während sich die Zahl der Arbeiter mehr als verdreifacht. Hier ist allerdings der Anteil von Teilzeitarbeit besonders hoch. Im Gewerbezweig Gesundheit hat zwischen 1967 und 1976 die Zahl der Zahntechniker und der Augenoptiker zugenommen.

Ein anderer Aspekt, der für das Handwerk gut dokumentiert ist, betrifft die Absatzrichtung des Handwerks. Die Lieferungen des Handwerks (ohne Nebenbetriebe) haben zwischen 1967 und 1976 an die privaten Haushalte überdurchschnittlich zugenommen. Das gilt besonders für die kleinen Handwerksunternehmen. Für die größeren haben sich dagegen die Absatzbeziehungen zur gewerblichen Wirtschaft noch intensiviert. Die Bedeutung der öffentlichen Auftraggeber für das Handwerk ist in diesem Zeitraum deutlich zurückgegangen (Tabelle 2.7/4).

Tabelle 2.7/4

Handwerksunternehmen* nach Wirtschaftszweigen
Gesamtumsatz nach Absatzrichtung und Beschäftigtengrößenklassen
1976

	Struktur: Private H.halte	Struktur: Oeff. Auftraggeber	Struktur: Gewerbl. Wirtsch.**	Entwicklung 1976/67: Private H.halte	Entwicklung 1976/67: Oeff. Auftraggeber	Entwicklung 1976/67: Gewerbl. Wirtsch.**
	in vH			Index 1967=100		
Verarbeitendes Gewerbe	50	6	44	154	131	153
1-19	63	4	32	152	137	141
20 u. mehr	28	7	64	159	126	166
Baugewerbe	42	26	31	204	146	166
1-19	59	14	27	232	170	173
20 u. mehr	29	36	35	168	139	162
davon:						
Bauhauptgewerbe	38	32	30	177	131	142
1-19	59	15	26	225	157	147
20 u. mehr	29	39	32	149	127	140
Ausbaugewerbe	50	21	29	1	1	0
1-19	66	15	19	1	0	0
20 u. mehr	26	31	43	1	1	1
Handel	58	3	38	411	386	279
1-19	71	3	26	276	313	212
20 u. mehr	49	4	47	825	436	317
davon:						
Grosshandel	15	4	81	183	196	148
1-19	19	5	76	143	273	111
20 u. mehr	14	4	82	211	174	166
Einzelhandel	67	3	30	436	517	512
1-19	78	2	20	284	323	353
20 u. mehr	58	4	38	1009	735	631
Dienstl.v.fr.Berufen u.Unt.	64	11	25	141	252	240
1-19	90	2	8	145	140	119
20 u. mehr	23	25	52	117	280	329
Handwerk insg.	49	13	38	167	144	165
1-19	64	7	29	179	160	154
20 u. mehr	32	20	48	145	139	174

*: ohne Nebenbetriebe; ohne Land- u. Forstwirtschaft, Energie u. Bergbau, Verkehr u. Nachrichten, Kreditinstitute u. Versicherungen
**: und Sonstige
Quelle: Statistisches Bundesamt, Handwerkszaehlung 1968, Heft 2; Handwerkszaehlung 1977, Heft2; eigene Berechnungen

Die Absatzrichtung bei den freien Berufen und Unternehmen hat sich aber drastisch von den privaten Haushalten zu der gewerblichen Wirtschaft verlagert. Auch in diesem expansiven Wirtschaftszweig sind vor allem die Vorleistungen für andere Unternehmen gestiegen.

3. Beschäftigung, Investitionen und Anlagevermögen

Im längerfristigen Vergleich fällt in das Jahr 1973 der Wendepunkt von der Vollbeschäftigung zur Unterbeschäftigung. Gleichzeitig vollzogen sich erhebliche Veränderungen im Arbeits- und Kapitaleinsatz. Ziel dieses Abschnittes ist, die Strukturverschiebungen zwischen sekundärem und tertiärem Sektor anhand dieser für die gegenwärtige wirtschaftspolitische Diskussion zentralen Indikatoren im einzelnen aufzuzeigen.

3.1 Erwerbstätige

In der VGR wird die Zahl der Erwerbstätigen relativ weit nach Wirtschaftszweigen gegliedert (vgl. Tabelle 3.1/1). Betrachtet man zunächst nur die Selbständigen, so ist ihre Zahl seit Mitte der siebziger Jahre praktisch konstant geblieben. Dagegen hat die Zahl der mithelfenden Familienangehörigen weiter abgenommen. Im sektoralen Vergleich ist zu berücksichtigen, daß im verarbeitenden Gewerbe der Anteil von Selbständigen und mithelfenden Familienangehörigen an den Erwerbstätigen bei 6 vH liegt, während er im Handel 20 vH und bei den sonstigen Dienstleistungen 27 vH ausmacht (vgl. Tabelle 3.1./2).

Die Entwicklung der Erwerbstätigenzahlen ist in den beiden Teilperioden (1960 bis 1973 und 1973 bis 1984) sehr unterschiedlich. In der ersten Teilperiode stieg die Zahl um 800 000 und ging danach um fast 1,6 Mill. zurück. Seit 1984 nimmt sie bis heute wieder verhalten zu. Von 1960 bis 1973 hat sich im primären Sektor die Beschäftigung um 1,9 Mill. vermindert, im sekundären Sektor hat sie sich dagegen leicht (um 450 000) und im tertiären Sektor sogar um 2,2 Millionen erhöht. In diesem Zeitraum hat also eine Überkompensation des Beschäftigtenabbaus im primären Sektor durch einen (größeren) Beschäftigtenaufbau im tertiären und in geringerem Maße im sekundären Sektor stattgefunden. Von 1973 bis 1984 war die Entwicklung ganz anders: Im primären Sektor ist die Beschäftigung um eine halbe Million gesunken, im gleichen Zeitraum ist aber die Beschäftigung im sekundären Sektor um über 2,2 Mill. zurückgegangen. Der Beschäftigungsanstieg im tertiären Sektor um knapp 1,3 Mill. konnte den Beschäftigungsrückgang in den anderen Sektoren nur teilweise kompensieren.

Tabelle 3.1/1

Erwerbstätige

	in 1000			Struktur in vH			Jahresdurchschn. Veraenderung in vH	
	1960	1973	1984	1960	1973	1984	1973/60	1984/73
Primaerer Sektor	4328	2439	1883	16.6	9.1	7.4	-4.3	-2.3
Land- und Forstwirtschaft	3581	1924	1390	13.7	7.2	5.5	-4.7	-2.9
Energiewirtschaft und Bergbau	747	515	493	2.9	1.9	1.9	-2.8	-0.4
Sekundaerer Sektor	11750	12208	9956	45.1	45.5	39.4	0.3	-1.8
Verarbeitendes Gewerbe	9624	9861	8065	36.9	36.7	31.9	0.2	-1.8
Baugewerbe	2126	2347	1891	8.2	8.7	7.5	0.8	-1.9
Tertiaerer Sektor	9985	12202	13458	38.3	45.4	53.2	1.6	0.9
Handel	3299	3492	3336	12.7	13.0	13.2	0.4	-0.4
Grosshandel, Handelsvermittl.	1339	1415	1316	5.1	5.3	5.2	0.4	-0.7
Einzelhandel	1960	2077	2020	7.5	7.7	8.0	0.4	-0.3
Verkehr und Nachrichten	1460	1523	1430	5.6	5.7	5.7	0.3	-0.6
Eisenbahnen	519	438	320	2.0	1.6	1.3	-1.3	-2.8
Schiffahrt, Haefen	115	90	64	0.4	0.3	0.3	-1.9	-3.1
Uebriger Verkehr	432	504	541	1.7	1.9	2.1	1.2	0.6
Deutsche Bundespost	394	491	505	1.5	1.8	2.0	1.7	0.3
Kreditinst. und Versicherungen	383	678	772	1.5	2.5	3.1	4.5	1.2
Kreditinstitute	266	474	567	1.0	1.8	2.2	4.5	1.6
Versicherungen	117	204	205	0.4	0.8	0.8	4.4	0.0
Sonstige Dienstleistungen	1918	2345	2863	7.4	8.7	11.3	1.6	1.8
Gastgewerbe, Heime	600	690	792	2.3	2.6	3.1	1.1	1.3
Bildung, Wissensch., Kultur	232	219	252	0.9	0.8	1.0	-0.4	1.3
Gesundheits- und Veterinaerw.	223	352	543	0.9	1.3	2.1	3.6	4.0
Uebrige Dienstleistungen	863	1084	1276	3.3	4.0	5.0	1.8	1.5
Wohnungsvermietung	63	100	138	0.2	0.4	0.5	3.6	3.0
Staat	2098	3367	4036	8.0	12.5	16.0	3.7	1.7
Priv. Hh., Organ. o. Erwerb.	764	697	883	2.9	2.6	3.5	-0.7	2.2
Alle Wirtschaftszweige	26063	26849	25297	100	100	100	0.2	-0.5

Quelle: Statistisches Bundesamt ; eigene Berechnungen

Tabelle 3.1/2

Selbständige und mithelfende Familienangehörige

	in 1000			Struktur in vH			jahresdurchschn. Veraenderung in vH	
	1960	1973	1984	1960	1973	1984	1973/60	1984/73
Primaerer Sektor	3091	1675	1138	51.6	41.7	34.7	-4.6	-3.5
Land- und Forstwirtschaft	3090	1674	1138	51.6	41.7	34.7	-4.6	-3.4
Energiewirtschaft und Bergbau	1	1	0	0.0	0.0	0.0	0.0	-100.0
Sekundaerer Sektor	987	716	589	16.5	17.8	17.9	-2.4	-1.8
Verarbeitendes Gewerbe	769	495	405	12.8	12.3	12.3	-3.3	-1.8
Baugewerbe	218	221	184	3.6	5.5	5.6	0.1	-1.7
Tertiaerer Sektor	1912	1625	1555	31.9	40.5	47.4	-1.2	-0.4
Handel	1045	755	662	17.4	18.8	20.2	-2.5	-1.2
Grosshandel, Handelsvermittl.	330	211	203	5.5	5.3	6.2	-3.4	-0.4
Einzelhandel	715	544	459	11.9	13.5	14.0	-2.1	-1.5
Verkehr und Nachrichten	99	93	92	1.7	2.3	2.8	-0.5	-0.1
Eisenbahnen	0	0	0	0.0	0.0	0.0		
Schiffahrt, Haefen	9	6	5	0.2	0.1	0.2	-3.1	-1.6
Uebriger Verkehr	90	87	87	1.5	2.2	2.7	-0.3	0.0
Deutsche Bundespost	0	0	0	0.0	0.0	0.0		
Kreditinst. und Versicherungen	1	1	1	0.0	0.0	0.0	0.0	0.0
Kreditinstitute	1	1	1	0.0	0.0	0.0	0.0	0.0
Versicherungen	0	0	0	0.0	0.0	0.0		
Sonstige Dienstleistungen	754	759	782	12.6	18.9	23.8	0.1	0.3
Gastgewerbe, Heime	299	340	301	5.0	8.5	9.2	1.0	-1.1
Bildung, Wissensch., Kultur	60	38	42	1.0	0.9	1.3	-3.5	0.9
Gesundheits- und Veterinaerw.	115	104	117	1.9	2.6	3.6	-0.8	1.1
Uebrige Dienstleistungen	280	277	322	4.7	6.9	9.8	-0.1	1.4
Wohnungsvermietung	13	17	18	0.2	0.4	0.5	2.1	0.5
Staat	0	0	0	0.0	0.0	0.0		
Priv. Hh., Organ. o. Erwerb.	0	0	0	0.0	0.0	0.0		
Alle Wirtschaftszweige	5990	4016	3282	100	100	100	-3.0	-1.8

Quelle: Statistisches Bundesamt; eigene Berechnungen

Tabelle 3.1/3

Beschäftigte Arbeitnehmer

	in 1000			Struktur in vH			Jahresdurchschn. Veraenderung in vH	
	1960	1973	1984	1960	1973	1984	1973/60	1984/73
Primaerer Sektor	1237	764	745	6.2	3.3	3.4	-3.6	-0.2
Land- und Forstwirtschaft	491	250	252	2.4	1.1	1.1	-5.1	0.1
Energiewirtschaft und Bergbau	746	514	493	3.7	2.3	2.2	-2.8	-0.4
Sekundaerer Sektor	10763	11492	9367	53.6	50.3	42.5	0.5	-1.8
Verarbeitendes Gewerbe	8855	9366	7660	44.1	41.0	34.8	0.4	-1.8
Baugewerbe	1908	2126	1707	9.5	9.3	7.8	0.8	-2.0
Tertiaerer Sektor	8073	10577	11903	40.2	46.3	54.1	2.1	1.1
Handel	2254	2737	2674	11.2	12.0	12.1	1.5	-0.2
Grosshandel, Handelsvermittl.	1009	1204	1113	5.0	5.3	5.1	1.4	-0.7
Einzelhandel	1245	1533	1561	6.2	6.7	7.1	1.6	0.2
Verkehr und Nachrichten	1361	1430	1338	6.8	6.3	6.1	0.4	-0.6
Eisenbahnen	519	438	320	2.6	1.9	1.5	-1.3	-2.8
Schiffahrt, Haefen	106	84	59	0.5	0.4	0.3	-1.8	-3.2
Uebriger Verkehr	342	417	454	1.7	1.8	2.1	1.5	0.8
Deutsche Bundespost	394	491	505	2.0	2.2	2.3	1.7	0.3
Kreditinst. und Versicherungen	382	677	771	1.9	3.0	3.5	4.5	1.2
Kreditinstitute	265	473	566	1.3	2.1	2.6	4.6	1.6
Versicherungen	117	204	205	0.6	0.9	0.9	4.4	0.0
Sonstige Dienstleistungen	1164	1586	2081	5.8	6.9	9.5	2.4	2.5
Gastgewerbe, Heime	301	350	491	1.5	1.5	2.2	1.2	3.1
Bildung, Wissensch., Kultur	172	181	210	0.9	0.8	1.0	0.4	1.4
Gesundheits- und Veterinaerw.	108	248	426	0.5	1.1	1.9	6.6	5.0
Uebrige Dienstleistungen	583	807	954	2.9	3.5	4.3	2.5	1.5
Wohnungsvermietung	50	83	120	0.2	0.4	0.5	4.0	3.4
Staat	2098	3367	4036	10.5	14.7	18.3	3.7	1.7
Priv. Hh., Organ. o. Erwerb.	764	697	883	3.8	3.1	4.0	-0.7	2.2
Alle Wirtschaftszweige	20073	22833	22015	100	100	100	1.0	-0.3

Quelle: Statistisches Bundesamt ; eigene Berechnungen

Anteilsmäßig dominierte 1960 noch der sekundäre Sektor mit 45 vH der Gesamtbeschäftigung; auf den primären entfielen 17 vH und auf den tertiären 38 vH. Bis 1973 schrumpfte der Anteil des primären Sektors auf 9 vH; der Anteil des tertiären Sektors erhöhte sich auf 45 vH. Dies entspricht dem Anteil des sekundären Sektors, der im Vergleich zu 1960 praktisch konstant blieb. 1984 schließlich waren im sekundären Sektor 39 vH und im tertiären Sektor dagegen 53 vH aller Erwerbstätigen beschäftigt, davon beim Staat mit 16 vH doppelt soviele wie 1960. Die Beschäftigung in einzelnen Wirtschaftszweigen innerhalb der Sektoren weicht deutlich von diesem Grundmuster ab. Im Straßenfahrzeugbau und in der Kunststoffverarbeitung erhöhte sich auch von 1973 bis 1984 die Zahl der Beschäftigten. Im tertiären Sektor sank im selben Zeitraum die Zahl der Beschäftigten im Groß- und Einzelhandel, bei den Eisenbahnen und der Schiffahrt.

Schaubild 3.1/1

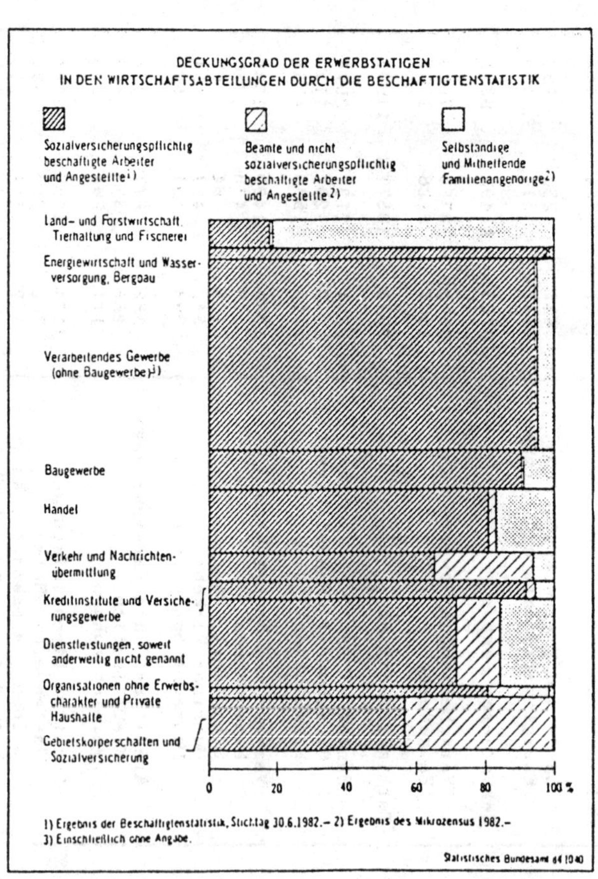

Quelle: Stat. Bundesamt; WiSta 12/84

Tabelle 3.1/4

Sozialvers. Beschäftigte nach Wirtschaftszweigen

Wirtschaftszweige	Personen in 1000		Struktur in vH		Durchschn. jährliche Veränderungsrate
	1976	1982	1976	1982	1982/76 in vH
Sekundärer Sektor	9845	9746	52.4	49.4	-0.2
Verarbeitendes Gewerbe	8116	8016	43.2	40.6	-0.2
Baugewerbe	1729	1729	9.2	8.8	0.0
Tertiärer Sektor	8939	9981	47.6	50.6	1.9
Handel	2714	2837	14.4	14.4	0.7
Verkehr	749	772	4.0	3.9	0.5
Nachrichten	190	222	1.0	1.1	2.6
Kreditinstitute	491	553	2.6	2.8	2.0
Versicherungen	212	226	1.1	1.1	1.1
Sonst. Dienstleistungen	1821	2270	9.7	11.5	3.7
Gastgewerbe	335	406	1.8	2.1	3.2
Heime	22	35	0.1	0.2	8.3
Wiss., Kultur, Verlagsw.	215	254	1.1	1.3	2.8
Gesundheitswesen	306	402	1.6	2.0	4.7
übrige Dienstleistungen	943	1173	5.0	5.9	3.7
haushaltsorientiert	210	226	1.1	1.1	1.3
Photogr. Gewerbe	16	20	0.1	0.1	3.7
Wäscherei, Reinigung	60	50	0.3	0.3	-2.9
Körperpflege	132	154	0.7	0.8	2.6
Leihhäuser, Versteig.	2	1	0.0	0.0	-1.8
haush.-u.unternehm.or.	321	448	1.7	2.3	5.7
Auskunft, Schreibbüros	25	30	0.1	0.2	3.2
Rechts-, Wirtsch. Ber.	174	232	0.9	1.2	4.9
Grundst. Wohnungswes.	106	133	0.6	0.7	3.8
Abfall, hygien. Einr.	16	21	0.1	0.1	4.8
unternehmensorientiert	412	499	2.2	2.5	3.2
Vermiet. beweg. Sachen	18	22	0.1	0.1	3.7
Archit.-, Ingen. Büros	167	214	0.9	1.1	4.2
Wirtschaftswerbung	28	37	0.1	0.2	4.8
Ausstellung	4	5	0.0	0.0	2.5
Gebäudereinigung	81	108	0.4	0.5	5.0
Bewachung	23	32	0.1	0.2	5.4
Abfüll- u.Verpack.gew.	5	7	0.0	0.0	4.0
Arbeitnehmerüberlass.	11	27	0.1	0.1	15.8
Organ. d. Wirtschaft	75	80	0.4	0.4	1.1
Staat	2079	2250	11.1	11.4	1.3
Allg.Verw.,Verteid.,SV	1294	1337	6.9	6.8	0.5
Bildung, Kultur	330	381	1.8	1.9	2.4
Heime	36	45	0.2	0.2	3.8
Gesundh.,Sport,hyg.Einr.	365	427	1.9	2.2	2.7
Wirtschaftsförderung	1	1	0.0	0.0	5.0
Abfall	53	58	0.3	0.3	1.6
Organisationen o. E.	633	810	3.4	4.1	4.2
Heime	106	142	0.6	0.7	5.0
Bildung, Kultur	132	172	0.7	0.9	4.5
Sport	202	241	1.1	1.2	3.0
Wohlfahrt, Parteien	193	255	1.0	1.3	4.7
Häusliche Dienste	50	41	0.3	0.2	-3.1
Rest 94, 95, 99	2	3	0.0	0.0	6.9
Summe	18786	19729	100.0	100.0	0.8

Quellen: Beschäftigtenstatistik, eigene Berechnungen.

Eine tiefergehende Information über die Beschäftigungsentwicklung im Bereich der übrigen Dienstleistungen liefert die Beschäftigungsstatistik der sozialversicherungspflichtigen Arbeiter und Angestellten. Das Schaubild 3.1/1 zeigt den "Deckungsgrad" dieser Statistik nach Wirtschaftszweigen.

Im Zeitraum 1976 bis 1982, auf den die Analyse gegenwärtig beschränkt werden muß, nahm die Gesamtzahl der sozialversichert Beschäftigten im tertiären Sektor um 1,9 vH im Jahresdurchschnitt zu und im sekundären Sektor um 0,2 vH ab (vgl. Tabelle 3.1/4). Innerhalb des tertiären Sektors finden sich nur vereinzelt negative Veränderungsraten, während die Expansion der Beschäftigung bei den sonstigen Dienstleistungen, einschließlich der übrigen Dienstleistungen, mit knapp 4 vH deutlich überdurchschnittlich ist. Unterteilt man die "übrigen Dienste" wieder in drei Untergruppen, so haben die haushalts- und unternehmensorientierten Wirtschaftszweige ihre Beschäftigtenzahlen am kräftigsten erhöht (knapp 6 vH).

Deutlich geringer im Vergleich hierzu, aber immer noch mit gut 3 vH, nahm die Beschäftigung im unternehmensorientierten Teil der übrigen Dienstleistungszweige zu. Eine extreme Spitzenposition nehmen dabei sogenannte Leiharbeitsunternehmen ein. Aber auch Rechts- und Wirtschaftsberatung sowie Bewachung und Wirtschaftswerbung haben 1982 deutlich mehr Personen beschäftigt als 1976. Hinzu kommt, daß in einigen dieser Wirtschaftszweige auch die Zahl der Selbständigen gestiegen ist (Rechts- und Wirtschaftsberatung, Ingenieurbüros u.a.).

Die haushaltsorientierten übrigen Dienstleistungszweige haben dagegen im Vergleich zu allen Wirtschaftszweigen ihre Beschäftigung erhöht, aber mit Abstand weniger als die bisher diskutierten anderen "übrigen" Dienstleistungszweige.

3.2 Beschäftigung und Arbeitszeit

Die Entwicklung der Zahl der Erwerbstätigen in den Sektoren kann die Strukturverschiebungen verzeichnen, falls die Entwicklung der durchschnittlichen Arbeitszeit je Erwerbstätigen unterschiedlich ist. Basierend auf Angaben des

Instituts für Arbeitsmarkt und Berufsforschung (IAB), wird dieser Aspekt kurz aufgegriffen. Wie die Tabelle 3.2/1 zeigt, hat sich das Arbeitsvolumen je Erwerbstätigen im sekundären Sektor in der ersten Teilperiode um 1 vH pro Jahr und im tertiären Sektor um 1,1 vH pro Jahr verringert. Von 1973 bis 1983 war das Tempo der Arbeitszeitverkürzung in beiden Sektoren annähernd gleich.

In der zweiten Teilperiode ist das Arbeitsvolumen im sekundären Sektor um 23 vH zurückgegangen, während es im tertiären Sektor dagegen geringfügig gestiegen ist. In dieser Periode hat sich also trotz der Erhöhung der Erwerbstätigenzahl um fast 1,3 Mill. das Arbeitsvolumen im tertiären Sektor kaum erhöht. Im tertiären Sektor variierte das Tempo der Arbeitszeitverkürzung in den Wirtschaftszweigen erheblich. In beiden Teilperioden haben die sonstigen Dienstleistungen und in der ersten Teilperiode die Organisationen ohne Erwerbszweck und der Handel die Arbeitszeit am stärksten reduziert. Dies sind auch die Wirtschaftszweige, in denen die Zahl der Teilzeitarbeitsplätze deutlich zugenommen hat. Bereiche mit erheblichem Personalabbau haben die Arbeitszeit nicht deutlicher verkürzt als andere; andererseits fand die stärkste Verkürzung der Arbeitszeit in beiden Perioden in Wirtschaftszweigen statt, die die Beschäftigung noch erhöht haben. Inwieweit die Arbeitszeitverkürzung ursächlich für eine zusätzliche Beschäftigungsausweitung bzw. für einen geringeren Beschäftigungsabbau gewesen ist, läßt sich auf dieser Ebene nur schwer beantworten. Rein rechnerisch hat sie aber zur Beschäftigungszunahme des tertiären Sektors in erheblichem Umfang beigetragen.

Um Anhaltspunkte dafür, insbesondere den Anteil der Teilzeitbeschäftigten zu erhalten, ist wieder die Beschäftigtenstatistik herangezogen worden. Diese Informationsquelle hat hier aber deutliche Schwächen, da ein erheblicher Teil der Teilzeitbeschäftigten nicht sozialversichert ist. Wie die Tabelle 3.2/2 zeigt, befanden sich 1982 im sekundären Sektor 341 000 sozialversicherungspflichtig Teilzeitbeschäftigte; das sind 19 vH aller Teilzeitbeschäftigten und 3 vH der sozialversicherungspflichtig Beschäftigten des sekundären Sektors. Im tertiären Sektor dagegen arbeiten 81 vH der Teilzeitbeschäftigten, vor allem im Handel (25 vH), beim Staat (23 vH) und bei den Organisationen ohne Erwerbscharakter (10 vH). Gemessen an der Gesamtzahl der jeweils Beschäftigten ist die Teilzeitbeschäftigung z.B. bei der Bundespost (35 vH), der Gebäudereinigung (36 vH) und im staatlichen Aufgabenbereich Bildung und Kultur (36 vH) relativ hoch. Insgesamt arbeiteten im tertiären Sektor 15 vH der Beschäftigten auf Teilzeitstellen.

Tabelle 3.2/1

Arbeitsvolumen

	Arbeitsvolumen der Erwerbstätigen			jahresdurchschn. Veränderungsrate		Arbeitszeit je Erwerbstätigen			jahresdurchschn. Veränderungsrate	
	1960	1973	1983	1973/60	1983/73	1960	1973	1983	1973/60	1983/73
	Mill. Std.			in vH		in Std.			in vH	
Primärer Sektor	10097.0	5249.0	3871.8	-4.9	-3.0	2333	2152	2045	-0.6	-0.5
Land- und Forstwirtschaft	8569.0	4313.6	3010.6	-5.1	-3.5	2393	2242	2164	-0.5	-0.4
Energiewirtschaft und Bergbau	1528.0	935.4	861.2	-3.7	-0.8	2046	1816	1716	-0.9	-0.6
Sekundärer Sektor	24573.0	22330.4	17043.5	-0.7	-2.7	2091	1829	1699	-1.0	-0.7
Verarbeitendes Gewerbe	20174.0	18065.9	13764.3	-0.8	-2.7	2096	1832	1692	-1.0	-0.8
Baugewerbe	4399.0	4264.5	3279.2	-0.2	-2.6	2069	1817	1730	-1.0	-0.5
Tertiärer Sektor	21414.0	22577.2	22857.0	0.4	0.1	2145	1850	1714	-1.1	-0.8
Handel	7145.0	6405.1	5723.5	-0.8	-1.1	2166	1834	1724	-1.3	-0.6
Großhandel, Handelsvermittlg.		2596.9	2258.6		-1.4		1835	1745		-0.5
Einzelhandel		3808.2	3464.9		-0.9		1834	1710		-0.7
Verkehr und Nachrichten	3143.0	2941.5	2541.8	-0.5	-1.4	2153	1931	1766	-0.8	-0.9
Eisenbahnen	1019.0	812.1	572.5	-1.7	-3.4	1963	1854	1714	-0.4	-0.8
Schiffahrt, Häfen	0.0	189.6	121.7		-4.3		2107	1844		-1.3
übriger Verkehr	1360.3	1068.9	1009.0	-1.8	-0.6	3453	2121	1897	-3.7	-1.1
Deutsche Bundespost	763.7	870.9	838.6	1.0	-0.4	1396	1774	1654	1.9	-0.7
Kreditinstitute u. Versicherungen	783.0	1216.0	1283.9	3.4	0.5	2044	1794	1683	-1.0	-0.6
Kreditinstitute	543.8	848.6	935.0	3.5	1.0	2044	1790	1679	-1.0	-0.6
Versicherungen	239.2	367.4	348.9	3.4	-0.5	2044	1801	1694	-1.0	-0.6
Sonstige Dienstleistungen	4504.0	4765.0	5153.1	0.4	0.8	2274	1949	1755	-1.2	-1.0
Gastgewerbe, Heime		1443.2	1436.8		-0.0		2092	1856		-1.2
Bildung, Wissenschaft, Kultur		402.0	411.8		0.2		1836	1674		-0.9
Gesundheits- und Veterinärwesen		674.4	912.6		3.1		1916	1725		-1.0
übrige Dienstleistungen		2245.4	2391.9		0.6		1896	1723		-1.0
Staat	4259.0	6035.3	6773.3	2.7	1.2	2030	1792	1682	-1.0	-0.6
Priv.Haush., Organ.o.Erwerbszweck	1580.0	1214.3	1381.4	-2.0	1.3	2068	1742	1619	-1.3	-0.7
Alle Wirtschaftszweige	56084.0	50156.6	43772.3	-0.9	-1.4	2152	1868	1733	-1.1	-0.7

Quellen: Institut für Arbeitsmarkt- und Berufsforschung der Bundesanstalt für Arbeit; Statistisches Bundesamt; eigene Berechnungen.

Tabelle 3.2/2

Sozialvers. Teilzeitbeschäftigte nach Wirtschaftszweigen

Wirtschaftszweige	Personen in 1000 1976	Personen in 1000 1982	Struktur in vH 1976	Struktur in vH 1982	Durchschn. jährliche Veränderungsrate 1982/76 in vH
Sekundärer Sektor	311	341	22.1	18.9	1.5
Verarbeitendes Gewerbe	290	311	20.6	17.2	1.2
Baugewerbe	21	30	1.5	1.7	6.3
Tertiärer Sektor	1098	1461	77.9	81.1	4.9
Handel	353	440	25.0	24.4	3.7
Verkehr	20	25	1.4	1.4	3.9
Nachrichten	66	78	4.7	4.3	2.8
Kreditinstitute	52	62	3.7	3.5	3.1
Versicherungen	16	19	1.1	1.0	2.2
Sonstige Dienstleistungen	164	247	11.7	13.7	7.0
Gastgewerbe	9	17	0.6	0.9	10.8
Heime	3	5	0.2	0.3	7.2
Wiss., Kultur, Verlagsw.	29	40	2.1	2.2	5.3
Gesundheitswesen	31	49	2.2	2.7	8.0
übrige Dienstleistungen	92	137	6.6	7.6	6.8
haushaltsorientiert	12	16	0.9	0.9	3.7
Photogr. Gewerbe	1	2	0.1	0.1	5.3
Wäscherei, Reinigung	7	8	0.5	0.4	2.2
Körperpflege	4	5	0.3	0.3	5.5
Leihhäuser, Versteig.	0	0	0.0	0.0	4.3
haush.-u.unternehm.or.	33	53	2.3	2.9	8.1
Auskunft, Schreibbüros	2	2	0.1	0.1	3.0
Rechts-, Wirtsch. Ber.	17	28	1.2	1.6	9.0
Grundst. Wohnungswes.	13	19	0.9	1.0	6.2
Abfall, hygien. Einr.	1	1	0.1	0.0	-4.7
unternehmensorientiert	47	69	3.3	3.8	6.6
Vermiet. beweg. Sachen	0	1	0.0	0.1	-
Archit.-, Ingen. Büros	9	13	0.6	0.7	6.8
Wirtschaftswerbung	2	3	0.1	0.2	8.3
Ausstellung	0	0	0.0	0.0	-
Gebäudereinigung	26	39	1.8	2.2	6.9
Bewachung	1	2	0.1	0.1	15.5
Abfüll- u.Verpack.gew.	0	0	0.0	0.0	-
Arbeitnehmerüberlass.	0	1	0.0	0.0	-
Organ. d. Wirtschaft	9	11	0.6	0.6	3.9
Staat	312	412	22.2	22.8	4.7
Allg.Verw.,Verteid.,SV	158	199	11.2	11.1	3.9
Bildung, Kultur	104	139	7.4	7.7	4.9
Heime	7	10	0.5	0.5	5.9
Gesundh.,Sport,hyg.Einr.	42	62	3.0	3.5	6.8
Wirtschaftsförderung	0	0	0.0	0.0	3.3
Abfall	1	2	0.1	0.1	4.4
Organisationen o. E.	108	171	7.7	9.5	8.0
Heime	20	30	1.4	1.7	6.8
Bildung, Kultur	23	38	1.6	2.1	8.6
Sport	28	39	2.0	2.2	5.8
Wohlfahrt, Parteien	37	65	2.6	3.6	9.7
Häusliche Dienste	6	7	0.5	0.4	1.9
Rest 94, 95, 99	0	0	0.0	0.0	24.9
Summe	1409	1802	100.0	100.0	4.2

Quellen: Beschäftigtenstatistik, eigene Berechnungen.

Betrachtet man die durchschnittlichen Veränderungsraten von 1976 bis 1982, so fällt auf, daß im sekundären Sektor die Teilzeitbeschäftigung im Baugewerbe deutlich - mit 6,3 vH pro Jahr - zugenommen hat. Im tertiären Sektor errechnet sich eine jahresdurchschnittliche Zuwachsrate von 5 vH, bei einer großen Streubreite. Dabei sind das Gastgewerbe, die Heime, das Gesundheitswesen und die Organisationen ohne Erwerbscharakter hervorzuheben. In allen diesen Wirtschaftszweigen übertraf die Zunahme der Teilzeitarbeit die meist hohen Zuwachsraten aller Beschäftigten. Daraus ist - mit den gebotenen Einschränkungen - zu folgern, daß die positive Beschäftigungsentwicklung dieser Wirtschaftszweige von der Zunahme der Teilzeitbeschäftigung erheblich beeinflußt worden ist.

3.3 Beschäftigung und Einkommen

Die VGR liefert vergleichsweise tief gegliederte Informationen für die Bruttolöhne und -gehälter der Arbeitnehmer sowie das Bruttoeinkommen aus unselbständiger Arbeit (Lohnkosten einschließlich der Arbeitgeberbeiträge zur Sozialversicherung).

Gemessen an der Bruttolohn- und -gehaltssumme je abhängig Beschäftigten (Beamte, Angestellte, Arbeiter, Auszubildende, Soldaten, Heimarbeiter) lag 1984 das Durchschnittseinkommen im sekundären Sektor bei 36.800 DM und im tertiären Sektor bei 33.000 DM. (vgl. Tabelle 3.3/1). Dabei ist zu berücksichtigen, daß Managementgehälter einbezogen, aber Einkommen der Selbständigen ausgeklammert sind. Dies dürfte den Einkommensabstand aller Erwerbstätigen in den beiden Sektoren erheblich relativieren.

Aufgrund der Angaben des IAB über das Arbeitsvolumen liefert die Bruttolohn- und -gehaltssumme, dividiert durch das Arbeitsvolumen der Arbeitnehmer, einen Indikator für den Stundenlohn (vgl. Tabelle 3.3/1). Im sekundären Sektor lag 1984 der Stundenlohn bei 20,85 DM, im tertiären Sektor dagegen bei 18,85 DM. Im tertiären Sektor sind überdies erhebliche Unterschiede vorhanden. Mit über 27 DM erzielten die Arbeitnehmer im Versicherungsgewerbe die höchsten und mit gut 10 DM die Arbeitnehmer im Gastgewerbe die niedrigsten Stundenlöhne. Auch im Gesundheitsbereich waren die Stundenlöhne nicht sehr

Tabelle 3.3/1

Bruttolöhne und Gehälter

	Mrd. DM			DM je Arbeitnehmer			DM je Arbeitsstunde			Jahresdurchschnittliche Veraenderung in vH			
										DM je Arbeitnehmer		DM je Arbeitsstunde	
	1960	1973	1984	1960	1973	1984	1960	1973	1983	1973/60	1984/73	1973/60	1983/73
Primaerer Sektor	7.86	15.25	28.87	6400	20000	38800	2.91	10.23	20.30	9.2	6.2	10.1	7.1
Land- und Forstwirtschaft	2.36	3.39	7.02	4800	13600	27900	2.01	6.07	12.46	8.3	6.8	8.9	7.5
Energiewirtschaft und Bergbau	5.50	11.86	21.85	7400	23100	44300	3.61	12.73	25.15	9.2	6.1	10.2	7.0
Sekundaerer Sektor	65.34	215.10	345.03	6100	18700	36800	2.91	10.27	20.85	9.0	6.3	10.2	7.3
Verarbeitendes Gewerbe	54.46	175.58	289.35	6200	18700	37800	2.94	10.28	21.42	8.9	6.6	10.1	7.6
Baugewerbe	10.88	39.52	55.68	5700	18600	32600	2.76	10.25	18.30	9.5	5.2	10.6	6.0
Tertiaerer Sektor	50.26	197.37	392.69	6200	18700	33000	2.93	9.80	18.88	8.9	5.3	9.7	6.8
Handel	10.97	42.67	81.30	4900	15600	30400	2.25	7.86	16.94	9.3	6.3	10.1	8.0
Grosshandel, Handelsvermittl.		21.99	39.82		18300	35800			19.93		6.3		
Einzelhandel		20.68	41.48		13500	26600			14.84		6.4		
Verkehr und Nachrichten	9.24	29.51	47.46	6800	20600	35500	3.16	10.72	19.70	8.9	5.1	9.8	6.3
Eisenbahnen	3.58	9.88	11.63	6900	22600	36300	3.19	11.66	20.24	9.6	4.4	10.5	5.7
Schiffahrt, Haefen			2.59			43900			23.10				
Uebriger Verkehr			16.97			37400			20.65				
Deutsche Bundespost	2.48	9.60	16.27	6300	19600	32200	2.97	10.25	18.10	9.1	4.6	10.0	5.8
Kreditinst. und Versicherungen	3.05	15.19	33.36	8000	22400	43300	3.91	12.57	24.80	8.2	6.2	9.4	7.0
Kreditinstitute	2.12	10.56	23.52	8000	22300	41600	3.92	12.51	23.78	8.2	5.8	9.3	6.6
Versicherungen	0.93	4.63	9.84	7900	22700	48000	3.89	12.72	27.58	8.5	7.0	9.5	8.1
Sonstige Dienstleistungen 1)	5.70	22.91	56.48	4700	13700	25700	2.07	6.49	14.41	8.6	5.9	9.2	8.3
Gastgewerbe, Heime			10.00			20400			10.52				
Bildung, Wissensch., Kultur			7.26			34600			20.22				
Gesundheits- und Veterinaerw.			8.95			21000			12.01				
Uebrige Dienstleistungen 1)			30.27			28200			16.21				
Staat	17.11	75.20	148.50	8200	22300	36800	4.03	12.52	21.58	8.0	4.7	9.1	5.6
Priv. Hh., Organ. o. Erwerb.	4.19	11.89	25.59	5500	17100	29000	2.65	9.83	17.25	9.1	4.9	10.6	5.8
Alle Wirtschaftszweige	123.46	427.72	766.59	6200	18700	34800	2.92	10.05	19.77	8.9	5.8	10.0	7.0

1) einschliesslich Wohnungsvermietung

Quelle: IAB; Statistisches Bundesamt; eigene Berechnungen

viel höher. Gerade im Gastgewerbe sind im Durchschnitt längere Arbeitszeiten üblich als in den meisten anderen Wirtschaftszweigen, so daß auf der Basis der Stundenlöhne die Einkommensunterschiede noch stärker hervortreten als bei einer Betrachtung der Bruttolöhne und -gehälter je Arbeitnehmer.

Im sekundären Sektor erhöhte sich die Bruttolohn- und -gehaltssumme je Arbeitsstunde von 1960 bis 1973 jahresdurchschnittlich um 10,2 vH, von 1973 bis 1984 um 7,3 vH; dabei ergibt sich ein deutliches Zurückbleiben des Baugewerbes. Im tertiären Sektor verlief die Einkommensentwicklung je Arbeitsstunde in beiden Teilperioden um 1/2 Prozentpunkte im Jahresdurchschnitt langsamer als im sekundären Sektor. In Stundenlöhnen gerechnet, war die Einkommensentwicklung der Arbeitnehmer im Bereich der sonstigen Dienstleistungen von 1973 bis 1983 günstiger als in allen anderen hier betrachteten Wirtschaftszweigen und liegt 2,4 Prozentpunkte über der Entwicklung des Einkommens je Arbeitnehmer. Darin spiegelt sich das Ausmaß der Arbeitszeitverkürzung und der gestiegenen Teilzeitbeschäftigung in diesem Wirtschaftszweig wider.

Hinter diesen Durchschnittszahlen verbergen sich aber erhebliche Differenzierungen nach Alter, Berufsstatus, Geschlecht etc. In Tabelle 3.3/2 werden die Unterschiede nach der Stellung im Beruf nachgewiesen. Im verarbeitenden Gewerbe liegt 1984 das Einkommen der Angestellten ca. 60 vH über dem der Arbeiter, im Handel nur um gut 20 vH. Hoch ist die Differenzierung auch im Kredit- und Versicherungsgewerbe. Bei niedrigerem Einkommensniveau ist im tertiären Sektor die Einkommensdifferenzierung nach dem Berufsstatus ebenfalls geringer. Auch die Einkommensentwicklung der Arbeiter und Angestellten differiert zwischen sekundärem und tertiärem Sektor. Während im verarbeitenden Gewerbe die Arbeitereinkommen seit 1970 etwas langsamer als die Angestellteneinkommen zugenommen haben, ist es im tertiären Sektor umgekehrt; eine Ausnahme davon bilden nur die freien Berufe und die Organisationen ohne Erwerbszweck.

Bei einem Vergleich von Einkommensniveau und -entwicklung mit der Entwicklung der Zahl der Arbeitnehmer wird deutlich, daß es ganz unterschiedliche Beziehungen zwischen diesen beiden Größen gibt. Die Beschäftigungsentwicklung verlief sehr positiv im Bereich der Banken, dort war aber auch die

Tabelle 3.3/2

Monatliches Durchschnittseinkommen der Arbeitnehmer nach Stellung im Beruf

	IN DM							
	1970				1984			
	GESAMT	ARBEITER	ANGEST.. BEAMTE	AUSZU-BILDENDE	GESAMT	ARBEITER	ANGEST.. BEAMTE	AUSZU-BILDENDE
VERARBEIT.GEWERBE	1168	1094	1632	236	3153	2867	4575	649
BAUGEWERBE	1222	1239	1612	234	2926	3078	3865	718
SEKUNDÄRER SEKTOR	1177	1121	1630	235	3119	2900	4501	663
HANDEL	944	920	1101	201	2371	2290	2804	569
VERKEHR	1274	1076	1496	228	3084	2662	3602	643
ÖFFENTLICH.DIENST	1359	1002	1466	251	3182	2461	3402	678
GELD-,BANK-,VERS.G	1372	952	1516	248	3431	2502	3838	807
GASTGEWERBE	854	796	1099	203	2115	1916	2628	569
HÄUSLICHE DIENSTE	641	593	829	197	1511	1393	1886	409
DIENSTL.HANDWERK	686	699	1052	198	1644	1704	2433	436
ORG.O.E.,FREIE BER	959	826	1095	228	2388	2127	2715	627
TERTIÄRER SEKTOR	1173	836	1375	228	2790	2054	3247	630
INSGESAMT (EINSCHL LANDWIRTSCHAFT)	1153	1070	1408	224	2901	2669	3504	634

	IN VH							
	1970				1984			
	GESAMT	ARBEITER	ANGEST.. BEAMTE	AUSZU-BILDENDE	GESAMT	ARBEITER	ANGEST.. BEAMTE	AUSZU-BILDENDE
VERARBEIT.GEWERBE	100.00	93.66	139.73	20.21	100.00	90.93	145.10	20.58
BAUGEWERBE	100.00	101.39	131.91	19.15	100.00	105.19	132.09	24.54
SEKUNDÄRER SEKTOR	100.00	95.24	138.49	19.97	100.00	92.98	144.31	21.26
HANDEL	100.00	97.46	116.63	21.29	100.00	96.58	118.26	24.00
VERKEHR	100.00	84.46	117.43	17.90	100.00	86.32	116.80	20.85
ÖFFENTLICH.DIENST	100.00	73.73	107.87	18.47	100.00	77.34	106.91	21.31
GELD-,BANK-,VERS.G	100.00	69.39	110.50	18.08	100.00	72.92	111.86	23.52
GASTGEWERBE	100.00	93.21	128.69	23.77	100.00	90.59	124.26	26.90
HÄUSLICHE DIENSTE	100.00	92.51	129.33	30.73	100.00	92.19	124.82	27.07
DIENSTL.HANDWERK	100.00	101.90	153.35	28.86	100.00	103.65	147.99	26.52
ORG.O.E.,FREIE BER	100.00	86.13	114.18	23.77	100.00	89.07	113.69	26.26
TERTIÄRER SEKTOR	100.00	71.27	117.22	19.44	100.00	73.62	116.38	22.58
INSGESAMT (EINSCHL LANDWIRTSCHAFT)	100.00	92.80	122.12	19.43	100.00	92.00	120.79	21.85

	JAHRESDURCHSCHN. VERÄNDERUNGSRATEN 1970/84 IN VH			
	GESAMT	ARBEITER	ANGEST.. BEAMTE	AUSZU-BILDENDE
VERARBEIT.GEWERBE	7.35	7.12	7.64	7.49
BAUGEWERBE	6.44	6.72	6.45	8.34
SEKUNDÄRER SEKTOR	7.21	7.02	7.52	7.69
HANDEL	6.80	6.73	6.91	7.72
VERKEHR	6.52	6.68	6.48	7.69
ÖFFENTLICH.DIENST	6.27	6.63	6.20	7.36
GELD-,BANK-,VERS.G	6.77	7.15	6.86	8.79
GASTGEWERBE	6.69	6.48	6.43	7.64
HÄUSLICHE DIENSTE	6.32	6.29	6.05	5.36
DIENSTL.HANDWERK	6.44	6.57	6.17	5.80
ORG.O.E.,FREIE BER	6.73	6.99	6.70	7.49
TERTIÄRER SEKTOR	6.38	6.63	6.33	7.53
INSGESAMT (EINSCHL LANDWIRTSCHAFT)	6.81	6.75	6.73	7.71

QUELLE: BERECHNUNGEN DES DIW AUFGRUND VON AMTLICHEN STATISTIKEN

Einkommensentwicklung überdurchschnittlich; 1984 lagen hier die Durchschnittseinkommen bzw. die Stundenlöhne mit an der Spitze. Auch die Versicherungen weiteten ihre Beschäftigung bei überdurchschnittlicher Einkommensentwicklung und hohem Einkommensniveau noch aus. Bei Post, Bahn und Staat war die Beschäftigtenentwicklung ganz unterschiedlich, obwohl Niveau und Entwicklung der jeweiligen Einkommen ähnliche Größenordnungen aufwiesen.

Tiefer gegliederte Informationen als die VGR über die Einkommen liefert wiederum die Auswertung des Jahrzeitraummaterials der Beschäftigtenstatistik, in dem auch Angaben über die Einkommen der sozialversicherungspflichtig Beschäftigten enthalten sind.

In Tabelle 3.3/3 ist dies exemplarisch für die Vollzeitbeschäftigten durchgeführt worden. Bei der Interpretation der Durchschnittswerte ist zu berücksichtigen, daß die Einkommen der Besserverdienenden, die über der jeweiligen Beitragsbemessungsgrenze (1982: 56 400 DM) liegen, nur mit diesem Höchstwert der Beitragsbemessungsgrenze veranschlagt werden. Insgesamt betraf dies 5 vH der 17 Mill. Vollbeschäftigten. Entsprechend verzerrt ist das Niveau, falls das durchschnittliche Einkommen dieses Personenkreises erheblich über der Beitragsbemessungsgrenze liegt. Dies beträfe die Wirtschaftszweige ganz unterschiedlich: 44 vH dieser Besserverdienenden waren im verarbeitenden Gewerbe beschäftigt, 5 vH im Bergbau, 12 vH im Handel, 3 vH im Bildungswesen, 6 vH bei den Gebietskörperschaften und 4 vH bei den Organisationen ohne Erwerbszweck. Etwas verzerrt ist der Vergleich von 1982 mit 1976 auch deshalb, weil die Beitragsbemessungsgrenze in diesem Zeitraum pro Jahr um einen Prozentpunkt schneller angehoben worden ist, als das Durchschnittseinkommen zugenommen hat.

Es ergibt sich auch aufgrund dieser Informationen, daß zwischen 1976 und 1982 im tertiären Sektor das Einkommensniveau niedriger und die Zunahme bei den Einkommen langsamer gewesen ist als im sekundären Sektor.

Deutlich werden auch die Einkommensdifferenzen im tertiären Sektor: An der Spitze der Einkommenshierarchie liegt 1982 das Versicherungsgewerbe; es folgen Bereiche aus den unternehmensorientierten Dienstleistungen (Architektur- und Ingenieurbüros, Ausstellungsunternehmen, Organisationen des Wirt-

Tabelle 3.3/3

Einkommen der sozialvers. Vollzeitbeschäftigten nach Wirtschaftszweigen

Wirtschaftszweige	Personen in 1000		Personen Struktur in vH		Durchschnittseinkommen D M		Durchschn. jährliche Veränderungsrate
	1976	1982	1976	1982	1976	1982	1982/76 in vH
Sekundärer Sektor	9006	8744	55.4	52.8	22846	35310	7.5
Verarbeitendes Gewerbe	7425	7211	45.7	43.5	23281	35410	7.2
Baugewerbe	1583	1534	9.7	9.3	20806	34839	9.0
Tertiärer Sektor	7236	7821	44.5	47.2	21524	32630	7.2
Handel	2149	2182	13.2	13.2	19443	30513	7.8
Verkehr	702	718	4.3	4.3	23642	35568	7.0
Nachrichten	116	128	0.7	0.8	22343	31865	6.1
Kreditinstitute	411	453	2.5	2.7	25794	38245	6.8
Versicherungen	189	200	1.2	1.2	26795	40969	7.3
Sonstige Dienstleistungen	1478	1797	9.1	10.8	18553	29360	8.0
Gastgewerbe	298	348	1.8	2.1	12515	21158	9.1
Heime	18	29	0.1	0.2	17014	26772	7.8
Wiss., Kultur, Verlagsw.	179	207	1.1	1.3	23904	36955	7.5
Gesundheitswesen	224	291	1.4	1.8	16807	25577	7.2
übrige Dienstleistungen	759	922	4.7	5.6	20216	32024	8.0
haushaltsorientiert	154	155	1.0	0.9	11498	17734	7.5
Photogr. Gewerbe	13	16	0.1	0.1	17540	28516	8.4
Wäscherei, Reinigung	52	42	0.3	0.3	11802	18653	7.9
Körperpflege	86	96	0.5	0.6	10307	15370	6.9
Leihhäuser, Versteig.	1	1	0.0	0.0	20772	30695	6.7
haush.-u.unternehm.or.	256	355	1.6	2.1	21838	33423	7.4
Auskunft, Schreibbüros	23	27	0.1	0.2	21143	37864	10.2
Rechts-, Wirtsch. Ber.	128	166	0.8	1.0	20845	31992	7.4
Grundst. Wohnungswes.	90	111	0.6	0.7	23466	36380	7.6
Abfall, hygien. Einr.	15	20	0.1	0.1	21575	33915	7.8
unternehmensorientiert	348	411	2.1	2.5	22887	36208	7.9
Vermiet. beweg. Sachen	17	21	0.1	0.1	22719	34421	7.2
Archit.-, Ingen. Büros	148	188	0.9	1.1	26109	40661	7.7
Wirtschaftswerbung	24	32	0.1	0.2	23062	35989	7.7
Ausstellung	4	4	0.0	0.0	24952	39425	7.9
Gebäudereinigung	53	67	0.3	0.4	15535	24883	8.2
Bewachung	22	29	0.1	0.2	15075	25961	9.5
Abfüll- u.Verpack.gew.	5	6	0.0	0.0	18933	28788	7.2
Arbeitnehmerüberlass.	11	26	0.1	0.2	13245	28177	13.4
Organ. d. Wirtschaft	64	67	0.4	0.4	25948	39252	7.1
Staat	1684	1743	10.4	10.5	24304	34949	6.2
Allg.Verw.,Verteid.,SV	1100	1097	6.8	6.6	24295	34470	6.0
Bildung, Kultur	212	227	1.3	1.4	25697	38049	6.8
Heime	28	33	0.2	0.2	21222	31092	6.6
Gesundh.,Sport,hyg.Einr.	291	328	1.8	2.0	23291	34555	6.8
Wirtschaftsförderung	1	1	0.0	0.0	26469	38764	6.6
Abfall	52	56	0.3	0.3	26127	36275	5.6
Organisationen o. E.	467	570	2.9	3.4	22118	33834	7.3
Heime	78	101	0.5	0.6	18778	29299	7.7
Bildung, Kultur	95	117	0.6	0.7	23581	35884	7.2
Sport	150	175	0.9	1.1	21598	33806	7.8
Wohlfahrt, Parteien	144	177	0.9	1.1	23491	35106	6.9
Häusliche Dienste	40	30	0.2	0.2	10815	17757	8.6
Rest 94, 95, 99	2	3	0.0	0.0	23079	32562	5.9
Summe	16246	16568	100.0	100.0	22258	34044	7.3

Quellen: Beschäftigtenstatistik, eigene Berechnungen.

schaftslebens) und Banken. Geringe Einkommen werden bei der Körperpflege, den häuslichen Diensten, den Wäschereien und in der Reinigung erzielt. Die jahresdurchschnittliche Einkommenssteigerung ist für den tertiären Sektor insgesamt 7,2 vH gewesen, wobei aber auch hier die Einkommen in einzelnen Wirtschaftszweigen des tertiären Sektors unterschiedlich schnell zugenommen haben.

Diese tiefergehenden Informationen erlauben einen Vergleich von Beschäftigung und Einkommen im wichtigen Bereich der "übrigen" Dienstleistungen. Im Vergleich zum tertiären Sektor und zur Summe aller einbezogenen Wirtschaftszweige war das Einkommensniveau der übrigen Dienstleistungen insgesamt unterdurchschnittlich, die Einkommensverbesserungen überdurchschnittlich und die Beschäftigungszunahme weit überdurchschnittlich.

Betrachtet man die einzelnen Wirtschaftszweige der übrigen Dienstleistungen, so sind ganz unterschiedliche Kombinationen zu beobachten. Einfache Schlußfolgerungen lassen sich daraus nicht ziehen:

- Einerseits fand eine Beschäftigungexpansion in einigen kleineren, unternehmensorientierten Dienstleistungszweigen statt, die unterdurchschnittliche Löhne zahlten (Gebäudereinigung, Bewachung, Abfüllung und Verpackung). Hier haben Auslagerungen von Dienstleistungen aus anderen Unternehmen - nicht nur des sekundären Sektors - stattgefunden, vor allem wohl unter Kostengesichtspunkten. Dies sind vor allem Bereiche mit niedrigen Qualifikationsanforderungen, hohen Teilzeitquoten und geringfügiger Beschäftigung, von illegaler Beschäftigung ganz zu schweigen. Insofern sind die Informationen für die Vollzeitbeschäftigten nur wenig repräsentativ.

- Andererseits fand eine stärkere Expansion der Beschäftigung in relativ großen unternehmensorientierten Wirtschaftszweigen statt, die z.T. überdurchschnittlich hohe Löhne und Gehälter zahlten. Hier sind insbesondere die Archiktur- und Ingenieurbüros zu nennen. Dies stützt die These, daß höherwertige produktionsorientierte Dienstleistungen sich am Markt auch bei überdurchschnittlich hohen und schneller wachsenden Einkommen durchsetzen können.

3.4 Beschäftigung und Endnachfrage

Ebenso wie die Produktion läßt sich auch die Erwerbstätigkeit in Abhängigkeit von der Endnachfrage untersuchen. Das setzt eine Transformation der direkten und indirekten Produktionseffekte in Erwerbstätigenzahlen voraus. Hierfür werden sektorale Arbeitskoeffizienten benötigt, die angeben, wie viele Erwerbstätige in den ausgewählten Jahren je eine Million DM Produktion in den Wirtschaftszweigen eingesetzt wurden.

Die Ergebnisse einer derartigen detaillierten Zurechnung der insgesamt beteiligten Erwerbstätigen an der Produktion der Endnachfrage sind, aggregiert nach primärem, sekundärem und tertiärem Sektor, in Tabelle 3.4/1 wiedergegeben. Sie lassen erkennen, daß die gestiegene Endnachfrage einen größeren Anteil der Beschäftigten aus dem tertiären Sektor beansprucht hat und daß mit diesem Anstieg ein starker Rückgang beim primären Sektor und beim sekundären Sektor verbunden ist. Ein Vergleich der Jahre 1976 und 1980 zeigt, daß die Veränderung beim sekundären Sektor das Ergebnis einer gegenläufigen Entwicklung der direkt und der indirekt abhängigen Erwerbstätigen ist. Die Zunahme der Beschäftigtenzahl im tertiären Sektor ist mehr durch den unmittelbaren (Endnachfrage-) Output als durch den mittelbaren (Vorleistungs-)Output bedingt, wobei der Staat seinen Teil dazu beigetragen hat.

Tabelle 3.4/1

Der Endnachfrage zugerechnete Erwerbstätige des primären, sekundären und tertiären Sektors
- in vH der Erwerbstätigkeit aller Sektoren -

	1970	1976			1980			1984
	insgesamt	insgesamt	dav. direkt	indirekt	insgesamt	dav. direkt	indirekt	insgesamt
Primärer Sektor	10,6	8,6	2,1	6,5	7,3	1,9	5,4	7,4
Sekundärer Sektor	46,8	42,5	26,5	16,0	42,3	27,5	14,8	39,4
Tertiärer Sektor	42,6	48,9	33,3	15,6	50,4	34,4	16,0	53,2
dar. Staat	11,2	14,2	13,1	1,1	14,9	13,7	1,2	16,0
Priv. HH, Org. o. Erw.	2,4	2,8	2,8	0,0	3,0	3,0	0,0	3,3
Nachrichtlich: Erwerbstätige in Mill. Personen	26,6	25,7	15,9	9,8	26,3	16,8	9,5	25,3

Quellen: Input-Output-Rechnung des DIW und Statistisches Bundesamt, Fachserie 18.

Ein Vergleich mit der Tabelle 2.3/1 macht deutlich, welche Auswirkung die unterschiedlichen Arbeitskoeffizienten bzw. (reziprok gesehen) Brutto-Arbeitsproduktivitäten auf die Anteilsverschiebung zwischen den drei Sektoren haben. So zeigt sich z.B., daß der tertiäre Sektor im Jahre 1984 seinen Produktionsbeitrag zur Endnachfrage in Höhe von 41 vH der Gesamtproduktion mit gut 53 vH der Gesamtbeschäftigung erbracht hat, während der sekundäre Sektor für knapp 51 vH der endnachfrageinduzierten Bruttoproduktion insgesamt nur 39 vH aller Erwerbstätigen benötigte. Sind beim tertiären Sektor die Unterschiede im wesentlichen auf die verschiedenen direkten Effekte zurückzuführen, so halten sich beim sekundären Sektor die Abweichungen zwischen endnachfrage- und zwischennachfrageorientierter Produktion bzw. Erwerbstätigkeit die Waage.

Wie bei der Zurechnung der Bruttoproduktion geschehen, so ist auch hier für die Jahre 1976 und 1980 eine Unterteilung der endnachfrageinduzierten Erwerbstätigkeit nach den einzelnen Endnachfragekomponenten vorgenommen worden, um die Verschiebungen vom sekundären zum tertiären Sektor sichtbar zu machen. Die Ergebnisse der Tabelle 3.4/2 bestätigen im wesentlichen die für die Produktionsabhängigkeit (vgl. Tabelle 2.3/2) festgestellten Veränderungen, wenn auch gewisse Nuancierungen nicht zu übersehen sind. So wird z.B. der Anteilsrückgang der indirekt induzierten Erwerbstätigkeit im sekundären Sektor beim öffentlichen Verbrauch und bei den Bruttoinvestitionen nicht durch eine entgegengesetzte Entwicklung der direkten Abhängigkeitsquote ausgeglichen, sondern nur teilweise kompensiert oder sogar überkompensiert. Bei den Bruttoinvestitionen führt das dazu, daß die gesamte Beschäftigungsabhängigkeit im sekundären Sektor von 1976 auf 1980 steigt bei gleichzeitigem Anteilsverlust des tertiären Sektors. Bei den anderen drei Endnachfragekomponenten ist der tertiäre Sektor aber der Gewinner, am stärksten beim privaten Verbrauch und bei der Ausfuhr, jeweils direkt und indirekt.

Die Tabelle 3.4/3 zeigt, welche Wirtschaftsbereiche zu dieser gestiegenen Abhängigkeit der Erwerbstätigkeit des tertiären Sektors beigetragen haben. Es sind beim privaten Verbrauch der Einzelhandel, die übrigen Dienstleistungen und der Staat, während sich bei der Ausfuhr der Beschäftigungsbeitrag der Kreditinstitute und der übrigen Dienstleistungen von 1976 auf 1980 am stärksten erhöht hat. Die sektoralen Unterschiede im Vergleich zur Tabelle 2.3/3 resultieren aus den Arbeitskoeffizienten bzw. Arbeitsproduktivitäten und ihrer

Tabelle 3.4/2

Endnachfrageinduzierte Erwerbstätigkeit in den Sektoren

	1976 DIREKT	1976 INDIREKT	1976 GESAMT	1980 DIREKT	1980 INDIREKT	1980 GESAMT
	PRIVATER VERBRAUCH					
	IN 1000 PERSONEN					
PRIMÄRER SEKTOR	355	1094	1449	301	911	1211
SEKUNDÄRER SEKTOR	1855	1494	3349	1773	1326	3100
TERTIÄRER SEKTOR	3701	2044	5745	3916	2042	5957
INSGESAMT	5911	4632	10543	5990	4279	10268
	STRUKTUR IN VH					
PRIMÄRER SEKTOR	3.37	10.38	13.74	2.93	8.87	11.80
SEKUNDÄRER SEKTOR	17.59	14.17	31.76	17.27	12.92	30.19
TERTIÄRER SEKTOR	35.11	19.39	54.49	38.14	19.88	58.02
INSGESAMT	56.07	43.94	100.00	58.33	41.67	100.00
	ÖFFENTLICHER VERBRAUCH					
	IN 1000 PERSONEN					
PRIMÄRER SEKTOR	52	95	147	52	86	138
SEKUNDÄRER SEKTOR	285	232	517	311	225	537
TERTIÄRER SEKTOR	4051	323	4374	4325	340	4666
INSGESAMT	4388	650	5038	4689	651	5340
	STRUKTUR IN VH					
PRIMÄRER SEKTOR	1.04	1.88	2.92	0.98	1.60	2.58
SEKUNDÄRER SEKTOR	5.65	4.61	10.26	5.83	4.22	10.05
TERTIÄRER SEKTOR	80.40	6.42	86.82	80.99	6.37	87.37
INSGESAMT	87.09	12.91	100.00	87.81	12.19	100.00
	BRUTTOINVESTITIONEN					
	IN 1000 PERSONEN					
PRIMÄRER SEKTOR	13	128	141	24	122	146
SEKUNDÄRER SEKTOR	2406	1030	3436	2721	1085	3806
TERTIÄRER SEKTOR	314	658	972	258	753	1011
INSGESAMT	2733	1817	4550	3003	1960	4963
	STRUKTUR IN VH					
PRIMÄRER SEKTOR	0.28	2.82	3.10	0.49	2.46	2.95
SEKUNDÄRER SEKTOR	52.88	22.65	75.53	54.82	21.87	76.69
TERTIÄRER SEKTOR	6.90	14.47	21.37	5.19	15.17	20.36
INSGESAMT	60.06	39.94	100.00	60.50	39.50	100.00
	AUSFUHR					
	IN 1000 PERSONEN					
PRIMÄRER SEKTOR	120	331	451	112	332	444
SEKUNDÄRER SEKTOR	2263	1349	3611	2408	1250	3658
TERTIÄRER SEKTOR	488	978	1466	536	1061	1597
INSGESAMT	2870	2658	5528	3056	2643	5699
	STRUKTUR IN VH					
PRIMÄRER SEKTOR	2.16	5.99	8.15	1.96	5.83	7.80
SEKUNDÄRER SEKTOR	40.93	24.40	65.33	42.25	21.93	64.19
TERTIÄRER SEKTOR	8.82	17.70	26.52	9.40	18.61	28.02
INSGESAMT	51.91	48.09	100.00	53.62	46.38	100.00

QUELLE: INPUT-OUTPUT-RECHNUNG DES DIW.

Tabelle 3.4/3

Abhängigkeit der Erwerbstätigkeit der Wirtschaftsbereiche des tertiären Sektors von den Endnachfragekomponenten 1976 und 1980 in vH

	PRIVATER VERBRAUCH						ÖFFENTLICHER VERBRAUCH					
	1976			1980			1976			1980		
	DIREKT	INDIREKT	GESAMT	DIREKT	INDIREKT	GESAMT	DIREKT	INDIREKT	GESAMT	DIREKT	INDIREKT	GESAMT
GROSSHANDEL,HV	0.50	4.92	5.43	0.53	4.74	5.27	0.91	1.03	1.95	0.88	0.99	1.87
EINZELHANDEL	17.76	0.77	18.53	19.20	0.63	19.83	1.22	0.24	1.45	1.29	0.19	1.48
EISENBAHNEN	0.71	0.74	1.45	0.65	0.57	1.22	0.80	0.27	1.07	0.74	0.20	0.95
SCHIFFAHRT USW.	0.01	0.18	0.19	0.01	0.16	0.17	0.02	0.10	0.11	0.01	0.08	0.10
STRASSENVERKEHR	0.58	0.84	1.42	0.56	0.87	1.43	0.15	0.37	0.52	0.15	0.38	0.53
RESTL.VERKEHR	0.06	0.36	0.43	0.07	0.41	0.48	0.13	0.14	0.27	0.12	0.16	0.28
DEUTSCHE BU.POST	1.66	1.06	2.72	1.85	1.06	2.91	0.74	0.57	1.31	0.63	0.56	1.19
KREDITINSTITUTE	0.35	2.85	3.20	0.35	2.88	3.23	0.13	0.78	0.90	0.10	0.68	0.79
VERSICHERUNGSUNT.	1.11	0.40	1.51	1.16	0.42	1.58	0.07	0.12	0.19	0.06	0.13	0.19
WOHNUNGSVERMIETG.	1.02	0.00	1.02	1.13	0.00	1.13	0.00	0.00	0.00	0.00	0.00	0.00
BEHERBERGUNGSGEW.	2.97	0.96	3.93	3.03	1.01	4.04	0.19	0.38	0.57	0.18	0.38	0.56
WISS.,KUNST,PUBL.	0.95	0.53	1.48	1.43	0.48	1.91	0.43	0.25	0.68	0.38	0.20	0.58
GESUNDHEITSWESEN	0.55	0.10	0.65	0.63	0.09	0.72	5.35	0.21	5.56	5.26	0.16	5.42
ÜBR.DIENSTLEISTG.	1.71	4.18	5.90	1.66	4.90	6.56	0.67	1.52	2.19	0.85	1.78	2.63
STAAT	2.18	1.51	3.69	2.62	1.65	4.27	61.48	0.44	61.92	61.70	0.47	62.18
PR.HH,PR.ORG.O.E.	2.98	0.00	2.98	3.26	0.00	3.26	8.14	0.00	8.14	8.63	0.00	8.63
TERTIÄRER SEKTOR	35.11	19.39	54.49	38.14	19.88	58.02	80.40	6.42	86.82	80.99	6.37	87.37

	BRUTTOINVESTITIONEN						AUSFUHR					
	1976			1980			1976			1980		
	DIREKT	INDIREKT	GESAMT	DIREKT	INDIREKT	GESAMT	DIREKT	INDIREKT	GESAMT	DIREKT	INDIREKT	GESAMT
GROSSHANDEL,HV	2.31	3.56	5.87	1.17	3.55	4.72	2.57	4.23	6.80	2.95	4.18	7.13
EINZELHANDEL	1.37	0.54	1.91	0.68	0.45	1.13	0.22	0.51	0.73	0.24	0.41	0.65
EISENBAHNEN	0.84	0.95	1.79	0.59	0.74	1.33	0.86	1.38	2.24	0.90	1.07	1.97
SCHIFFAHRT USW.	0.00	0.20	0.20	0.00	0.19	0.20	0.27	0.57	0.84	0.29	0.50	0.79
STRASSENVERKEHR	0.13	1.31	1.44	0.20	1.41	1.62	0.12	1.55	1.67	0.13	1.63	1.76
RESTL.VERKEHR	0.06	0.43	0.50	0.09	0.51	0.60	1.07	0.54	1.61	1.07	0.63	1.70
DEUTSCHE BU.POST	0.42	0.80	1.22	0.62	0.79	1.41	0.06	1.01	1.06	0.06	1.02	1.08
KREDITINSTITUTE	0.01	0.84	0.85	0.03	0.94	0.97	0.07	1.20	1.27	0.22	1.77	1.99
VERSICHERUNGSUNT.	0.00	0.26	0.26	0.00	0.29	0.29	0.04	0.29	0.33	0.03	0.31	0.34
WOHNUNGSVERMIETG.	0.00	0.01	0.00	0.00	0.01	0.01	0.00	0.00	0.00	0.00	0.00	0.00
BEHERBERGUNGSGEW.	0.00	0.88	0.88	0.01	0.87	0.88	2.41	1.10	3.51	2.54	1.14	3.68
WISS.,KUNST,PUBL.	-0.02	0.36	0.35	0.00	0.31	0.31	0.05	0.43	0.49	0.07	0.38	0.45
GESUNDHEITSWESEN	-0.01	0.04	0.03	0.00	0.03	0.04	0.03	0.06	0.09	0.03	0.07	0.10
ÜBR.DIENSTLEISTG.	1.54	3.42	4.96	1.46	4.10	5.56	0.79	3.71	4.50	0.65	4.30	4.95
STAAT	0.23	0.88	1.11	0.34	0.98	1.32	0.25	1.12	1.38	0.25	1.19	1.44
PR.HH,PR.ORG.O.E.	0.00	0.00	0.00	0.00	0.00	0.00	0.00	0.00	0.00	0.00	0.00	0.00
TERTIÄRER SEKTOR	6.90	14.47	21.37	5.19	15.17	20.36	8.82	17.70	26.52	9.40	18.61	28.02

DIE NEGATIVEN GRÖSSEN BEI DEN BRUTTOINVESTITIONEN ERGEBEN SICH DURCH VORRATSABNAHME.
QUELLE: INPUT-OUTPUT-RECHNUNG DES DIW.

Entwicklung. Greift man die Input-Output-Stichjahre 1976 und 1980 heraus, so wird deutlich, daß die Zahl der Erwerbstätigen in der Bundesrepublik Deutschland in diesem Zeitraum um rund 610 000 Personen gestiegen ist (vgl. Tabelle 3.4/1). Knapp die Hälfte davon geht auf eine Zunahme der Beschäftigtenzahl in den Dienstleistungsunternehmen im engeren Sinne zurück, zu denen die Zweige 52 bis 58 der Input-Output-Klassifikation, also Kreditinstitute, Versicherungen, Wohnungsvermietung, Gaststätten und Beherbergung sowie die drei typischen Dienstleistungszweige Wissenschaft etc., Gesundheit und übrige Dienste, gehören. Wie sich diese Zunahme der in den sogenannten Dienstleistungsunternehmen tätigen Personen auf die drei aggregierten Sektoren verteilt, kann der Tabelle 3.4/4 entnommen werden; in ihr sind auch die Ergebnisse der Endnachfrage-Zurechnung mit den zugehörigen Strukturanteilen für die beiden Stichjahre unsaldiert wiedergegeben. Bemerkenswert ist, daß rund 57 vH der gestiegenen Beschäftigtenzahl der Dienstleistungsunternehmen vom eigenen, tertiären Sektor absorbiert wurden, während der sekundäre Sektor knapp 41 vH der zusätzlichen Erwerbstätigen direkt und indirekt zur Endnachfragebelieferung beanspruchte.

Eine weitere Unterteilung dieser Zurechnung nach den Endnachfragekomponenten würde erkennen lassen, daß auch hier der größte Mehrbedarf an erwerbstätigen Personen aus den Wirtschaftszweigen 52 bis 58 durch den privaten Verbrauch und die Ausfuhr induziert worden ist. Den größten direkten und indirekten spezifischen Beschäftigtenbeitrag zum privaten Verbrauch hat mit einem Plus von 65 400 Erwerbstätigen zwischen 1976 und 1980 der Wirtschaftszweig Wissenschaft, Kunst, Publizistik erbracht.

Tabelle 3.4/4

Erwerbstätige in Dienstleistungsunternehmen 1)
und ihre Zurechnung zur Endnachfrage

	1976		1980		Veränderung 1976/80	
	in 1000 Personen	in vH	in 1000 Personen	in vH	in 1000 Personen	in vH
Primärer Sektor	46	1,4	53	1,5	+7	2,3
Sekundärer Sektor	808	24,7	929	26,0	+121	40,6
Tertiärer Sektor	2 415	73,9	2 585	72,5	+170	57,1
Summe	3 269	100,0	3 567	100,0	+298	100,0

1) Sektoren 52 bis 58 der Input-Output-Systematik.
Quellen: Input-Output-Rechnung des DIW und Statistisches Bundesamt, Fachserie 18.

Eine wichtige Endnachfragekomponente ist - wie die Ausführungen bestätigt haben - die Ausfuhr. Deshalb wird im folgenden der Export nach Waren und Dienstleistungen unterteilt. Dabei steht die Frage im Vordergrund nach dem Umfang und der Relation von Dienstleistungen, die direkt exportiert werden und die indirekt in den exportierten Waren enthalten sind. Eine solche Fragestellung läßt sich ebenfalls mit Hilfe der Input-Output-Rechnung analysieren.

1984 sind in der Zahlungsbilanzstatistik für Dienstleistungen Einnahmen in Höhe von 132 Mrd. DM und Ausgaben in Höhe von 148 Mrd. DM verbucht, in der volkswirtschaftlichen Gesamtrechnung dagegen - einschließlich Erwerbs- und Vermögenseinkommen - Dienstleistungsausfuhren in Höhe von 121 Mrd. DM und Einfuhren in Höhe von 131 Mrd. DM. (Die Differenz erklärt sich aus konzeptionellen Unterschieden.) An dieser Stelle ist es nicht notwendig, die von der Dienstleistungsausfuhr (ohne Erwerbs- und Vermögenseinkommen) in Höhe von 73 Mrd. DM induzierten Produktions- und Beschäftigungseffekte tatsächlich zu errechnen. Schon ein Vergleich der Größenordnungen von Waren- und Dienstleistungsausfuhr legt nahe, daß die Warenausfuhr, die im Jahr 1984 mit 467 Mrd. DM bald das Siebenfache der Dienstleistungsausfuhr betrug, Produktions- und Beschäftigungseffekte ganz anderer Dimensionen induziert.

Betrachtet man nicht allein die Ausfuhr von Dienstleistungen, sondern die gesamte Ausfuhr und ihre Wirkung auf die Beschäftigung im Dienstleistungssektor, so sind die dort von der Warenausfuhr induzierten Beschäftigungseffekte höher als durch die Dienstleistungsausfuhr selbst. 1982 waren ca. 1. Million Erwerbstätige im Dienstleistungssektor von der Vorleistungsnachfrage des Warenexports abhängig; dagegen betrug die Beschäftigung, die direkt mit der Dienstleistungsausfuhr verbunden war, ca. 800 000. Dabei ist hier der Bausektor als Dienstleistungssektor miteinbezogen worden (vgl. DIW-Wochenbericht 32/84).

Dieses Ergebnis weist also klar auf die Bedeutung der Dienstleistungen für den Export hin. Die Beschränkung der Betrachtung allein auf die Dienstleistungsbilanz führt zu erheblichen Unterzeichnungen.

3.5 Beschäftigung und Berufe

Berufe sind ein Unterscheidungsmerkmal der eingesetzten Arbeit. Verschiebungen in der Berufsstruktur liefern einen Anhaltspunkt für die Veränderung der Arbeitsteilung in der Wirtschaft, allerdings nur dann, wenn die Berufsgliederung tatsächlich Unterschiede in den Tätigkeiten, Qualifikationen und anderen relevanten Merkmalen widerspiegelt.

Berufsbezeichnungen werden immer auch unter sozialen und anderen Gesichtspunkten der "Wirtschaftskultur" gewählt. Wie bei allen statistischen Klassifikationen hat man das Problem, daß Berufsinhalte sich schneller ändern als Berufsbezeichnungen; neue Berufe werden - erst mit einer Zeitverzögerung - statistisch erfaßt. Andererseits ist selbst bei weiterer Auffächerung eine Erfassung aller Erwerbstätigen nach Berufen nicht möglich (Problem des "Rests"). Eine Interpretation von berufsbezogenen Auswertungen ist also mit Vorsicht vorzunehmen. Inwieweit eine Auswertung von berufs- und wirtschaftszweigbezogenen Kreuztabellen zusätzliche Informationen über den auf den Arbeitseinsatz bezogenen Strukturwandel innerhalb des sekundären und tertiären Sektors liefern, hängt einmal davon ab, wie detailliert man einzelne Berufe und Wirtschaftszweige betrachtet. Hier gerät man sehr schnell an Grenzen der Darstellbarkeit. Zum zweiten - und dies ist aus systematischen Gründen wichtiger - hängt der Informationsgewinn davon ab, ob die Berufsbezeichnungen weitgehend unabhängig von den Wirtschaftsbezeichnungen gewählt sind. Denn nur dann ist überhaupt eine zusätzliche Information zu erwarten.

In der Bundesrepublik hat das Statistische Bundesamt (1975) die Berufe systematisch klassifiziert. Neben den Pflanzenbauern, Tierzüchtern und Fischereiberufen sowie den Bergleuten und Mineralgewinnern - sozusagen den "primären" Berufen - werden Fertigungsberufe, technische Berufe und Dienstleistungsberufe als große Berufsbereiche unterschieden.

Für die Stichjahre 1961, 1970 und 1984 wurden Informationen über die großen Berufsbereiche zusammengestellt (vgl. Tabelle 3.5/1). Hieraus sieht man, daß zwischen 1961 und 1970 die Fertigungsberufe sowohl absolut als auch relativ nur geringfügig zurückgegangen sind. Absolut und relativ haben die Dienstleistungsberufe sowie die technischen Berufe zugenommen, wogegen bei den

Tabelle 3.5/1

Erwerbstätige nach Sektoren und Berufen

	Berufsgruppe	in 1 000			Struktur in vH		
		1961	1970	1984	1961	1970	1984
		- nach Berufen -					
Pflanzenbauer; Bergleute	I, II	4 015	2 265	1 493	15,2	8,5	5,9
Fertigungsberufe	III (ohne s,t)	8 855	8 688	7 786	33,5	32,7	30,8
Warenprüfer, Lagerarbeiter, Maschinisten	III s,t	1 616	1 900	1 256	6,1	7,2	5,0
Technische Berufe	IV	842	1 241	1 481	3,2	4,7	5,9
Dienstleistungsberufe	V	10 282	12 217	12 876	38,9	46,0	50,8
Sonstige Arbeitskräfte	VI	816	249	405	3,1	0,9	1,6
Erwerbstätige insgesamt[2)]		26 426	26 560	25 292	100,0	100,0	100,0
		- aggregierte Berufe[1)] -					
Primäre Berufe	I, II	4 143	2 286	1 517	15,7	8,6	6,0
Sekundäre Berufe	III (ohne s,t)	9 137	8 770	7 913	34,6	33,0	31,3
Tertiäre Berufe	III s,t, IV, V	13 146	15 504	15 867	49,7	58,4	62,7
Erwerbstätige insgesamt[2)]		26 426	26 560	25 297	100,0	100,0	100,0
		- nach Sektoren[2)] -					
Primärer Sektor		4 171	2 813	1 883	15,6	10,6	7,4
Sekundärer Sektor		12 083	12 436	9 956	45,8	46,8	39,4
Tertiärer Sektor		10 172	11 311	13 458	38,6	42,6	53,2
Erwerbstätige insgesamt[2)]		26 426	26 560	25 297	100,0	100,0	100,0

1) Sonstige Arbeitskräfte auf die übrigen Berufsgruppen proportional verteilt.- 2) lt. VGR.

Quellen: Volks- und Berufszählung; Mikrozensus; EG-Arbeitskräftestichprobe; VGR; eigene Berechnungen.

"primären" Berufen (Pflanzenbauer u.a.; Mineralgewinner) starke absolute und relative Rückgänge zu verzeichnen sind. Im gleichen Zeitraum ist auch der "Rest" geschrumpft.

Zwischen 1970 und 1984 sind die Rückgänge bei den primären Berufen absolut und relativ geringer als zuvor; die Zahl der Beschäftigten mit Fertigungsberufen ist 1984, hauptsächlich aufgrund des Rückgangs bei den Bauberufen, um 2 Prozentpunkte niedriger als 1970. Dagegen haben technische Berufe absolut und relativ weiter zugenommen, aber mit geringerem Tempo als zuvor. Dies gilt auch für die Dienstleistungsberufe; 1984 hatten immerhin 51 vH der Erwerbstätigen einen Dienstleistungsberuf i.e.S. gegenüber 39 vH im Jahre 1961. Bei der Interpretation ist allerdings zu berücksichtigen, daß die Informationen für 1984 auf der EG-Arbeitskräftestichprobe beruhen. Die Unterschiede zu den Mikrozensusdaten sind nicht ganz unerheblich.

Bei genauerer Betrachtung zeigt sich, daß die Klassifizierung der Berufe sehr eng an die sektorale Einteilung angelehnt ist. Ausnahmen hiervon bilden insbesondere die Büro- und Verwaltungsberufe, die technischen Berufe u.a. Betrachtet man eine Beruf-Wirtschaftszweig-Matrix, dann ist die Hauptdiagonale sehr stark besetzt. Komponentenzerlegungen, die das DIW innerhalb der Strukturberichterstattung durchgeführt hat, haben gezeigt, daß in den meisten Fällen der Brancheneffekt und nicht ein aufgrund von Berufsbezeichnungen herausgefilterter Qualifikationseffekt für die Entwicklung der Erwerbstätigenzahlen ausschlaggebend war (vgl. Brasche u.a., 1984).

Bezeichnet man die Fertigungsberufe (ohne Lager-, Transportarbeiter sowie Maschinisten) als sekundäre Berufe und faßt die Fertigungsberufe der Gruppe III s,t, die technischen Berufe sowie die Dienstleistungsberufe als tertiäre Berufe zusammen, so zeigt eine Gegenüberstellung mit den Beschäftigtenzahlen nach Sektoren sowohl ein anderes Niveau als auch einen anderen Verlauf.

Erst einmal wird deutlich, daß in der so gewählten Abgrenzung die Zahl der Erwerbstätigen des sekundären Sektors immer größer als die Zahl der Erwerbstätigen mit Fertigungsberufen, dagegen die Zahl der Erwerbstätigen des tertiären Sektors immer kleiner als die Zahl der Erwerbstätigen mit tertiären Berufen war. Gleichzeitig ist die Zahl der Erwerbstätigen mit Fertigungsberufen absolut und relativ deutlicher zurückgegangen als die Zahl der Erwerbstätigen des sekundären Sektors. Das heißt, daß die Zahl der Erwerbstätigen mit Dienstleistungsberufen im sekundären Sektor relativ zugenommen hat.

Sicherlich sind andere Abgrenzungen möglich, die ein im Niveau anderes Bild ergeben würden, aber kaum in der Entwicklung. Selbst unter den Fertigungsberufen ist eine Anzahl von Berufen zu finden, die überwiegend Dienstleistungsberufe sind (Reparatur- und Instandhaltungsberufe etc.). Hier treten im Prinzip dieselben Probleme auf wie bei der sektoralen Abgrenzung. Berufe, die auf die Reparatur und Instandhaltung von Warenprodukten gerichtet sind, können mit denselben Argumenten wie bei der sektoralen Zuordnung als Fertigungsberufe aufgefaßt werden.

Eine tiefergehende Analyse der Beschäftigung nach beruflichen und institutionellen Gesichtspunkten erfordert eine Analyse von Beruf-Wirtschaftszweig-Matrizen. Auf der Basis der Beschäftigtenstatistik sind für 1976 und 1982 entsprechende Auswertungen vorgenommen worden.

In Tabelle 3.5/2 wird die Veränderung der Zahl der sozialversicherungspflichtig Beschäftigten nach Berufen ausgewiesen. Die Ergebnisse machen deutlich, daß die Fertigungsberufe mit Dienstleistungscharakter (Installateure, Schlosser, Mechaniker, Elektroinstallateure, Funk- und Tongerätemechaniker) eine deutlich günstigere Entwicklung als die anderen Fertigungsberufe aufzuweisen hatten.

Unter den Dienstleistungsberufen hatten viele Berufe mit einem relativ geringen Gewicht eine weit überdurchschnittliche Entwicklung (Wissenschaftsberufe, Wirtschaftsprüfer und Steuerberater, Unternehmensberater, Büroberufe mit Datenverarbeitung u.a.). Von den stärker besetzten Berufsgruppen expandierten in diesem Zeitraum die Gesundheitsberufe, sozialpflegerische und seelsorgerische Berufe und Friseurberufe. Dagegen ging die Zahl der Beschäftigten mit Reinigungsberufen geringfügig zurück. Bei der Interpretation ist wiederum zu berücksichtigen, daß hier nur sozialversicherte Beschäftigte berücksichtigt sind, was die Aussagen in manchen Berufen erheblich relativiert.

Tabelle 3.5/2

Sozialvers. Beschäftigte nach Berufen

Berufe	Personen in 1000 1976	Personen in 1000 1982	Struktur in vH 1976	Struktur in vH 1982	Durchschn. jährliche Veränderungsrate 1982/76 in vH
Sekundäre Berufe	9490	9281	48.7	46.1	-0.4
Fertigungsberufe	6474	6367	33.2	31.6	-0.3
mit Dienstl.-Charakter	2189	2270	11.2	11.3	0.6
ohne Dienstl.-Charakter	4285	4097	22.0	20.3	-0.7
Bauberufe	1576	1557	8.1	7.7	-0.2
Technische Berufe	1176	1357	6.0	6.7	2.4
Dienstleistungsberufe	9818	10822	50.4	53.7	1.6
Organisation, Verwaltung	3449	3737	17.7	18.5	1.3
Geschäftsführer	354	385	1.8	1.9	1.4
Büroberufe o. Datenver.	3007	3231	15.4	16.0	1.2
Büroberufe m. Datenver.	88	120	0.5	0.6	5.4
Handel, Verkehr	2966	3125	15.2	15.5	0.9
Handelsberufe	1459	1622	7.5	8.1	1.8
Lager- u. Verladeberufe	1507	1503	7.7	7.5	-0.0
Nachrichten o.Telefonist.	86	103	0.4	0.5	3.1
Nachrichten m.Telefonist.	40	42	0.2	0.2	1.0
Banken u. Versicherungen	501	573	2.6	2.8	2.3
Makler,Vermieter,Verwalt.	16	19	0.1	0.1	3.3
Sonst. Dienstleistungsber.	2760	3222	14.2	16.0	2.6
Gästebetreuer,Hauswirt.	392	417	2.0	2.1	1.0
Lehrer, Publiz.,Künstl.	266	326	1.4	1.6	3.4
Gesundheitsberufe	679	885	3.5	4.4	4.5
Ärzte, Apotheker	70	90	0.4	0.4	4.3
Übr. Gesundheitsber.	609	794	3.1	3.9	4.5
Übr. Dienstleistungsber.	1423	1595	7.3	7.9	1.9
Beratung, wiss. Berufe	108	151	0.6	0.8	5.8
Wissenschaftsberufe	33	48	0.2	0.2	6.4
Wirt.prüf.,Steuerb.	41	60	0.2	0.3	6.5
Werbefachleute	22	25	0.1	0.1	2.0
Unternehmensberater	12	19	0.1	0.1	7.8
Sicherheit, Recht	243	274	1.2	1.4	2.0
Dienst-, Wachberufe	196	222	1.0	1.1	2.1
Poliz.,Sold.,Feuerw.	36	39	0.2	0.2	1.1
Rechtsfind.,Vollstr.	11	13	0.1	0.1	3.3
Sozialpfl. Ber.,Seels.	242	327	1.2	1.6	5.1
Körperpflege, Reinig.	830	843	4.3	4.2	0.3
Friseure u.a.	132	154	0.7	0.8	2.6
Reinigungsberufe	698	689	3.6	3.4	-0.2
Rest	164	41	0.8	0.2	-20.5
Summe	19472	20145	100.0	100.0	0.6

Quellen: Beschäftigtenstatistik, eigene Berechnungen.

Dieser Wandel in der Berufsstruktur ist auch mit erheblichen Unterschieden in der Entwicklung der Teilzeitbeschäftigung verbunden gewesen (vgl. Tabelle 3.5/3). Hohe Zuwachsraten der Teilzeitbeschäftigung weisen darauf hin, daß für die Expansion mancher Berufe der Teilzeiteffekt von Bedeutung war (Büroberufe, Handelsberufe, Lehrer- und Gesundheitsberufe).

In den Tabellen 3.5/4-7 wird die Zuordnung der sozialversicherungspflichtig Vollbeschäftigten zu Wirtschaftszweigen und Berufen samt zugehörigem Einkommen für das Jahr 1982 sowie die Entwicklung von 1976 bis 1982 und die relative Einkommensstruktur nachgewiesen.

Die Informationsdichte dieser Tabellen erschwert eine knappe Kommentierung. Tabelle 3.5/4 zeigt die sektorale Verteilung der Berufe; deutlich wird die bereits erwähnte starke sektorale Konzentration einiger Berufe.

Tabelle 3.5/5 zeigt, daß die Entwicklung der Berufe in den meisten Fällen mit der sektoralen Beschäftigungsentwicklung korreliert, d.h. die Annahme der meisten Berufe wird von der Beschäftigungszunahme des tertiären Sektors, insbesondere der übrigen Dienstleistungen, positiv beeinflußt. Inwieweit dieser Effekt durchschlägt, hängt allerdings von dem jeweiligen Gewicht des tertiären Sektors bzw. der übrigen Dienstleistungen in der Berufsstruktur ab.

Aus Tabelle 3.5/6 wird ersichtlich, daß die Einkommen derselben Berufsgruppen deutlich im Jahre 1982 in Abhängigkeit davon variiert haben, in welchem Wirtschaftszweig die Berufe ausgeübt worden sind. Generell werden im sekundären Sektor höhere Einkommen erzielt als im tertiären Sektor. Besonders groß ist dieser Abstand bei technischen Berufen, bei Verkehrsberufen, bei Gesundheitsberufen und bei den Unternehmensberatern und Managern sowie den Wirtschaftsprüfern. Dabei sind nochmals erhebliche Differenzierungen innerhalb des tertiären Sektors zu beobachten, wobei dieselben Berufe in der Regel im Gastgewerbe, beim Handel und im Gesundheitswesen nochmals deutlich niedriger bezahlt werden als im übrigen tertiären Sektor.

Schließlich zeigt Tabelle 3.5/7, daß die Einkommensentwicklung im sekundären Sektor für die meisten Berufe etwas schneller war als im tertiären Sektor.

Tabelle 3.5/3

Sozialvers. Teilzeitbeschäftigte nach Berufen

Berufe	Personen in 1000 1976	Personen in 1000 1982	Struktur in vH 1976	Struktur in vH 1982	Durchschn. jährliche Veränderungsrate 1982/76 in vH
Sekundäre Berufe	217	230	15.1	12.6	1.0
Fertigungsberufe	196	200	13.7	11.0	0.4
mit Dienstl.-Charakter	39	44	2.7	2.4	1.9
ohne Dienstl.-Charakter	157	156	10.9	8.6	-0.1
Bauberufe	6	7	0.4	0.4	1.8
Technische Berufe	15	23	1.0	1.3	7.7
Dienstleistungsberufe	1212	1590	84.4	87.3	4.6
Organisation, Verwaltung	383	515	26.6	28.3	5.1
Geschäftsführer	6	11	0.5	0.6	8.7
Büroberufe o. Datenver.	375	501	26.2	27.5	5.0
Büroberufe m. Datenver.	1	3	0.1	0.2	12.2
Handel, Verkehr	249	326	17.4	17.9	4.6
Handelsberufe	200	265	13.9	14.6	4.8
Lager- u. Verladeberufe	49	60	3.4	3.3	3.5
Nachrichten o.Telefonist.	43	48	3.0	2.6	1.9
Nachrichten m.Telefonist.	5	8	0.3	0.4	7.2
Banken u. Versicherungen	29	37	2.0	2.0	4.2
Makler,Vermieter,Verwalt.	0	1	0.0	0.0	9.4
Sonst. Dienstleistungsber.	503	656	35.1	36.0	4.5
Gästebetreuer,Hauswirt.	33	46	2.3	2.5	5.8
Lehrer, Publiz.,Künstl.	47	74	3.3	4.1	7.8
Gesundheitsberufe	62	104	4.3	5.7	8.9
Ärzte, Apotheker	5	9	0.3	0.5	10.2
übr. Gesundheitsber.	57	95	4.0	5.2	8.8
übr. Dienstleistungsber.	362	433	25.2	23.7	3.1
Beratung, Wiss. Berufe	5	11	0.3	0.6	18.5
Wissenschaftsberufe	3	7	0.2	0.4	14.4
Wirt.prüf.,Steuerb.	1	3	0.1	0.2	15.8
Werbefachleute	0	1	0.0	0.0	9.6
Unternehmensberater	0	0	0.0	0.0	13.6
Sicherheit, Recht	24	33	1.7	1.8	5.4
Dienst-, Wachberufe	19	26	1.3	1.4	5.6
Poliz.,Sold.,Feuerw.	5	6	0.3	0.3	2.4
Rechtsfind.,Vollstr.	0	1	0.0	0.0	9.0
Sozialpfl. Ber.,Seels.	28	49	2.0	2.7	9.8
Körperpflege, Reinig.	305	339	21.3	18.6	1.8
Friseure u.a.	4	5	0.3	0.3	5.7
Reinigungsberufe	301	334	21.0	18.3	1.8
Rest	6	2	0.4	0.1	-18.6
Summe	1435	1822	100.0	100.0	4.1

Quellen: Beschäftigtenstatistik, eigene Berechnungen.

Tabelle 3.5/4

Sozialvers. Vollbeschäftigte nach Berufen und Wirtschaftszweigen, 1982
- in vH -

	primärer Sektor	sekund. Sektor	Verarb. Gewerbe	Baugewerbe	tertiär. Sektor	Handel	Verkehr, Nachrich.	Kredit., Versich.	Gastgew., Heime	Wissen., Kultur	Gesundh. wesen	übrige Dienstl.	Gebietsk. Sozialv.	Org.o.E., häusl.D.	Rest	Insgesamt in 1000
Land- u. Forstwirte	58	4	3	1	38	6	0	0	0	1	0	2	24	3	0	240.7
Bergleute	85	14	10	4	1	1	0	0	0	0	0	0	0	0	0	132.6
Fertigungsberufe	3	81	72	9	16	5	2	0	2	0	0	2	3	1	0	6480.9
Bauberufe	1	88	7	80	11	1	2	0	0	0	0	1	7	0	0	842.8
Technische Berufe	3	44	41	3	53	39	1	0	1	1	0	5	5	1	0	1898.7
Dienstleistungsberufe	2	25	22	3	74	14	9	8	3	2	4	9	17	7	0	7593.4
davon:																
Organ.- u. Verwaltungsberufe	2	32	29	4	65	16	4	4	1	2	1	12	23	3	0	2849.9
Handelsberufe	0	12	12	0	88	18	6	62	0	1	0	1	1	0	0	781.2
Verkehrsberufe	0	17	17	0	82	5	68	2	0	0	0	5	0	1	0	65.8
Nachrichtenberufe	2	46	43	3	52	28	9	2	1	1	0	4	6	1	0	978.9
Bank-, Versicherungsberufe	0	6	4	2	94	5	77	1	1	1	0	2	3	3	0	27.9
Dienstleistungskaufleute	2	16	15	1	82	9	40	2	1	11	0	13	6	1	0	85.9
Makler, Vermieter	3	27	20	6	71	17	37	1	0	1	0	3	11	1	0	694.0
Gästebetreuer, Hauswirt.verwalter	2	21	19	2	78	6	7	1	5	1	3	24	24	7	0	351.6
Lehrer	0	2	2	0	97	3	0	0	0	4	0	4	62	24	0	4.7
Seelsorger	0	7	7	0	93	5	4	0	76	1	1	1	2	1	0	200.9
Publizisten, Künstler	0	1	1	0	99	3	0	0	1	0	35	0	35	24	0	648.3
Wissenschaftliche Berufe	0	4	4	0	95	3	0	0	0	0	0	72	4	15	0	127.9
Gesundheitsberufe	0	2	2	0	98	1	0	0	3	5	1	1	40	47	0	324.5
Sozialpflegerische Berufe	2	34	33	1	63	7	2	2	1	2	2	12	17	19	0	25.1
übrige Dienstleistungsberufe	2	18	17	1	79	8	1	1	8	10	3	17	17	15	0	426.9
davon:																
Körperpflege-, Reinigungsberufe	4	7	6	1	89	4	1	0	21	1	7	2	19	35	0	140.7
Unternehmensberater, Manager	1	13	13	0	86	4	2	1	0	1	0	57	13	8	0	90.0
Wirtschaftsprüfer	7	66	62	3	28	14	3	1	0	1	0	4	3	1	0	48.4
Rechtswahrer, -berater	0	18	17	1	81	20	0	1	3	22	0	11	19	5	0	85.6
Wachberufe	1	16	15	0	84	2	1	3	0	33	0	11	29	5	0	62.2
restliche Berufe	20	51	46	5	29	9	2	1	2	1	1	4	7	3	0	9.0
Insgesamt	4	51	42	9	45	13	5	4	2	1	2	5	10	3	0	17198.1

Quelle: Beschäftigtenstatistik; eigene Berechnungen.

Tabelle 3.5/5

Sozialvers. Vollbeschäftigte nach Berufen und Wirtschaftszweigen, 1976 - 1982
Indizes (1976 = 100)

	primärer Sektor	sekund. Sektor	Verarb. Gewerbe	Bau-gewerbe	tertiär. Sektor	Handel	Verkehr, Nachrich.	Kredit., Versich.	Gastgew., Heime	Wissen., Kultur	Gesundh. wesen	übrige Dienstl.	Gebietsk. Sozialv.	Org.o.E., häusl.D.	Rest	Insgesamt
Land- u. Forstwirte	105	88	84	131	108	126	103	91	99	108	104	110	104	103	257	105
Bergleute	99	87	85	92	80	65	81	67	86	238	133	68	133	159	0	97
Fertigungsberufe	104	97	96	102	107	99	100	110	126	98	128	130	104	111	167	98
Bauberufe	121	91	85	91	94	102	76	83	111	114	113	83	102	107	2320	91
Technische Berufe	115	109	109	106	108	105	109	136	124	118	146	120	109	124	274	108
Dienstleistungsberufe	99	98	97	104	109	100	105	109	117	120	131	122	104	119	120	106
davon:																
Organ.- u. Verwaltungsberufe	107	101	99	110	107	101	107	100	117	119	124	126	102	118	113	105
Handelsberufe	89	100	100	110	109	102	111	112	124	111	119	124	88	93	150	108
Verkehrsberufe	123	154	155	84	120	118	117	144	174	127	87	169	63	129	87	125
Nachrichtenberufe	101	98	97	104	104	101	104	105	118	116	134	125	104	121	132	101
Bank-, Versicherungsberufe	84	109	111	104	128	112	131	137	133	123	118	133	109	101	100	126
Dienstleistungskaufleute	69	102	101	105	96	103	85	126	124	127	121	136	63	148	142	96
Makler, Vermieter	79	92	91	94	104	98	108	103	102	105	117	128	95	102	88	99
Gästebetreuer, Hauswirt.verwalter	94	76	75	85	93	76	75	66	112	94	92	108	91	92	98	89
Lehrer	63	99	105	25	127	39	133	67	80	106	217	158	124	195	500	126
Seelsorger	102	91	91	116	114	80	109	106	117	141	130	127	97	104	318	112
Publizisten, Künstler	107	107	106	182	127	120	126	117	166	126	137	96	117	129	575	127
Wissenschaftliche Berufe	110	79	79	84	112	113	83	78	109	138	134	110	130	115	350	110
Gesundheitsberufe	84	126	126	134	128	113	104	75	166	141	152	147	114	141	223	128
Sozialpflegerische Berufe	152	122	122	129	142	116	136	134	220	128	290	131	135	162	100	134
übrige Dienstleistungsberufe	99	95	95	93	102	87	93	119	101	119	90	131	99	88	90	101
davon:																
Körperpflege-, Reinigungsberufe	94	82	82	81	88	70	83	108	102	99	88	95	88	82	278	88
Unternehmensberater, Manager	96	106	105	131	125	133	109	128	123	147	123	136	93	120	86	122
Wirtschaftsprüfer	102	90	90	88	88	80	85	89	77	88	106	122	91	115	0	90
Rechtswahrer, -berater	108	99	98	119	105	89	96	113	89	111	111	132	112	99	70	104
Wachberufe	131	110	110	94	120	120	102	124	142	129	156	122	111	117	72	118
restliche Berufe	32	23	27	10	12	14	23	11	15	17	4	6	7	19	19	19
Insgesamt	102	97	97	97	108	102	103	109	119	116	130	122	104	118	134	102

Quelle: Beschäftigtenstatistik; eigene Berechnungen.

Tabelle 3.5/6

Jährliches Durchschnittseinkommen der sozialvers. Vollbeschäftigten nach Berufen und Wirtschaftszweigen, 1982 (Insgesamt = 100)

	primärer Sektor	sekund. Sektor	Verarb. Gewerbe	Baugewerbe	tertiär. Sektor	Handel	Verkehr, Nachrich.	Kredit., Versich.	Gastgew., Heime	Wissen., Kultur	Gesundh. wesen	übrige Dienstl.	Gebietsk. Sozialv.	Org.o.E., häusl.D.	Rest	Insgesamt
Land- u. Forstwirte	63	94	97	71	87	59	88	100	57	67	82	106	93	88	58	73
Bergleute	115	103	100	112	94	110	91	126	56	65	104	94	67	95	4	113
Fertigungsberufe	123	99	99	99	97	89	108	115	55	106	99	113	107	96	79	99
Bauberufe	98	94	102	93	94	88	104	93	64	72	86	87	94	86	87	94
Technische Berufe	146	126	126	124	87	79	118	120	47	114	96	105	120	126	84	106
Dienstleistungsberufe	115	110	112	96	97	96	100	118	55	108	72	86	104	96	95	100
davon:																
Organ.- u. Verwaltungsberufe	116	106	108	87	96	90	95	110	64	98	71	91	102	100	98	100
Handelsberufe	120	138	139	122	116	106	113	119	84	125	79	126	115	101	111	119
Verkehrsberufe	150	148	148	119	96	139	87	145	102	131	108	140	120	128	131	105
Nachrichtenberufe	125	116	116	123	106	104	105	137	87	114	99	122	95	117	100	111
Bank-, Versicherungsberufe	91	84	92	65	95	85	96	102	82	78	87	81	108	102	112	94
Dienstleistungskaufleute	120	136	137	120	117	120	121	138	67	95	87	119	124	112	75	120
Makler, Vermieter	112	109	110	106	98	94	98	111	69	83	87	93	110	96	94	102
Gästebetreuer, Hauswirt.verwalter	84	72	73	60	68	48	92	52	42	51	54	55	87	66	51	69
Lehrer	99	142	141	163	136	101	105	174	55	116	92	139	135	146	147	136
Seelsorger	76	75	75	70	58	67	105	96	53	62	66	68	79	72	36	59
Publizisten, Künstler	122	129	129	93	92	97	108	121	69	99	72	90	108	99	76	93
Wissenschaftliche Berufe	160	71	71	82	62	70	83	55	50	99	58	44	139	124	63	63
Gesundheitsberufe	108	142	144	103	104	106	125	145	85	101	83	123	113	98	89	105
Sozialpflegerische Berufe	152	155	156	144	143	140	144	150	123	140	133	140	146	146	154	148
übrige Dienstleistungsberufe	108	123	125	100	95	90	115	141	45	131	60	110	104	76	101	101
davon:																
Körperpflege-, Reinigungsberufe	77	59	60	47	59	51	55	77	45	63	56	57	78	59	48	60
Unternehmensberater, Manager	158	146	147	120	121	138	141	158	120	150	142	113	126	144	108	124
Wirtschaftsprüfer	142	132	132	133	102	89	116	134	95	113	96	112	119	122	0	124
Rechtswahrer, -berater	108	115	116	92	106	89	111	114	42	117	84	96	122	119	86	107
Wachberufe	154	145	145	136	130	125	139	146	58	149	84	129	109	120	121	132
restliche Berufe	54	78	77	90	72	69	68	86	56	72	56	76	81	67	26	72
Insgesamt	108	104	105	97	95	89	102	118	55	107	73	92	104	97	91	100

Quelle: Beschäftigtenstatistik; eigene Berechnungen.

Tabelle 3.5/7

Jährliches Durchschnittseinkommen der sozialvers. Vollbeschäftigten nach Berufen und Wirtschaftszweigen, 1976 - 1982 Indizes (1976 = 100)

	primärer Sektor	sekund. Sektor	Verarb. Gewerbe	Baugewerbe	tertiär. Sektor	Handel	Verkehr, Nachrich.	Kredit., Versich.	Gastgew., Heime	Wissen., Kultur	Gesundh. wesen	übrige Dienstl.	Gebietsk. Sozialv.	Org.o.E., häusl.D.	Rest	Insgesamt
Land- u. Forstwirte	138	143	145	141	137	134	134	151	137	133	139	144	138	142	90	138
Bergleute	148	144	141	151	135	151	144	185	184	135	189	139	96	261	0	148
Fertigungsberufe	143	144	144	145	142	146	140	144	136	143	149	142	141	145	113	144
Bauberufe	139	155	143	157	138	141	137	139	124	133	135	161	136	139	173	153
Technische Berufe	148	146	146	148	148	149	142	145	139	143	149	152	139	146	108	147
Dienstleistungsberufe	146	148	148	145	143	148	140	146	139	145	140	146	138	148	132	144
davon:																
Organ.- u. Verwaltungsberufe	143	146	147	141	141	148	143	144	144	145	138	144	136	142	137	143
Handelsberufe	142	150	150	150	146	148	146	145	158	148	142	146	141	145	121	147
Verkehrsberufe	147	157	157	177	131	154	125	151	169	154	209	149	157	149	138	138
Nachrichtenberufe	149	148	148	148	146	148	143	151	146	144	141	149	137	143	122	147
Bank-, Versicherungsberufe	147	152	155	138	143	150	143	141	145	137	134	149	141	148	147	144
Dienstleistungskaufleute	170	148	148	149	150	146	156	146	134	152	135	144	142	149	73	150
Makler, Vermieter	142	143	141	148	138	142	138	139	137	136	142	142	135	136	136	139
Gästebetreuer, Hauswirt.verwalter	139	143	143	152	140	148	137	144	143	143	141	145	141	147	155	140
Lehrer	147	178	174	271	153	184	155	178	124	137	123	154	148	144	173	154
Seelsorger	145	141	140	153	135	139	157	143	133	137	139	141	143	139	74	135
Publizisten, Künstler	145	147	147	144	139	129	140	154	132	138	139	135	141	143	96	139
Wissenschaftliche Berufe	202	179	180	141	143	145	173	94	144	164	138	137	147	145	68	145
Gesundheitsberufe	135	156	156	168	141	154	146	164	144	137	141	145	140	144	120	141
Sozialpflegerische Berufe	152	149	149	153	145	153	146	146	155	156	153	142	143	145	189	147
übrige Dienstleistungsberufe	154	153	153	152	151	156	149	148	145	148	144	143	142	158	140	151
davon:																
Körperpflege-, Reinigungsberufe	158	168	170	153	146	152	142	148	145	145	142	145	139	153	126	148
Unternehmensberater, Manager	149	148	149	133	141	145	143	152	142	141	141	140	142	145	143	141
Wirtschaftsprüfer	147	151	151	151	148	149	147	143	152	148	136	147	136	143	0	150
Rechtswahrer, -berater	143	146	146	143	147	152	141	143	144	144	131	140	142	146	187	147
Wachberufe	156	150	150	156	146	150	155	146	144	149	126	149	138	143	161	147
restliche Berufe	76	121	118	144	120	137	116	137	160	129	128	142	110	131	50	113
Insgesamt	144	147	146	151	143	147	140	146	138	145	141	147	139	147	128	145

Quelle: Beschäftigtenstatistik; eigene Berechnungen.

Wie bereits für die Produktion und die Erwerbstätigkeit dargestellt, lassen sich mit dem Instrument der Input-Output-Analyse auch die Erwerbstätigen mit Dienstleistungsberufen der Endnachfrage zurechnen. Schaubild 3.5/1 zeigt die Ergebnisse in graphischer Form; die zugehörigen Werte sind der Tabelle 3.5/8 zu entnehmen. Zur kontinuierlichen Zunahme der Zahl der Erwerbstätigen mit Dienstleistungsberufen haben - mit Ausnahme der stark konjunkturabhängigen Bruttoinvestitionen - alle Nachfragebereiche beigetragen. Von entscheidender Bedeutung sind dabei der private und der öffentliche Verbrauch. Ihr direkter und indirekter Beitrag ist dabei allerdings sehr unterschiedlich. Das spiegelt sich ebenfalls bei den der gesamten Endnachfrage zugerechneten Dienstleistungsberufen wider, deren absolute Zunahme von Stichjahr zu Stichjahr jeweils mehr direkt bedingt ist als indirekt (vgl. Schaubild 3.5/2). Ähnlich ist die Situation bei den Erwerbstätigen in den übrigen Berufen, deren Zahl nach einem starken Rückgang von 1970 auf 1976 danach fast gleichgeblieben ist.

Jedoch geht hier die Zunahme der direkt abhängigen Beschäftigten in den übrigen Berufen von 1976 auf 1980 mit einem starken Rückgang der indirekt betroffenen Erwerbstätigen einher. Das führt dazu, daß die Zahl der im Jahre 1980 zur Endnachfrage indirekt benötigten Erwerbstätigen in Dienstleistungsberufen (4,7 Millionen) und übrigen Berufen (4,8 Millionen) zum ersten Mal fast die gleiche Größenordnung hat, nachdem in den Jahren davor die von der Endnachfrage indirekt abhängige Beschäftigtenzahl in den übrigen Berufen immer größer war. Das gilt auch für die einzelnen Endnachfragekomponenten, sieht man vom öffentlichen Verbrauch im Jahre 1976 ab (vgl. Tabelle 3.5/8).

Anders verhält es sich mit den direkt abhängigen Dienstleistungsberufen und den direkt abhängigen übrigen Berufen. Beim privaten Verbrauch und beim öffentlichen Verbrauch übersteigen in allen drei Beobachtungsjahren die in Dienstleistungsberufen tätigen Personen diejenigen in den übrigen Berufen, bei den Bruttoinvestitionen und der Ausfuhr ist es umgekehrt. Ein Vergleich mit den entsprechenden Erwerbstätigenzahlen des tertiären Sektors in Tabelle 3.4/2 zeigt für den privaten und den öffentlichen Verbrauch bei den Abhängigkeitsquoten eine ähnliche Größenordnung, für die Bruttoinvestitionen und die Ausfuhr dagegen eine viel höhere Endnachfrageabhängigkeit bei den Erwerbstätigen in Dienstleistungsberufen im Verhältnis zu derjenigen im tertiären Sektor.

Schaubild 3.5/1

Den Endnachfragekomponenten zugerechnete Erwerbstaetige mit Dienstleistungsberufen

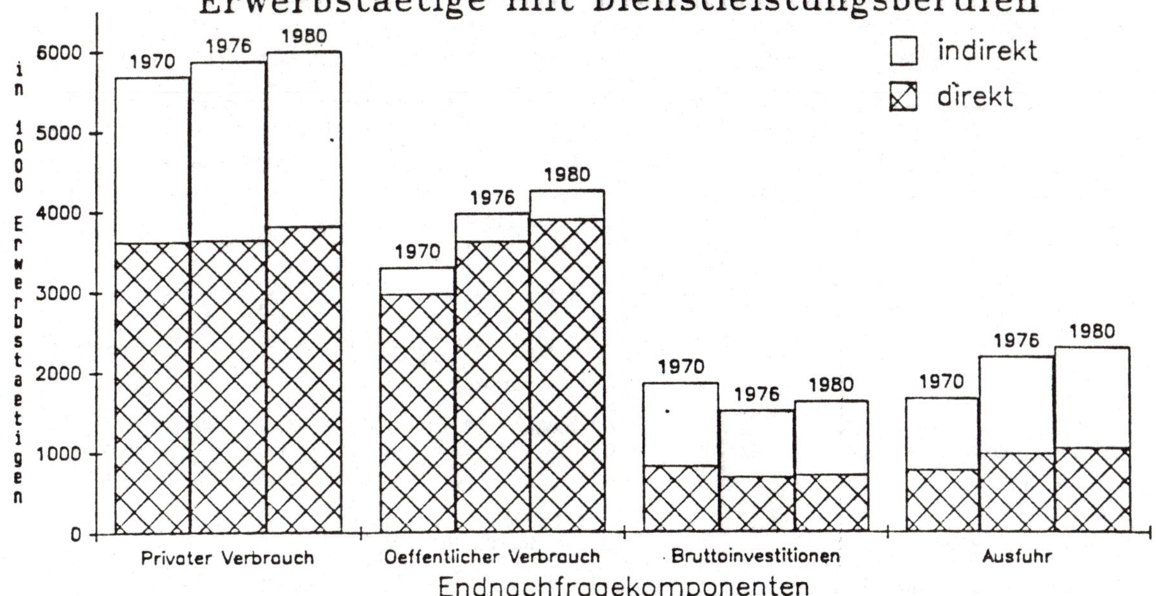

Quellen:Input-Output-Rechnug des DIW,Beruf-Wirtschaftszweig-Matrizen des HHI/WiSo und des IAB.

Schaubild 3.5/2

Der gesamten Endnachfrage zugerechnete Erwerbstaetige mit Dienstleistungsberufen und uebrigen Berufen

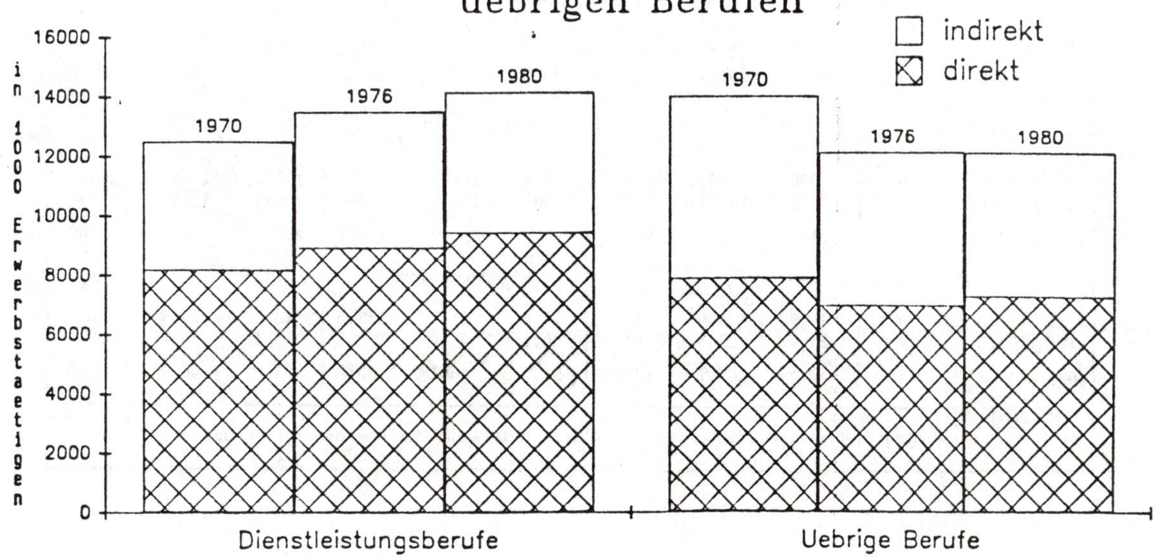

Quellen:Input-Output-Rechnung des DIW,Beruf-Wirtschaftszweig-Matrizen des HHI/WiSo und des IAB.

Tabelle 3.5/8

Endnachfrageinduzierte Erwerbstätigkeit nach Berufen

	1970			1976			1980		
	Direkt	Indirekt	Gesamt	Direkt	Indirekt	Gesamt	Direkt	Indirekt	Gesamt
Privater Verbrauch in 1 000 Personen									
Dienstleistungsberufe	3 629	2 061	5 690	3 647	2 223	5 870	3 817	2 172	5 989
Übrige Berufe	2 866	2 967	5 833	2 264	2 410	4 674	2 173	2 106	4 279
Insgesamt	6 495	5 028	11 523	5 911	4 633	10 544	5 990	4 278	10 268
Struktur in vH									
Dienstleistungsberufe	31,5	17,9	49,4	34,6	21,1	55,7	37,2	21,1	58,3
Übrige Berufe	24,9	25,7	50,6	21,4	22,9	44,3	21,2	20,5	41,7
Insgesamt	56,4	43,6	100,0	56,0	44,0	100,0	58,4	41,6	100,0
Öffentlicher Verbrauch in 1 000 Personen									
Dienstleistungsberufe	2 968	332	3 300	3 615	346	3 961	3 885	359	4 244
Übrige Berufe	732	383	1 115	773	303	1 076	803	293	1 096
Insgesamt	3 700	715	4 415	4 388	649	5 037	4 688	652	5 340
Struktur in vH									
Dienstleistungsberufe	67,2	7,5	74,7	71,8	6,8	78,6	72,8	6,7	79,5
Übrige Berufe	16,6	8,7	25,3	15,4	6,0	21,4	15,0	5,5	20,5
Insgesamt	83,8	16,2	100,0	87,2	12,8	100,0	87,8	12,2	100,0
Bruttoinvestitionen in 1 000 Personen									
Dienstleistungsberufe	826	1 028	1 854	689	823	1 512	716	914	1 630
Übrige Berufe	2 683	1 481	4 164	2 044	994	3 038	2 287	1 046	3 333
Insgesamt	3 509	2 509	6 018	2 733	1 817	4 550	3 003	1 960	4 963
Struktur in vH									
Dienstleistungsberufe	13,7	17,1	30,8	15,1	18,1	33,2	14,4	18,4	32,8
Übrige Berufe	44,6	24,6	69,2	44,9	21,9	66,8	46,1	21,1	67,2
Insgesamt	58,3	41,7	100,0	60,0	40,0	100,0	60,5	39,5	100,0
Ausfuhr in 1 000 Personen									
Dienstleistungsberufe	778	893	1 671	984	1 200	2 184	1 057	1 249	2 306
Übrige Berufe	1 632	1 301	2 933	1 886	1 458	3 344	1 999	1 395	3 394
Insgesamt	2 410	2 194	4 604	2 870	2 658	5 528	3 056	2 644	5 700
Struktur in vH									
Dienstleistungsberufe	16,9	19,4	36,3	17,8	21,7	39,5	18,6	21,9	40,5
Übrige Berufe	35,4	28,3	63,7	34,1	26,4	60,5	35,1	24,4	59,5
Insgesamt	52,3	47,7	100,0	51,9	48,1	100,0	53,7	46,3	100,0

Quellen: Input-Output-Rechnung des DIW und Beruf -Wirtschaftszweig-Matrizen des IAB und des HHI/WISO.

3.6 Investitionen und Anlagevermögen

Die Strukturverschiebungen zwischen sekundärem und tertiärem Sektor werden besonders bei der Betrachtung der Investitionen und des Anlagevermögens deutlich. Hier ist der tertiäre Sektor nicht nur als Dienstleistungsproduzent, sondern auch als Organisator und Finanzier des Produktionsprozesses des sekundären Sektors angesprochen (Holding- und Beteiligungsgesellschaften, Leasing). Die damit verbundenen Änderungen in der Organisationsform von Unternehmen - z.B. die Trennung von Kapitalhaftung und Produktion, sei es innerhalb eines Unternehmensverbundes, sei es durch Leasing - wird in einem späteren Kapitel (7) ausführlicher diskutiert; hier sollen erst einmal die Dimensionen der Strukturverschiebungen quantifiziert werden. Auch dieser Aspekt wird im Zusammenhang mit der Diskussion der Gewinnverschiebungen zwischen sekundärem und tertiärem Sektor erneut aufgegriffen (Kapitel 8).

Betrachtet man zunächst die neuen Ausrüstungen zu Preisen von 1980 (vgl. Tabelle 3.6/1), so zeigt sich insgesamt die deutlich langsamere Investitionsentwicklung nach 1973. In beiden Teilperioden war sie im sekundären Sektor unter- und im tertiären Sektor überdurchschnittlich. Besonders expansiv waren dabei Unternehmensbereiche des tertiären Sektors - Bildung, Wissenschaft, Kultur; Gesundheitswesen; übrige Dienstleistungen einschließlich der Leasing- und Beteiligungsgesellschaften, die Versicherungen und in der ersten Teilperiode die Bundespost. 1984 haben die übrigen Dienstleistungen mit 14,2 vH aller Ausrüstungsinvestitionen immerhin knapp 40 vH so viele Ausrüstungsinvestitionen getätigt wie der sekundäre Sektor.

Bei neuen Bauten (vgl. Tabelle 3.6/2) sind die Verschiebungen der Investitionsstruktur noch ausgeprägter. Die Unternehmen des tertiären Sektors (ohne Wohnungsvermietung) investierten 1984 mit 24 vH aller Investitionen in neue Bauten fast fünfmal soviel wie der sekundäre Sektor. Die übrigen Dienstleistungen, die 1960 in neue Bauten erst in einem Umfang von 15 vH des sekundären Sektors investierten, haben 1984 1,6mal so viel Bauinvestitionen neu getätigt wie der sekundäre Sektor. Der tertiäre Sektor hat aber insgesamt bei Bauten nach 1973 ebenfalls im Jahresdurchschnitt leicht negative Veränderungsraten zu verzeichnen; dazu hat vor allem die Investitionsentwicklung beim Staat beigetragen. Im sekundären Sektor waren die Bauinvestitionen nach 1973 noch stärker rückläufig als zuvor.

Tabelle 3.6/1
Neue Ausrüstungen zu Preisen von 1980

	Mrd. DM			Struktur in vH			Jahresdurchschn. Veraenderung in vH	
	1960	1973	1984	1960	1973	1984	1973/60	1984/73
Primaerer Sektor	11.61	17.92	18.33	21.0	16.7	14.8	3.4	0.2
Land- und Forstwirtschaft	6.12	7.61	6.54	11.1	7.1	5.3	1.7	-1.4
Energiewirtschaft und Bergbau	5.49	10.31	11.79	9.9	9.6	9.5	5.0	1.2
Sekundaerer Sektor	27.40	47.08	45.62	49.6	43.8	36.8	4.3	-0.3
Verarbeitendes Gewerbe	23.70	41.75	42.44	42.9	38.9	34.2	4.5	0.1
Baugewerbe	3.70	5.33	3.18	6.7	5.0	2.6	2.8	-4.6
Tertiaerer Sektor	16.21	42.38	60.08	29.4	39.5	48.4	7.7	3.2
Handel	5.05	8.67	7.47	9.1	8.1	6.0	4.2	-1.3
Grosshandel, Handelsvermittl.	3.19	4.36	4.16	5.8	4.1	3.4	2.4	-0.4
Einzelhandel	1.86	4.31	3.31	3.4	4.0	2.7	6.7	-2.4
Verkehr und Nachrichten	6.36	14.87	15.38	11.5	13.8	12.4	6.8	0.3
Eisenbahnen	2.73	3.24	1.51	4.9	3.0	1.2	1.3	-6.7
Schiffahrt, Haefen	1.02	2.97	2.31	1.8	2.8	1.9	8.6	-2.3
Uebriger Verkehr	1.64	3.82	3.96	3.0	3.6	3.2	6.7	0.3
Deutsche Bundespost	0.97	4.84	7.60	1.8	4.5	6.1	13.2	4.2
Kreditinst. und Versicherungen	0.40	1.30	2.84	0.7	1.2	2.3	9.5	7.4
Kreditinstitute	0.34	1.09	2.31	0.6	1.0	1.9	9.4	7.1
Versicherungen	0.06	0.21	0.53	0.1	0.2	0.4	10.1	8.8
Sonstige Dienstleistungen	2.21	11.81	28.84	4.0	11.0	23.3	13.8	8.5
Gastgewerbe, Heime	0.76	1.17	1.17	1.4	1.1	0.9	3.4	0.0
Bildung, Wissensch., Kultur	0.31	2.09	4.95	0.6	1.9	4.0	15.8	8.2
Gesundheits- und Veterinaerw.	0.39	2.25	5.11	0.7	2.1	4.1	14.4	7.7
Uebrige Dienstleistungen	0.75	6.30	17.61	1.4	5.9	14.2	17.8	9.8
Unternehmen o. Wohnungsvermietung	14.02	36.65	54.53	25.4	34.1	44.0	7.7	3.7
Wohnungsvermietung	0.00	0.00	0.00	0.0	0.0	0.0	–	–
Staat	1.63	4.49	4.58	3.0	4.2	3.7	8.1	0.2
Priv. Hh., Organ. o. Erwerb.	0.56	1.24	0.97	1.0	1.2	0.8	6.3	-2.2
Alle Wirtschaftszweige	55.22	107.38	124.03	100	100	100	5.2	1.3

Quelle: Statistisches Bundesamt: eigene Berechnungen.

Tabelle 3.6/2

Neue Bauten zu Preisen von 1980

	Mrd. DM			Struktur in vH			Jahresdurchschn. Veraenderung in vH	
	1960	1973	1984	1960	1973	1984	1973/60	1984/73
Primaerer Sektor	8.59	9.44	11.38	6.3	4.4	5.8	0.7	1.7
Land- und Forstwirtschaft	3.52	1.69	1.78	2.6	0.8	0.9	-5.5	0.5
Energiewirtschaft und Bergbau	5.07	7.75	9.60	3.7	3.6	4.9	3.3	2.0
Sekundaerer Sektor	16.81	14.11	9.49	12.3	6.6	4.9	-1.3	-3.5
Verarbeitendes Gewerbe	15.95	12.62	8.79	11.7	5.9	4.5	-1.8	-3.2
Baugewerbe	0.86	1.49	0.70	0.6	0.7	0.4	4.3	-6.6
Tertiaerer Sektor	110.98	189.55	174.67	81.4	88.9	89.3	4.2	-0.7
Handel	5.68	7.08	5.59	4.2	3.3	2.9	1.7	-2.1
Grosshandel, Handelsvermittl.	2.83	3.12	2.57	2.1	1.5	1.3	0.8	-1.7
Einzelhandel	2.85	3.96	3.02	2.1	1.9	1.5	2.6	-2.4
Verkehr und Nachrichten	5.74	13.51	13.14	4.2	6.3	6.7	6.8	-0.3
Eisenbahnen	3.85	4.12	4.35	2.8	1.9	2.2	0.5	0.5
Schiffahrt, Haefen	0.05	0.06	0.04	0.0	0.0	0.0	1.4	-3.6
Uebriger Verkehr	0.56	3.22	2.86	0.4	1.5	1.5	14.4	-1.1
Deutsche Bundespost	1.28	6.11	5.89	0.9	2.9	3.0	12.8	-0.3
Kreditinst. und Versicherungen	1.83	3.80	4.79	1.3	1.8	2.4	5.8	2.1
Kreditinstitute	1.01	2.50	2.71	0.7	1.2	1.4	7.2	0.7
Versicherungen	0.82	1.30	2.08	0.6	0.6	1.1	3.6	4.4
Sonstige Dienstleistungen	6.18	14.60	23.24	4.5	6.9	11.9	6.8	4.3
Gastgewerbe, Heime	0.75	1.12	0.99	0.5	0.5	0.5	3.1	-1.1
Bildung, Wissensch., Kultur	1.56	1.90	3.31	1.1	0.9	1.7	1.5	5.2
Gesundheits- und Veterinaerw.	1.33	2.49	3.49	1.0	1.2	1.8	4.9	3.1
Uebrige Dienstleistungen	2.54	9.09	15.45	1.9	4.3	7.9	10.3	4.9
Unternehmen o. Wohnungsvermietung	19.43	38.99	46.76	14.2	18.3	23.9	5.5	1.7
Wohnungsvermietung	66.40	101.76	91.14	48.7	47.8	46.6	3.3	-1.0
Staat	22.24	44.84	32.97	16.3	21.0	16.9	5.5	-2.8
Priv. Hh., Organ. o. Erwerb.	2.91	3.96	3.80	2.1	1.9	1.9	2.4	-0.4
Alle Wirtschaftszweige	136.38	213.10	195.54	100	100	100	3.5	-0.8

Quelle: Statistisches Bundesamt: eigene Berechnungen.

Diese Investitionsentwicklung schlägt sich - aufgrund der definitorischen Zusammenhänge mit zeitlicher Verzögerung und gedämpft - in der Entwicklung des Kapitalstocks der Volkswirtschaft nieder (vgl. Tabelle 3.6/3). Während der sekundäre Sektor bis 1973 noch seinen Anteil am reproduzierbaren Brutto-Anlagevermögen zu Preisen von 1980 erhöhen konnte, geht dieser Anteil bis 1984 deutlich zurück. Die Unternehmen des tertiären Sektors (ohne Wohnungsvermietung) haben ihren Anteil nach 1973 noch stärker erhöht als zuvor. Zwei Drittel davon ist allein auf die Expansion bei den übrigen Dienstleistungen zurückzuführen. Für die Entwicklung des gesamten tertiären Sektors sind vor allem die Wohnungsvermietung und der Staat entscheidend. Während sich der Anteil der Wohnungsvermietung deutlich verringert hat, hat der Anteil des Staates weiter leicht zugenommen; die Investitionsentwicklung der letzten Jahre hat hier den Trend beim Anlagevermögen noch nicht deutlich verändert.

Zu berücksichtigen ist allerdings, daß nach dem hier bisher zugrunde gelegten Eigentümerkonzept die VGR nicht den tatsächlichen Einsatz von Investitionen und Anlagevermögen in den Wirtschaftszweigen angemessen beschreibt. Folgt man den Informationen des Ifo-Instituts (Ifo 1984), so hat sich von 1970 bis 1982 beispielsweise der Anteil der Bruttoanlageinvestitionen des verarbeitenden Gewerbes an den Investitionen des Unternehmensbereichs (ohne Wohnungsbau), nach dem Benutzerkonzept weniger als nach dem Eigentümerkonzept verringert. Deutlicher fallen die Korrekturen beim Handel sowie bei den Kreditinstituten und Versicherungen aus. Beim Handel ergibt sich nach dem Eigentümerkonzept eine Abnahme seines Investitionsanteils, nach dem Benutzerkonzept eine Zunahme. Entsprechend zeigt sich, daß die Ausweitung der Bruttoanlageinvestitionen der übrigen Dienstleistungen - des Sektors, in dem die Aktivitäten von Leasing- und Beteiligungsgesellschaften erfaßt werden - nach dem Eigentümerkonzept wesentlich höher als nach dem Benutzerkonzept war. 1982 haben - zu Preisen von 1976 - die übrigen Dienstleistungen als Eigentümer knapp 34 Mrd. DM investiert, selbst genutzt haben sie dagegen nur 12,5 Mrd. DM. Dennoch hatte dieser Wirtschaftszweig auch nach dem Benutzerkonzept die stärkste Ausweitung der Investitionstätigkeit zu verzeichnen.

Tabelle 3.6/3

Reproduzierbares Brutto-Anlagevermögen zu Preisen von 1980[1)]

	Mrd. DM			Struktur in vH			Jahresdurchschn. Veraenderung in vH	
	1960	1973	1984	1960	1973	1984	1973/60	1984/73
Primaerer Sektor	313.42	506.62	666.28	11.5	9.2	8.5	3.8	2.5
Land- und Forstwirtschaft	172.63	247.33	263.99	6.3	4.5	3.4	2.8	0.6
Energiewirtschaft und Bergbau	140.79	259.29	402.29	5.2	4.7	5.1	4.8	4.1
Sekundaerer Sektor	391.80	887.66	1039.16	14.4	16.1	13.2	6.5	1.4
Verarbeitendes Gewerbe	368.09	818.49	972.07	13.5	14.9	12.4	6.3	1.6
Baugewerbe	23.71	69.17	67.09	0.9	1.3	0.9	8.6	-0.3
Tertiaerer Sektor	2019.28	4109.70	6155.58	74.1	74.7	78.3	5.6	3.7
Handel	91.02	205.52	273.80	3.3	3.7	3.5	6.5	2.6
Grosshandel, Handelsvermittl.		101.59	131.45		1.8	1.7		2.4
Einzelhandel		103.93	142.35		1.9	1.8		2.9
Verkehr und Nachrichten	183.02	350.02	503.51	6.7	6.4	6.4	5.1	3.4
Eisenbahnen		156.55	186.96		2.8	2.4		1.6
Schiffahrt, Haefen		34.52	38.23		0.6	0.5		0.9
Uebriger Verkehr		68.07	106.53		1.2	1.4		4.2
Deutsche Bundespost		90.88	171.79		1.7	2.2		6.0
Kreditinst. und Versicherungen	31.69	76.36	130.44	1.2	1.4	1.7	7.0	5.0
Kreditinstitute		48.08	83.32		0.9	1.1		5.1
Versicherungen		28.28	47.12		0.5	0.6		4.8
Sonstige Dienstleistungen	82.13	256.90	620.76	3.0	4.7	7.9	9.2	8.4
Gastgewerbe, Heime		34.77	48.87		0.6	0.6		3.1
Bildung, Wissensch., Kultur		49.54	102.94		0.9	1.3		6.9
Gesundheits- und Veterinaerw.		47.83	115.03		0.9	1.5		8.3
Uebrige Dienstleistungen		124.76	353.92		2.3	4.5		9.9
Unternehmen o. Wohnungsvermietung	387.86	888.80	1528.51	14.2	16.1	19.4	6.6	5.1
Wohnungsvermietung	1157.66	2161.81	3048.19	42.5	39.3	38.8	4.9	3.2
Staat	428.76	954.60	1429.24	15.7	17.3	18.2	6.4	3.7
Priv. Hh., Organ. o. Erwerb.	45.00	104.49	149.64	1.7	1.9	1.9	6.7	3.3
Alle Wirtschaftszweige	2724.50	5503.98	7861.02	100	100	100	5.6	3.3

1) Bestand am Jahresende

Quelle: Statistisches Bundesamt; eigene Berechnungen.

4. Exkurs: Der Informationssektor

Zur Erklärung der Strukturverschiebungen zwischen sekundärem und tertiärem Sektor ist die traditionelle Drei-Sektoren-Hypothese neuerdings um den Informationsbereich als quartären Sektor erweitert worden. Insbesondere die OECD hat sich in den letzten zehn Jahren darum bemüht - aufbauend auf einer Studie von M. Porat (1977) für die USA - international vergleichbare Daten zum Anteil des Informationssektors am Bruttoinlandsprodukt zu gewinnen. An diesen Arbeiten war auch das DIW beteiligt (vgl. Filip-Köhn u.a., 1984; Filip-Köhn, 1985).

Im Mittelpunkt dieser Überlegungen steht die Frage, welche Verschiebungen durch die Verbreitung der Informations- und Kommunikationstechniken, insbesondere der Datenverarbeitung, zwischen dem sekundären und dem tertiären Sektor hervorgerufen werden, zusätzlich zu den Strukturverschiebungen innerhalb des Produktionssektors und den neuen Entwicklungen innerhalb des Dienstleistungssektors. Deshalb wird bei der Strukturierung der statistischen Daten auf jene Güter, Berufe und Tätigkeiten abgestellt, die im Zusammenhang mit der Informationstechnik stehen. Sie werden aus den anderen Sektoren ausgegliedert und in einem neu gebildeten quartären Sektor zusammengefaßt. Der so abgegrenzte Informationssektor enthält also diejenigen wirtschaftlichen Tätigkeiten, bei denen nicht die Produktion oder die Verteilung von Gütern und nicht das Erbringen von materialbezogenen oder personenbezogenen Dienstleistungen im Vordergrund stehen, sondern die Behandlung von Information.

Dabei ist es im Einzelfall nicht immer möglich, Tätigkeiten und Güter sowie die dazugehörigen organisatorischen Einheiten eindeutig als informationsbezogen zu klassifizieren. Ob eine institutionelle Gliederung oder eine funktionelle Abgrenzung des Informationssektors angestrebt wird, die Übergänge werden - wie bei jeder Wirtschaftszweigsystematik - fließend sein. Es treten somit die gleichen Probleme auf, die im Hinblick auf den Dienstleistungssektor einleitend schon erwähnt worden sind. Ein möglicher Ausweg besteht darin, sich über zwei Ebenen an die gesamtwirtschaftliche Bedeutung des Informationssektors heranzutasten. Einerseits wird gefragt: Wie viele Erwerbstätige üben eine "Informationstätigkeit" gemäß einer vorgegebenen beruflichen Klassifikation aus? Wie hoch ist ihr Anteil an der Gesamtbeschäftigung, und wie hat er sich im Laufe der Jahre verändert? Andererseits wird gefragt: Wie hoch ist der

Wertschöpfungsanteil, der auf die Produktion von Informationsgütern und -diensten gemäß einer vorgegebenen Zuordnung zurückzuführen ist, und wie hat er sich verändert?

4.1 Der Informationssektor nach Informationsberufen

Der Informationssektor wird hier von der informationsbezogenen Erwerbstätigkeit her definiert. Er schließt alle Erwerbstätigen ein, die von der Tätigkeit, von der Arbeitsaufgabe oder von dem Ziel der Tätigkeit überwiegend mit Information zu tun haben. Diese Erwerbstätigen üben Informationsberufe aus und bilden den Informationssektor.

Der so abgegrenzte Informationssektor besteht nach OECD-Klassifikation aus vier Kategorien, zu denen jeweils die Erwerbstätigen mit einem bestimmten Informationsbezug zählen. Es sind dies die

- Informationsproduzenten, die neue Informationen schaffen (z.B. Statistiker, Architekten, Programmierer, Schriftsteller),
- Informationsverarbeiter, die auf entsprechenden Informationen aufbauen, sie umsetzen und für ihre Aufgaben einsetzen (z.B. leitende Angestellte, Reisekaufleute, Sachbearbeiter),
- Informationsverteiler, die vorhandene Informationen weitergeben, entweder in Originalform oder abgeändert (z.B. Lehrer, Journalisten, Fernsehansager),
- Verwalter von Informationsinfrastruktur, das sind die Berufe, die formal zum Informationsablauf dazugehören (z.B. Drucker, Postboten, Fotografen, Telefonisten).

Eine detaillierte Zuordnung der Berufe zu diesen vier Kategorien des Informationssektors ist für die Bundesrepublik Deutschland erstmals von H. Legler und B. Speckner (1978) vorgenommen worden. Sie liegt auch dieser Untersuchung zugrunde (vgl. auch Dostal, 1984). Die von ihnen benutzte Datenbasis (Beruf-Wirtschaftszweig-Matrizen des IAB, aufbauend auf den Volks- und Berufszählungen 1950, 1961 und 1970) mußte aktualisiert werden. Für die Jahre 1976 und 1978 wurde der Mikrozensus herangezogen und in Kooperation mit dem IAB für die Jahre 1980 und 1982 fortgeschrieben. Zusammen mit den vom Heinrich-Hertz-Institut (HHI) in Zusammenarbeit mit dem DIW für die Jahre

1976 und 1980 erstellten Beruf-Wirtschaftszweig-Matrizen steht damit ein Informationssystem zur Verfügung, das Analysen bis zum Jahr 1982 ermöglicht.

Nach den erwähnten Datenquellen ergibt sich die Entwicklung der Informationsberufe insgesamt und für die vier Kategorien aus Schaubild 4.1/1. Es zeigt, daß sich von 1950 bis 1982, also in einem Zeitraum von über 30 Jahren, der Anteil der Informationsberufe an der Gesamtbeschäftigung von 18,3 vH auf 34,8 vH nahezu verdoppelt hat. Dabei ist die größte relative Zunahme in den sechziger Jahren festzustellen.

Überdurchschnittlich zur Entwicklung aller Informationsberufe expandierte die Zahl der Produzenten und Verteiler von Information. 1982 entfielen auf sie 6,9 vH und 3,0 vH, während es 1950 erst 3,1 vH und 1,1 vH waren. Diese beiden Gruppen sind zum großen Teil mit typischen Berufsbildern der Hochschulabsolventen besetzt, so daß sich in dieser Bewegung u.a. die bildungspolitischen Anstrengungen in den letzten Jahrzehnten niederschlagen. Dem Schaubild 4.1/1 ist weiter zu entnehmen, daß der Anteil der Erwerbstätigen, die Informationsinfrastruktur verwalten, im Vergleich der Jahre 1982 und 1950 nur unterdurchschnittlich zugenommen hat. Überwiegend handelt es sich in beiden Stichjahren um Informationsverarbeiter; auf sie entfielen 20,3 vH bzw. 11,2 vH der Erwerbstätigen. Insgesamt zeigt die Struktur der Informationsberufe keine markanten Umbrüche, so daß man festhalten kann: Der Informationssektor, definiert von den Informationsberufen her, ist bei annähernder Strukturkonstanz ständig gewachsen - eine Entwicklung, die sich auch in Zukunft fortsetzen wird.

Den Beruf-Wirtschaftszweig-Matrizen kann auch die Verteilung der Erwerbstätigen in Informationsberufen auf die einzelnen Wirtschaftszweige entnommen werden. Faßt man die Wirtschaftszweige zu vier Hauptbereichen zusammen, ergibt sich die im Schaubild 4.1/2 wiedergegebene Verteilung. Sie zeigt, daß der auf das Verarbeitendes Gewerbe und Baugewerbe entfallende Anteil der Informationsberufe im Beobachtungszeitraum kontinuierlich zurückgegangen ist (von 31,8 vH im Jahre 1970 auf 27,6 vH im Jahre 1980), während der tertiäre Sektor (Dienstleistungsunternehmen und Gebietskörperschaften) immer mehr Arbeitsplätze für Informationsberufe bereitgestellt hat. Im Jahre 1970 fanden im tertiären Sektor etwa zwei Drittel der in Informationsberufen Tätigen ihr Auskommen. Im Jahre 1980 waren es schon über 70 vH. Allerdings war die

Schaubild 4.1/1

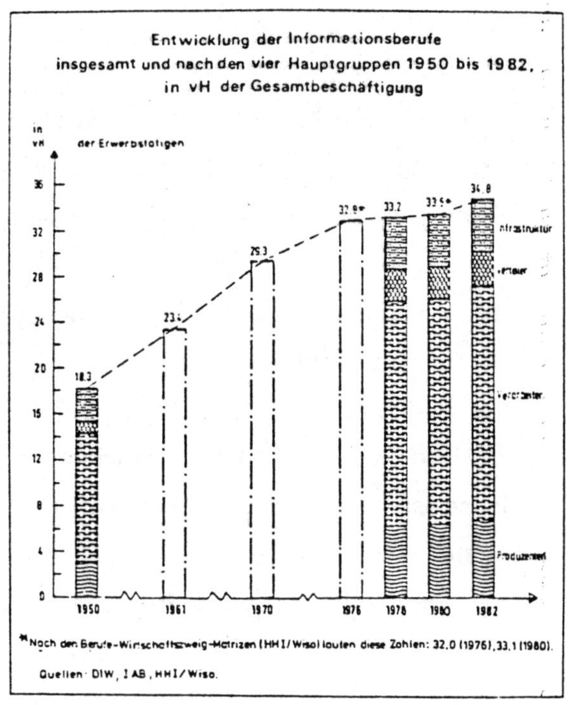
Entwicklung der Informationsberufe
insgesamt und nach den vier Hauptgruppen 1950 bis 1982,
in vH der Gesamtbeschäftigung
in vH der Erwerbstätigen
18.3
23.4
29.3
33.2
34.8
1950
1961
1970
1976
1976
1980
1982
*Nach den Berufe-Wirtschaftszweig-Matrizen (HHI/Wiso) lauten diese Zahlen: 32.0 (1976), 33.1 (1980).
Quellen: DIW, IAB, HHI/Wiso.

Schaubild 4.1/2

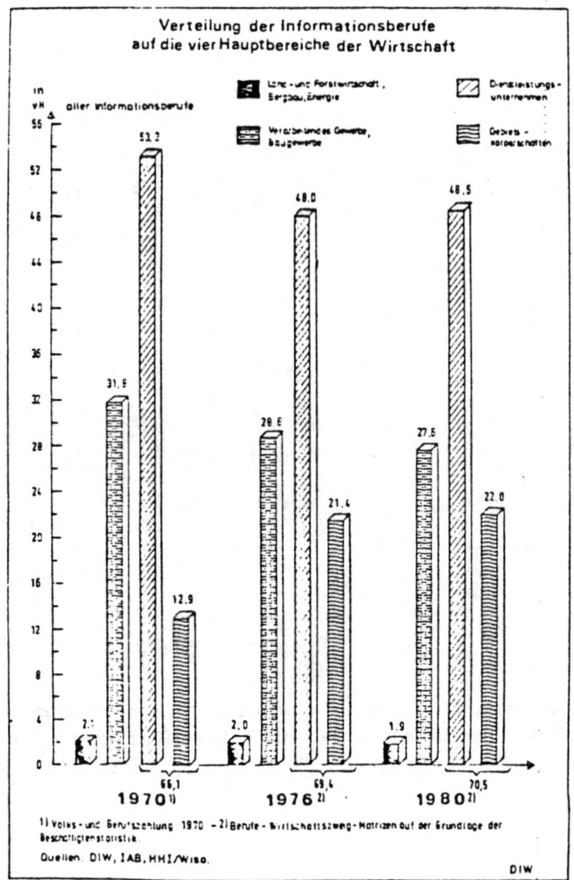
Verteilung der Informationsberufe
auf die vier Hauptbereiche der Wirtschaft
in vH aller Informationsberufe
Dienstleistungs-unternehmen
Gebiets-körperschaften
53.2
31.9
12.9
2.0
48.0
28.6
21.4
1.9
48.5
27.5
22.0
66,1
69,4
70,5
1970 1)
1976 2)
1980 2)
1) Volks- und Berufszählung 1970 - 2) Berufe-Wirtschaftszweig-Matrizen auf der Grundlage der Beschäftigtenstatistik.
Quellen. DIW, IAB, HHI/Wiso.
DIW

Entwicklung bei den Dienstleistungsunternehmen und bei den Gebietskörperschaften ganz unterschiedlich.

Für eine Aussage über die Entwicklung der in Informationsberufen Beschäftigten im Verhältnis zur gesamten Erwerbstätigenzahl ist es sinnvoll, die Beschäftigten mit Informationsberufen aus den drei Sektoren auszugliedern; sie werden zum quartären Sektor zusammengefaßt. Im Schaubild 4.1/3 sind die sektoralen Anteile an der Gesamtzahl der Erwerbstätigen für ausgewählte Jahre wiedergegeben. Sie zeigen die für das Drei-Sektoren-Modell bekannte Entwicklungstendenz, lassen aber durch den gesonderten Nachweis des Informationssektors dessen ausschlaggebende Bedeutung für die Tertiarisierung erkennen. Seit dem Beginn der sechziger Jahre ist der Beschäftigtenanteil des quartären Sektors um mehr als 11 vH gestiegen, von 23,1 vH auf 34,7, bei einer gleichzeitigen Anteilszunahme des tertiären Sektors (ohne Informationsberufe!) von 22,7 vH auf 26,9 vH.

Schaubild 4.1/3

Erwerbstaetigenanteile der Wirtschaftssektoren

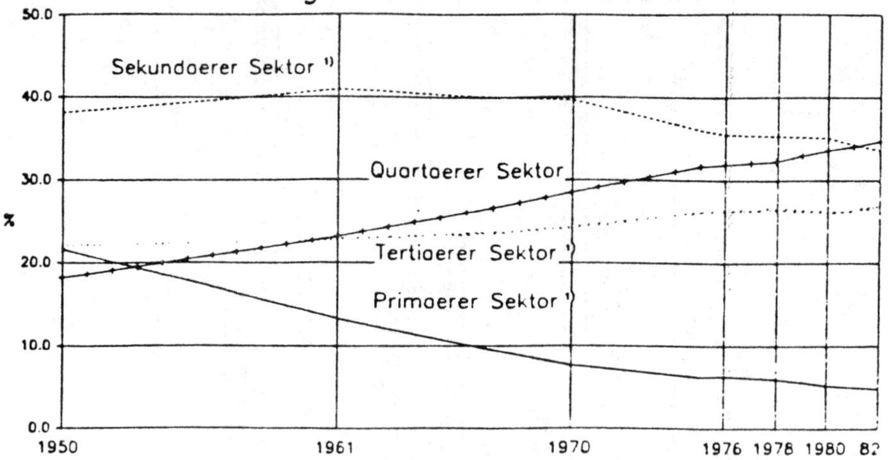

1) ohne Erwerbstaetige mit Informationsberufen (= quartaerer Sektor)
Quellen: Informationsstudie fuer den BMFT, Dostal/IAB, Legler und Speckner/ISI.

4.2 Der Informationssektor nach Informationsgütern

Definiert man den Informationssektor von der Produktionsseite, so gehören zu ihm alle Waren und Dienste, die selbst Informationen vermitteln (wie z.B. Bücher und Disketten) oder zur Erzeugung, Verarbeitung und Verteilung von Informationen (wie z.B. Computer, Druckmaschinen oder Fernsehgerätevertrieb) benötigt werden. Wegen der Meßprobleme bei staatlichen Leistungen empfiehlt es sich, diese Betrachtung auf Informationsprodukte und -dienste zu beschränken, die auf Märkten gehandelt werden.

Für den so abgegrenzten Informationssektor hat die OECD ebenfalls ein umfangreiches Klassifikationsschema vorgegeben, in dem alle Informationsprodukte und -dienste enthalten sind, unabhängig davon, ob sie Endprodukte oder Vorprodukte repräsentieren.

Obwohl diese Klassifikation eine gute Grundlage abgibt, um die durch die Produktion von Informationsprodukten und -diensten induzierte Wertschöpfung zu ermitteln, treten im Hinblick auf die in ihr berücksichtigten Vorleistungsprodukte methodische Schwierigkeiten auf. So ist z.B. Glas für die Produktion von Uhren im Klassifikationsschema enthalten, ebenso wie die Uhren selbst, aber die Teile aus Eisen und Stahl für das Uhrwerk fehlen. Das gleiche gilt für die in der Elektrotechnik hergestellten Chips. Sie werden als Nicht-Informationsgüter klassifiziert, obwohl die automatischen Schaltgeräte, die verschiedene Chips enthalten, zur Liste der Informationsprodukte gehören. Auf der anderen Seite gibt es Informationsprodukte wie z.B. Schreibmaschinenpapier, die selbst wieder Vorprodukte für Informationsgüter und andere Güter darstellen.

Um derartige Doppelzählungen oder eine unvollständige Erfassung wenigstens teilweise zu vermeiden, ist versucht worden, den Informationssektor als eigenständiges Subsystem im Rahmen der Input-Output-Rechnung zu definieren (vgl. Stäglin, 1986).

Wichtige Grundlage für seine bisher teilweise vorgenommene Implementierung ist die Input-Output-Tabelle des DIW für das Jahr 1980 mit 60 Produktionssektoren, sechs Endnachfragekomponenten und fünf primären Inputs. Anhand dieser Datenquelle ist die Erzeugung von Informationsprodukten und -diensten sowie ihre Verteilung auf die wichtigsten Verwendungszwecke in einer Gliederung nach 50 ISIC-Positionen ermittelt worden. Zusätzlich ist der Versuch gemacht worden, den Informationssektor in seine beiden Bestandteile "Informationsprodukte" und "Informationsdienste" zu zerlegen. Der quartäre Sektor wird also von der Produktionsseite aus quantifiziert.

Die Tabelle 4.2/1 zeigt, daß der Wert aller im OECD-Katalog erfaßten und dem Informationssektor zugerechneten Produkte und Dienstleistungen sich im Jahre 1980 auf gut 500 Mrd. DM belief; das entspricht einem Anteil von 17,8 vH an der gesamten Bruttoproduktion. Die vergleichbaren Größen für 1970 betragen knapp 195 Mrd. DM und 15,5 vH. Die Anteilszunahme fällt mit rd. 2 vH-Punkten schwächer aus, als es angesichts mancher Einzelbewegungen, z.B. im Sektor Büromaschinen, ADV, im Kredit- und Versicherungsgewerbe sowie im Bildungsbereich, zu vermuten gewesen wäre. Gerade diese Sektoren sind es, auf die sich nennenswerte Umsätze an Informationsprodukten und -diensten konzentrieren. Weiter ist der Tabelle zu entnehmen, daß der auf den Informationssektor entfallende Produktionsanteil von 1970 bis 1980 bei den Endnachfragekomponenten Verbrauch und Ausfuhr zurückgegangen ist, trotz stark gestiegener Absolutwerte, und daß der eigentliche Gewinner die Zwischennachfrage ist. Hier ist der Informationsanteil an der von allen Wirtschaftszweigen bereitgestellten Vorleistungsproduktion von 12,5 vH (1970) auf 19,6 vH (1980) gestiegen. Dabei ist bedeutsam, daß der Handel - wie schon einleitend erwähnt - nur mit seiner Handelsfunktion erfaßt ist und der Staat in der Input-Output-Rechnung mit seinen Käufen für den öffentlichen Verbrauch als Endnachfragekomponente berücksichtigt wird.

Die Tabelle 4.2/2 läßt erkennen, in welchem Umfang die Informationsprodukte und/oder die Informationsdienste zur gestiegenen Bedeutung des Informationssektors beigetragen haben. Der Gesamtoutput von Informationsprodukten hat sich im Untersuchungszeitraum fast verdoppelt, derjenige von Informationsdiensten jedoch beinahe verdreifacht. Die Zunahme der Informationsdienste spiegelt sich bei allen Verwendungszwecken in den gestiegenen Anteilen am Informationssektor wider - am stärksten bei der Zwischennachfrage und bei den Anlageinvestitionen -, nur bei der Ausfuhr ist ihre relative Bedeutung von 1970 auf 1980 zugunsten eines geringfügigen Zuwachses bei den Informationsprodukten zurückgegangen. Die aus der Tabelle 4.2/2 ebenfalls ablesbare prozentuale

Tabelle 4.2/1

Die Stellung des Informationssektors innerhalb der Zwischennachfrage, Endnachfrage und Bruttoproduktion in der Bundesrepublik Deutschland 1970 und 1980

Produktion und ihre Verteilung in Mill. DM und vH	Zwischen-nachfrage	Privater u. öffentlicher Verbrauch	Anlageinvestitionen (einschl. Vorratsveränd.)	Ausfuhr	Endnach-frage	Produktions-wert
	1970					
Informationssektor	69 140	87 710	19 010	19 030	125 750	194 890
Alle Wirtschaftszweige	551 720	399 390	167 240	142 070	708 700	1 260 420
Informationssektor in vH aller Wirtschaftszweige	12,5	22,0	11,4	13,4	17,7	15,5
	1980					
Informationssektor	228 610	192 410	35 890	46 780	275 080	503 690
Alle Wirtschaftszweige	1 166 060	948 920	313 390	396 100	1 658 410	2 824 470
Informationssektor in vH aller Wirtschaftszweige	19,6	20,3	11,5	11,8	16,6	17,8

Quellen: DIW-Wochenbericht 35/85, Input-Output-Rechnung des DIW, eigene Berechnungen.

Tabelle 4.2/2

Die Bedeutung von Informationsprodukten und Informationsdiensten innerhalb des Informationssektors in der Bundesrepublik Deutschland 1970 und 1980

Produktion und ihre Verteilung		Zwischen-nachfrage	Privater u. öffentlicher Verbrauch	Anlageinvestitionen (einschl. Vorratsveränd.)	Ausfuhr	Endnach-frage	Produktions-wert
		1970					
Informationsprodukte	in Mill.DM	20 550	7 220	17 060	15 700	39 980	60 530
	in vH	34,0	11,9	28,2	25,9	66,0	100,0
Anteil am Informationssektor	in vH	29,7	8,2	89,7	82,5	31,8	31,1
Informationsdienste	in Mill.DM	48 590	80 490	1 950	3 330	85 770	134 360
	in vH	36,2	59,9	1,4	2,5	63,8	100,0
Anteil am Informationssektor	in vH	70,3	91,8	10,3	17,5	68,2	68,9
Informationssektor	in Mill.DM	69 140	87 710	19 010	19 030	125 750	194 890
	in vH	35,5	45,0	9,7	9,8	64,5	100,0
		1980					
Informationsprodukte	in Mill.DM	37 450	12 210	27 900	39 220	79 330	116 780
	in vH	32,1	10,4	23,9	33,6	67,9	100,0
Anteil am Informationssektor	in vH	16,4	6,3	77,7	83,8	28,8	23,2
Informationsdienste	in Mill.DM	191 160	180 200	7 990	7 560	195 750	386 910
	in vH	49,4	46,6	2,0	2,0	50,6	100,0
Anteil am Informationssektor	in vH	83,6	93,7	22,3	16,2	71,2	76,8
Informationssektor	in Mill.DM	228 610	192 410	35 890	46 780	275 080	503 690
	in vH	45,4	38,2	7,1	9,3	54,6	100,0

Quelle: Input-Output-Rechnung des DIW, eigene Berechnungen.

Output-Verteilung nach den verschiedenen Verwendungszwecken macht deutlich, daß die schon erwähnte starke Zunahme des Informationsanteils bei der Zwischennachfrage überwiegend auf die Informationsdienste zurückzuführen ist, und zwar auf eine Verlagerung von endnachfrageorientierten zu zwischennachfrageorientierten Informationsdiensten. Die Absatzstruktur von Informationsprodukten zeigt demgegenüber die stärksten Verschiebungen innerhalb der Endnachfrage mit einem Rückgang bei den Anlageinvestitionen und einer starken Zunahme bei der Ausfuhr.

Wie bei den Informationsberufen, so ist auch bei den Produktionswerten versucht worden, die Informationsanteile bei den drei Sektoren erweitert um den quartären Sektor getrennt nachzuweisen. Im Schaubild 4.2/1 sind die entsprechenden Produktionsanteile wiedergegeben. Sie bestätigen weitgehend die für die Erwerbstätigenentwicklung festgestellten Tendenzen. Ein Vergleich der Schaubilder 4.1/1 und 4.2/1 für die ausgewählten Querschnitte zeigt darüber hinaus die in den verschiedenen Niveaus der Anteilssätze sich implizit widerspiegelnden unterschiedlichen sektoralen Arbeitsproduktivitäten. So haben z.B. im quartären Sektor im Jahre 1980 knapp 34 vH der Erwerbstätigen rd. 18 vH der gesamten Bruttoproduktion erbracht, während zu dem Produktionsanteil des sekundären Sektors von knapp 50 vH nur 35 vH der Gesamtbeschäftigung beigetragen haben.

4.3 Die Wertschöpfung des Informationssektors

Letztlich geht es bei der Abgrenzung von Informationsberufen und Informationsprodukten und -diensten darum, den Anteil des Informationssektors an der Bruttowertschöpfung zu ermitteln. Dabei wird zwischen dem "primären" und dem "sekundären" Informationssektor unterschieden.

- Zum "primären" Informationssektor rechnet die Wertschöpfung im Zusammenhang mit der Produktion von Informationsprodukten und -diensten;
- zum "sekundären" Informationssektor zählt die Wertschöpfung im Zusammenhang mit dem Einsatz von Informationsarbeit und -kapital zur Erzeugung von Nicht-Informationsprodukten und -diensten.

Schaubild 4.2/1

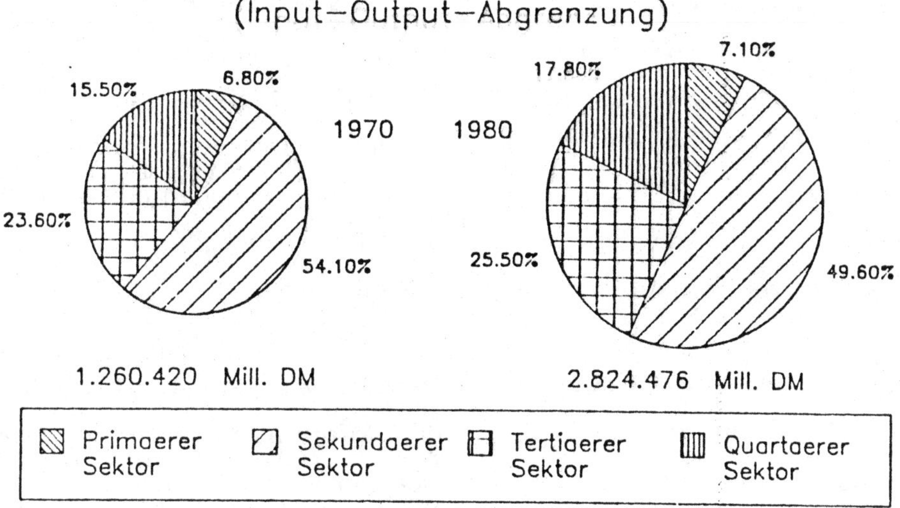

Tabelle 4.3/1

Die Wertschöpfung des "primären", "sekundären" und gesamten Informationssektors in der Bundesrepublik Deutschland 1970 und 1980

OECD-Kategorien des Informationssektors	1970 Bruttowertschöpfung in vH der gesamten Bruttowertschöpfung	1980 Bruttowertschöpfung in Mill.DM	in vH der gesamten Bruttowertschöpfung
"Primärer" Informationssektor	23,6	348 080	25,4
- nach OECD-Verfahren gemäß Anteil der Informationsprodukte und -dienste an der Bruttoproduktion	(17,7)	(296 700)	(20,8)
- nach Endnachfrage-Zurechnung gemäß Input-Output-Ansatz	19,6	275 080	20,1
- nach Zwischennachfrage-Zurechnung für den Nicht-Informationsteil der Endnachfrage	4,0	73 000	5,3
"Sekundärer" Informationssektor	13,6	225 270	15,7
- Informationsarbeit nach Berufe-Wirtschaftszweig-Matrizen und Durchschnittseinkommen	12,8	202 470	14,8
- Abschreibungen auf Informationskapital nach Investitionen und Abschreibungsquote	0,8	12 800	0,9
Gesamter Informationssektor	37,2	573 350	41,1

Quellen: DIW-Wochenbericht 35/85, Input-Output-Rechnung des DIW, eigene Berechnungen.

Überträgt man zur Ermittlung der Wertschöpfung des "primären Sektors" lediglich den jeweiligen Anteil der Informationsgüter und -dienste an der Bruttoproduktion der Wirtschaftszweige auf die Bruttowertschöpfung dieser Wirtschaftszweige, ergibt sich für das Jahr 1980 ein Wertschöpfungsanteil von rd. 21 vH (vgl. Tabelle 4.3/1). Die gesamtwirtschaftliche Bedeutung des Informationssektors wird hiermit jedoch unterschätzt. In der Differenz zum Produktionsanteil von 17,8 vH (vgl. Tabelle 4.2/1) spiegelt sich lediglich die relativ geringere Vorleistungsquote der an der Produktion von Informationsgütern beteiligten Branchen wider. Unberücksichtigt bleibt dagegen die Wertschöpfung der Lieferanten von Vorleistungen für die Informationsgüterproduktion, insbesondere auf weiter vorgelagerten Produktionsstufen.

Den tatsächlichen Verhältnissen besser gerecht wird ein Ansatz, bei dem mit Hilfe der Input-Output-Rechnung für den Informationssektor zunächst eine Zurechnung für denjenigen Teil der Produktion vorgenommen wird, der in die Endnachfrage eingeht. In Höhe der Lieferungen des Informationssektors für die Endnachfrage entsteht also auch Bruttowertschöpfung, und zwar nicht nur im Informationssektor selbst, sondern auch bei den Vorlieferanten. Das allein waren im Jahre 1980 bereits 275 Mrd. DM, wie der Tabelle 4.3/1 zu entnehmen ist.

Zusätzlich muß derjenige Teil der Wertschöpfung berücksichtigt werden, der dadurch entsteht, daß der Informationssektor außer Informationsprodukten und -diensten für die Endnachfrage auch Vorleistungen liefert. Er ließe sich korrekt nur dann ermitteln, wenn die Matrizen des informationsorientierten Subsystems vorliegen würden. Da dies nicht der Fall ist, konnte dieser Teil der Wertschöpfung des Informationssektors nur näherungsweise ermittelt werden. Dabei wurde so vorgegangen, daß von den Vorleistungslieferungen (=Zwischennachfrage) des Informationssektors in Höhe von 228,6 Mrd. DM im Jahre 1980 zunächst die im Informationssektor selbst eingesetzten Vorleistungen in Höhe von 82,7 Mrd. DM abgesetzt wurden. Für die restlichen Vorleistungslieferungen an den Nicht-Informationsteil (rd. 146 Mrd. DM) wurde ein Wertschöpfungsanteil in Höhe von 50 vH angenommen, der dem gesamtwirtschaftlichen Durchschnitt entspricht. Damit ergibt sich für 1980 ein Wertschöpfungsbetrag von 73 Mrd. DM, der dem Informationssektor im Zusammenhang mit der Produktion für diejenige Endnachfrage zugerechnet werden kann, die nicht Endnachfrage nach

Informationsprodukten und -diensten ist. Addiert man zu diesem Betrag die Wertschöpfung im Zusammenhang mit der unmittelbar an die Endnachfrage gehenden Produktion des Informationssektors in Höhe von 275 Mrd. DM, so ergibt sich nach neuesten Berechnungen eine Wertschöpfung in Höhe von 349 Mrd. DM, die durch den Gesamtwert der Produktionswerte des Informationssektors ausgelöst worden ist. Bezieht man diesen Betrag auf die in der Volkswirtschaftlichen Gesamtrechnung für die Bundesrepublik Deutschland nachgewiesene gesamte bereinigte Bruttowertschöpfung, so ergibt sich ein Anteil von gut 25 vH im Jahre 1980. Im Jahre 1970 waren es knapp 24 vH (vgl. Tabelle 4.3/1).

Obwohl diese Berechnungen noch verbessert werden können, lassen sie erkennen, daß in den Jahren 1970 und 1980 wenigstens ein Viertel der Bruttowertschöpfung in der Bundesrepublik Deutschland allein durch die Zwischen- und Endnachfrage nach Informationsprodukten und -diensten induziert worden ist.

Es wurde bereits erwähnt, daß von der OECD zum Informationssektor auch Leistungen der Produktionsfaktoren "Informationskapital und -arbeit" gerechnet werden, die für die Produktion von solchen Waren und Diensten benötigt werden, die nicht als Informationsgut oder -dienstleistung klassifiziert sind. Dazu würde z.B. das Einkommen eines Buchhalters in einem landwirtschaftlichen Betrieb oder das Einkommen eines Ingenieurs in der Elektrizitätswirtschaft zählen.

Leistungen dieser Art bilden den sogenannten "sekundären" Informationssektor. Auf der Grundlage der Beruf-Wirtschaftszweig-Matrizen, der Ergebnisse zum "primären" Informationssektor und einer groben Schätzung der Abschreibungen für das Informationskapital lassen sich die Bruttowertschöpfunganteile des "sekundären" Informationssektors auf etwa 16 vH im Jahre 1980 und knapp 14 vH im Jahre 1970 beziffern (vgl. Tabelle 4.3/1).

Die Bruttowertschöpfung des gesamten Informationssektors läßt sich somit errechnen aus der direkten und indirekten Wertschöpfung für die Erzeugung von Informationsprodukten und -diensten ("primärer" Informationssektor) und der Wertschöpfung im Zusammenhang mit dem Einsatz von Informationsarbeit und -kapital zur Produktion von Nicht-Informationsgütern und -diensten ("sekundärer" Informationssektor). Im Jahre 1980 ergibt das zusammen fast 41 vH der gesamten Bruttowertschöpfung und im Jahre 1970 entsprechend gut 37 vH. Diese Anteile, die eher als Untergrenze aufzufassen sind, liegen deutlich über den für die Informationsberufe ermittelten Anteilen an der Gesamtbeschäftigung.

5. Arbeitsproduktivität

Die Hypothese, daß für Dienstleistungen die Möglichkeiten der Produktivitätssteigerung geringer als im sekundären Sektor sind, hat für den Tertiarisierungsprozeß der Beschäftigung in hochindustrialisierten Volkswirtschaften eine besondere Bedeutung. Wenn die Nachfrage nach Dienstleistungen mindestens ebenso schnell wächst wie nach Waren, so muß sich die Beschäftigung zwangsläufig zugunsten der Dienstleistungsproduktion und zulasten der Warenproduktion verschieben. Damit hat die Dienstleistungsproduktion im Vergleich zur Warenproduktion einen "längeren" Beschäftigungshebel. Dies hat auch Konsequenzen für die gesamtwirtschaftlich erzielbaren Produktivitätsfortschritte: Je größer das Gewicht der Dienstleistungsproduktion in einer Volkswirtschaft ist, umso geringer fallen - ceteris paribus - die gesamtwirtschaftlichen Produktivitätsfortschritte aus. Diese Sichtweise ist zu überprüfen.

Zuerst ist zu fragen, ob die inhaltliche Aussage zutrifft, daß in der Dienstleistungsproduktion Produktivitätsniveaus und -fortschritte geringer als in der Warenproduktion sind. Dies erfordert eine Diskussion der adäquaten Produktivitätsmessung. Auf dieser Grundlage wird der Zusammenhang zwischen den Produktivitätsfortschritten in der Waren- und in der Dienstleistungsproduktion beurteilt (5.1). Anschließend wird der Zusammenhang zwischen Produktions-, Produktivitäts- und Beschäftigungsentwicklung aufgegriffen (5.2).

5.1 Probleme der Produktivitätsmessung

Konzepte der Produktivitätsmessung sind prinzipiell warenorientiert. In der Warenproduktion soll ein (partielles) Produktivitätsmaß zeigen, wie sich die Effizienz eines Produktionsfaktors im Zeitablauf erhöht; d.h. man bezieht den Output auf den Arbeits- oder Kapitaleinsatz in zwei Zeiträumen und mißt die Veränderung dieser Größe. Solche Meßziffern lassen offen, wo und wie die am Output gemessenen Produktivitätsfortschritte auf der Inputseite bewirkt worden sind. Bereits die bessere Abstimmung von Materialeinsatz und Arbeit, ein erhöhter Kapitaleinsatz oder die verbesserte Arbeitsteilung zwischen Unternehmen steigert die Produktivität. Die hier betrachtete Arbeitsproduktivität ist ein partielles Produktivitätsmaß, in dem sich auch die von anderen Faktoren als dem Arbeitseinsatz - z.B. dem Kapitaleinsatz - ausgehenden Effizienzsteigerungen niederschlagen.

Als Outputmaß können sowohl die Brutto- als auch die Nettoproduktion (Wertschöpfung) herangezogen werden. Bei der Dienstleistungsproduktion, deren Outputs häufig immaterieller Natur sind, treten hier besondere Probleme auf. Auf die Schwierigkeiten einer Outputmessung im Kredit- und Versicherungsgewerbe ist schon hingewiesen worden (vgl. auch Fuchs, 1969). Bei den Banken decken die Umsätze (Gebühreneinnahmen u.a.) lediglich annähernd die Aufwendungen für Vorleistungen. Erst unter Einbeziehung der Vermögenserträge (hauptsächlich aus der Spanne zwischen Soll- und Habenzinsen) ergeben sich - überdurchschnittlich hohe - Outputs je Erwerbstätigen. Bei den Versicherungen führt die Umsatzrechnung zu ausgewogeneren Ergebnissen, wenn auch mit stark schwankenden Anteilen der Gewinne an der Bruttowertschöpfung. Die Vermögenseinkommen der Versicherungen haben steigendes Gewicht. Bezieht man sie - wie bei den Banken - mit ein, so errechnen sich vergleichsweise starke Erhöhungen der "Arbeitsproduktivität". Vom Konzept her ist dies ein ähnlich tautologischer Ansatz wie im öffentlichen Dienst, wo sich die Wertschöpfung an der Höhe der Lohnkosten orientiert. Damit wird beim Staat die Veränderung des Stellenkegels der Besoldung zum Indikator höherer Leistung. Lohnsatzsteigerungen schlagen sich in der Preiskomponente der Wertschöpfung nieder. Eine nicht nur formale Bewertung müßte darin bestehen, die Effizienz dieser Dienstleistungen von der Outputseite her zu messen. Trotz vieler Versuche in dieser Richtung, z.B. Mengenindikatoren für den Output des Gesundheitswesens zu gewinnen, überwiegen die Probleme.

Als "Sonderbereich" bleibt schließlich die Wohnungsvermietung zu erwähnen. In diesem Wirtschaftszweig wird funktional der gesamte Bestand an Wohnungen zusammengefaßt. Die einbezogenen Erwerbstätigen sind der Zahl nach so gering, daß ebenfalls keine Grundlage für die Berechnungen der Arbeitsproduktivität gegeben ist.

Eine in diesem Zusammenhang besonders wichtige Frage betrifft die Angemessenheit einer auf realen Werten beruhenden Produktivitätsanalyse. In einer Marktwirtschaft ist der Strukturwandel im wesentlichen preisgesteuert. Hohe Produktivitätsfortschritte schlagen sich teilweise in Preissenkungen nieder.

Dies heißt auch, daß die Güter mit hohen Produktivitätsfortschritten anders bewertet werden. "Preisbereinigungen" sind in Zeiten hoher Produktivitätsfortschritte und des raschen strukturellen Wandels letztlich eine Überforderung der Statistik, insbesondere bei langfristigen Betrachtungen. I.d.R. macht die nominale Betrachtung den Strukturwandel im Verhältnis von Produktion und Faktoreinsatz deutlicher, der sich aus dem Zusammenspiel von Produktivitätsentwicklung und Veränderung der relativen Preise mit unterschiedlichen Gewichten je nach Art der Produktion ergibt (vgl. Kapitel 2.5).

Intertemporale Vergleiche sollten also auf Werten basieren, in denen Veränderungen der Preisrelationen noch sichtbar, aber Entwicklungen des allgemeinen Preisniveaus möglichst eliminiert sind. Diesem Ziel dient eine Deflationierung mit einem Preisindex für die Gesamtheit des Unternehmensbereiches; dadurch bleibt die Veränderung der relativen Preise erhalten. Die so ermittelten Arbeitsproduktivitäten werden in den Tabellen 5.1/1 und 5.1/2 ausgewiesen; sie werden im folgenden kurz Wertproduktivitäten genannt. Das überwiegend verwendete Verfahren einer Produktivitätsmessung baut aber auf den mit wirtschaftszweigspezifischen Preisen deflationierten Outputgrößen auf. Die so ermittelten Produktivitäten werden in den Tabellen 5.1/3 und 5.1/4 ausgewiesen; sie werden als Volumenproduktivitäten bezeichnet. Preisindizes werden überwiegend für Umsätze berechnet. Weit unsicherer ist die Berechnung der Vorleistungspreise nach Wirtschaftszweigen und die daraus abgeleiteten Wertschöpfungspreise. Die Zusammenhänge sind allerdings so komplex, daß weit mehr empirische Indikatoren in die Betrachtung einbezogen werden müßten. So weitgehend kann die Analyse aber nicht geführt werden. In den Tabelle werden daher sowohl die auf der Produktion als auch auf der Wertschöpfung basierenden Arbeitsproduktivitätsmaße - und zwar je Erwerbstätigen und je Arbeitsstunde - quantifiziert.

Bei einem Vergleich der Werte der Tabellen 5.1/1 und 5.1/3 zeigt sich, daß die Wertproduktivitätsfortschritte des tertiären Sektors in beiden Teilperioden etwas höher sind als die des sekundären Sektors. Bei den Volumenproduktivitäten ist es - mit größeren Unterschieden - genau umgekehrt. Hieraus wird der Effekt der Eliminierung der Preisrelationen deutlich: Während es in der ersten Teilperiode keinen Wirtschaftszweig des tertiären Sektors gab, dessen Volumenproduktivitätsfortschritte über denen des sekundären Sektors gelegen haben,

Tabelle 5.1/1

Wertproduktivität je Erwerbstätigen

	Produktionswert 1)					Bruttowertschoepfung 1)				
	DM			Jahresdurchschn. Veraenderung in vH		DM			Jahresdurchschn. Veraenderung in vH	
	1960	1973	1984	1973/60	1984/73	1960	1973	1984	1973/60	1984/73
Primaerer Sektor	27200	65000	121300	6,9	5,8	16900	31300	46200	4,9	3,6
Land- und Forstwirtschaft	16200	35800	44500	6,3	2,0	10900	18900	21700	4,3	1,3
Energiewirtschaft und Bergbau	80400	174300	337800	6,1	6,2	45500	77900	115100	4,2	3,6
Sekundaerer Sektor	61900	112600	148300	4,7	2,5	25700	44800	56300	4,4	2,1
Verarbeitendes Gewerbe	66600	119900	161500	4,6	2,7	26300	46100	58900	4,4	2,3
Baugewerbe	40600	81800	92000	5,5	1,1	23000	39600	45000	4,3	1,2
Unternehmen des tertiaeren Sektors 2)	41600	77600	102700	4,9	2,6	25000	44600	63000	4,6	3,2
Handel	36900	61100	71600	4,0	1,5	21700	34900	43100	3,7	1,9
Grosshandel, Handelsvermittl.	47000	74800	88300	3,6	1,5	29100	43800	53100	3,2	1,8
Einzelhandel	30000	51700	60800	4,3	1,5	16700	28800	36500	4,3	2,2
Verkehr und Nachrichten	46400	86400	114300	4,9	2,6	28800	46500	61900	3,8	2,6
Eisenbahnen	39300	53400	57500	2,4	0,7	31500	35300	37500	0,9	0,6
Schiffahrt, Haefen	86900	132200	190900	3,3	3,4	36500	52900	72700	2,9	2,9
Uebriger Verkehr	60000	127600	170000	6,0	2,6	26400	50100	68400	5,1	2,9
Deutsche Bundespost	29000	65200	80900	6,4	2,0	25700	51500	69200	5,5	2,7
Kreditinst. und Versicherungen	63600	109400	161200	4,3	3,6	42100	69200	111800	3,9	4,5
Kreditinstitute	63900	111100	159000	4,3	3,3	44900	75500	120800	4,1	4,4
Versicherungen	62800	105300	167300	4,1	4,3	35700	54700	87100	3,3	4,3
Sonstige Dienstleistungen	41700	87400	117300	5,9	2,7	24300	50800	73600	5,8	3,4
Gastgewerbe, Heime	47100	62000	60200	2,1	-0,3	14800	21800	25400	3,0	1,4
Bildung, Wissensch., Kultur	63800	134900	193700	5,9	3,3	36100	61500	98100	4,2	4,3
Gesundheits- und Veterinaerw.	43500	89100	88100	5,7	-0,1	34700	62700	62200	4,7	-0,1
Uebrige Dienstleistungen	31600	93300	150100	8,7	4,4	25100	63300	103500	7,4	4,6
Unternehmen insgesamt 2)	49200	95100	126900	5,2	2,7	23800	43300	58100	4,7	2,7

1) Werte zu jeweiligen Preisen, deflationiert mit dem Preisindex des gesamten Unternehmensbereichs ohne Wohnungsvermietung
2) ohne Wohnungsvermietung
Quelle: Statistisches Bundesamt; eigene Berechnungen

Tabelle 5.1/2

Wertproduktivität je Erwerbstätigenstunde

	Produktionswert 1) je Stunde					Bruttowertschöpfung 1) je Stunde				
				jahresdurchschn. Veränderungsrate					jahresdurchschn. Veränderungsrate	
	1960	1973	1983	1973/60	1983/73	1960	1973	1983	1973/60	1983/73
		in DM		in vH			in DM		in vH	
Primärer Sektor	11.69	30.11	56.94	7.5	6.6	7.24	14.55	21.64	5.5	4.0
Land- und Forstwirtschaft	6.76	15.90	20.54	6.8	2.6	4.57	8.41	9.45	4.8	1.2
Energiewirtschaft und Bergbau	39.31	95.67	184.17	7.1	6.8	22.23	42.88	64.26	5.2	4.1
Sekundärer Sektor	29.64	61.36	84.08	5.8	3.2	12.27	24.51	32.23	5.5	2.8
Verarbeitendes Gewerbe	31.81	65.25	91.47	5.7	3.4	12.52	25.15	33.66	5.5	3.0
Baugewerbe	19.65	44.87	53.09	6.6	1.7	11.12	21.82	26.23	5.3	1.9
Unternehmen des tertiären Sektors 2)	18.91	40.90	56.96	6.1	3.4	11.41	23.56	34.75	5.7	4.0
Handel	17.08	33.30	40.74	5.3	2.0	10.03	19.02	24.38	5.0	2.5
Großhandel, Handelsvermittlg.		40.78	49.14		1.9		23.86	29.54		2.2
Einzelhandel		28.20	35.27		2.3		15.72	21.02		2.9
Verkehr und Nachrichten	21.59	44.60	62.08	5.7	3.4	13.38	24.06	33.60	4.6	3.4
Eisenbahnen	18.20	28.72	32.28	3.6	1.2	16.03	19.06	21.03	1.3	1.0
Schiffahrt, Häfen		62.61	99.18		4.7		25.11	37.47		4.1
übriger Verkehr		59.97	86.23		3.7	8.40	23.62	34.53	8.3	3.9
Deutsche Bundespost	13.67	36.63	47.98	7.9	2.7	13.24	29.03	40.51	6.2	3.4
Kreditinstitute u. Versicherungen	31.15	60.77	94.39	5.3	4.5	20.60	38.61	65.37	5.0	5.4
Kreditinstitute	31.31	61.84	95.99	5.4	4.5	21.97	42.19	72.67	5.1	5.6
Versicherungen	30.78	58.30	90.11	5.0	4.5	17.47	30.35	45.80	4.3	4.2
Sonstige Dienstleistungen	17.80	43.82	63.24	7.2	3.7	10.61	25.57	39.30	7.0	4.4
Gastgewerbe, Heime		29.53	32.43		0.9		10.41	13.36		2.5
Bildung, Wissenschaft, Kultur		73.28	112.58		4.4		33.51	56.34		5.3
Gesundheits- und Veterinärwesen		46.35	50.39		0.8		32.73	35.31		0.8
übrige Dienstleistungen 2)		47.12	78.78		5.3		32.04	54.07		5.4
Unternehmen insgesamt 2)	22.71	50.25	69.97	6.3	3.4	10.99	22.95	32.11	5.8	3.4

1) Werte zu jeweiligen Preisen, deflationiert mit dem Preisindex des gesamten Unternehmensbereichs o.Wohnungsverm. (1980=100).
2) ohne Wohnungsvermietung.
Quellen: Institut für Arbeitsmarkt- und Berufsforschung der Bundesanstalt für Arbeit; Statistisches Bundesamt; eigene Berechnungen.

Tabelle 5.1/3

Volumenproduktivität je Erwerbstätigen

	Produktionswert 1)					Bruttowertschoepfung 1)				
	DM			Jahresdurchschn. Veraenderung in vH		DM			Jahresdurchschn. Veraenderung in vH	
	1960	1973	1984	1973/60	1984/73	1960	1973	1984	1973/60	1984/73
Primaerer Sektor	28100	68800	112400	7,7	4,6	13300	30000	44400	6,5	3,6
Land- und Forstwirtschaft	11700	30200	48700	7,6	4,4	7000	15300	25600	6,2	4,8
Energiewirtschaft und Bergbau	94900	213200	291900	6,4	2,9	43700	84800	97300	5,2	1,3
Sekundaerer Sektor	59200	112500	150200	5,1	2,7	24800	44000	57600	4,5	2,5
Verarbeitendes Gewerbe	59200	119200	162500	5,5	2,9	23500	44200	59800	5,0	2,8
Baugewerbe	59000	84100	97600	2,8	1,4	30400	43300	48300	2,8	1,0
Unternehmen des tertiaeren Sektors 1)	46900	76700	102500	3,9	2,7	28700	46300	61800	3,7	2,7
Handel	34200	58600	73000	4,2	2,0	20500	35100	44100	4,2	2,1
Grosshandel, Handelsvermittl.	44000	73400	89900	4,0	1,9	26400	44000	54700	4,0	2,0
Einzelhandel	27600	48500	61900	4,4	2,2	16500	29000	37100	4,4	2,3
Verkehr und Nachrichten	47000	78600	119800	4,0	3,9	25800	42300	65300	3,9	4,0
Eisenbahnen	31800	45000	63300	2,7	3,2	24300	33900	39700	2,6	1,4
Schiffahrt, Haefen	121000	141100	192300	1,2	2,9	35400	53800	66700	3,3	2,0
Uebriger Verkehr	62600	121600	170900	5,2	3,1	27200	49400	68600	4,7	3,0
Deutsche Bundespost	28300	53100	91600	5,0	5,1	23400	40400	78000	4,3	6,2
Kreditinst. und Versicherungen	75400	107500	143200	2,8	2,6	43000	72200	92300	4,1	2,3
Kreditinstitute	75500	106100	136300	2,7	2,3	48600	76200	97500	3,5	2,3
Versicherungen	75000	110900	162100	3,1	3,5	30400	62800	78000	5,7	2,0
Sonstige Dienstleistungen	62800	93300	117300	3,1	2,1	42000	58100	72500	2,[illegible]	2,0
Gastgewerbe, Heime	55100	61700	60900	0,9	-0,1	24700	24400	23800	-0,1	-0,2
Bildung, Wissensch., Kultur	97900	133700	182800	2,4	2,9	62900	75800	92900	1,4	1,9
Gesundheits- und Veterinaerw.	78100	100000	91800	1,9	-0,8	60800	68700	64200	0,9	-0,6
Uebrige Dienstleistungen	54800	103100	150300	5,0	3,5	43700	72600	102100	4,0	3,1
Unternehmen insgesamt 1)	49200	95100	126900	5,2	2,7	23800	43300	58100	4,7	2,7

1) ohne Wohnungsvermietung
Quelle: Statistisches Bundesamt; eigene Berechnungen

Tabelle 5.1/4

Volumenproduktivität je Erwerbstätigenstunde

	Produktionswert 1) je Stunde					Bruttowertschöpfung 1) je Stunde				
				jahresdurchschn. Veränderungsrate					jahresdurchschn. Veränderungsrate	
	1960	1973	1983	1973/60	1983/73	1960	1973	1983	1973/60	1983/73
		in DM		in vH			in DM		in vH	
Primärer Sektor	11.18	31.97	54.65	8.4	5.5	5.71	13.92	21.02	7.1	4.2
Land- und Forstwirtschaft	4.90	13.45	22.49	8.1	5.3	2.92	6.82	10.91	6.8	4.8
Energiewirtschaft und Bergbau	46.37	117.37	167.08	7.4	3.6	21.37	46.66	56.36	6.2	1.9
Sekundärer Sektor	28.31	61.48	87.71	6.1	3.6	11.84	24.05	32.91	5.6	3.2
Verarbeitendes Gewerbe	28.26	65.06	95.21	6.6	3.9	11.22	24.11	34.10	6.1	3.5
Baugewerbe	28.51	46.31	56.26	3.8	2.0	14.70	23.82	27.91	3.8	1.6
Unternehmen des tertiären Sektors 2)	21.40	40.48	58.95	5.0	3.8	13.09	24.46	34.13	4.9	3.4
Handel	15.81	31.96	42.52	5.6	2.9	9.48	19.14	24.76	5.6	2.6
Großhandel, Handelsvermittlg.		40.02	52.36		2.7		23.99	29.87		2.2
Einzelhandel		26.47	36.11		3.2		15.83	21.43		3.1
Verkehr und Nachrichten	21.84	40.72	67.38	4.9	5.2	11.97	21.91	35.29	4.8	4.9
Eisenbahnen	16.20	24.27	35.41	3.2	3.8	12.37	18.26	21.34	3.0	1.6
Schiffahrt, Häfen		66.98	101.15		4.2		25.53	44.21		5.6
übriger Verkehr	19.88	57.34	91.62	8.5	4.8	8.62	23.31	34.36	8.0	4.0
Deutsche Bundespost	14.61	29.95	55.15	5.7	6.3	12.06	22.80	44.63	5.0	6.9
Kreditinstitute u. Versicherungen	36.86	59.96	86.09	3.8	3.7	21.05	40.25	54.98	5.1	3.2
Kreditinstitute	36.93	59.26	82.66	3.7	3.4	23.76	42.56	58.12	4.6	3.2
Versicherungen	36.71	61.57	95.27	4.1	4.5	14.88	34.89	46.57	6.8	2.9
Sonstige Dienstleistungen 2)	27.41	46.96	66.43	4.2	3.5	18.34	29.25	38.85	3.7	2.9
Gastgewerbe, Heime		29.52	33.57		1.3		11.66	12.63		0.8
Bildung, Wissenschaft, Kultur		72.86	111.85		4.4		41.32	54.69		2.8
Gesundheits- und Veterinärwesen		52.18	54.62		0.5		35.85	35.84		-0.0
übrige Dienstleistungen 2)		52.22	83.53		4.8		36.77	53.61		3.8
Unternehmen insgesamt 2)	22.73	50.39	72.28	6.3	3.7	10.99	22.95	32.11	5.8	3.4

1) Werte zu jeweiligen Preisen, deflationiert mit den sektoralen Preisindizes (1980 = 100).
2) ohne Wohnungsvermietung.
Quellen: Institut für Arbeitsmarkt- und Berufsforschung der Bundesanstalt für Arbeit; Statistisches Bundesamt; eigene Berechnungen.

war dies in der zweiten Teilperiode nicht mehr der Fall. Hier ist 1980 als Basisjahr der Preisbereinigung enthalten; folglich machen sich die Verschiebungen in den relativen Preisen stärker bemerkbar als in dem Zeitraum von 1960 bis 1973. Die Volumenproduktivitätsfortschritte des tertiären Sektors übertreffen ebenso wie seine Wertproduktivitätsfortschritte die des sekundären Sektors. In beiden Teilperioden waren die Wertproduktivitätsfortschritte des sekundären Sektors niedriger als die der übrigen Dienstleistungen, in den einzelnen Teilperioden aber auch niedriger als die weiterer Wirtschaftszweige des tertiären Sektors.

Festzustellen ist, daß sich nach allen Indikatoren die Produktivitätsfortschritte in der zweiten Teilperiode im Vergleich zur ersten abgeflacht haben. Weiterhin zeigt sich, daß die Trennungslinie zwischen höheren und niedrigeren Produktivitätszuwächsen nicht zwischen sekundärem und tertiärem Sektor verläuft, sondern zwischen "persönlichen" Diensten, die sich den outputorientieren Effizienzrechnungen weitgehend entziehen - dazu gehören Gastgewerbe, Heime; der Bereich Gesundheit und Teile der übrigen Dienstleistungen (Friseure, Körperpflege) - und den übrigen Wirtschaftszweigen mit hohen Effizienzsteigerungen, worunter auch Wirtschaftszweige des tertiären Sektors zu finden sind, z. B. Bundespost und unternehmensorientierte Teile der übrigen Dienstleistungen. Umgekehrt gibt es auch im sekundären Sektor Wirtschaftszweige mit vergleichsweise niedrigen Fortschrittsraten der Arbeitsproduktivität.

Bereits diese Ergebnisse lassen erkennen, daß die im wesentlichen für "persönliche" Dienstleistungen gehegte Vermutung einer schwächeren Produktivitätsentwicklung der Drei-Sektoren-Theorie nicht pauschal auf den gesamten tertiären Sektor übertragen werden darf. Insofern sind die Ergebnisse auch keine Widerlegung der Drei-Sektoren-Theorie. Im tertiären Sektor etablieren sich zunehmend produktivitätsstarke Produktionsprozesse - vor allem unter Ausnutzung moderner Informations- und Kommunikationstechniken.

Diskussionsbedürftig ist damit auch die Vorstellung, man könne eine Abschwächung der gesamtwirtschaftlichen Produktivitätenentwicklung allein der Zunahme des tertiären Sektors zurechnen. Dies wird schon aufgrund der empirischen Ergebnisse für den Unternehmensbereich (ohne Wohnungsvermietung) widerlegt. Nur die Volumensproduktivitäten im Zeitraum 1960 bis 1973 nahmen im sekundären Sektor schneller zu als im tertiären - aufgrund der

Preisbasis 1980 ein zweifelhaftes Resultat. In allen anderen Fällen waren ohnehin die Produktivitätsfortschritte der Unternehmen des tertiären Sektors etwas höher als die des sekundären Sektors. Eine pauschale Unterscheidung von sekundären und tertiären Produktivitätsfortschritten ist aufgrund des starken intrasektoralen Strukturwandels auch nicht sinnvoll.

Bestimmte Dienstleistungen, die als Vorleistungen in die Warenproduktion eingehen, tragen direkt zur Effizienz der Warenproduktion bei. Dies gilt für die Kreditinstitute, die Versicherungen, das Nachrichtenwesen und für andere unternehmensbezogene Dienstleistungszweige (Softwarehäuser, Architektur- und Ingenieurbüros, Rechts- und Wirtschaftsberatung u.a.). Hier sind Parallelitäten zu den Dienstleistungen vorhanden, die auch unternehmensintern im sekundären Sektor stark zugenommen haben. Sie umfassen höherwertige Unternehmensfunktionen wie Forschung und Entwicklung, planende und beratende Tätigkeiten; hier ist aber auch beispielsweise die Maschinenwartung und -instandsetzung zu nennen.

Zudem sind die Dienstleistungsbeiträge zur Effizienz der eigentlichen Warenproduktion weder für intern noch für extern erbrachte Dienstleistungen bestimmbar. Deren Beiträge zur Produktivität der Warenproduktion sind statistisch meist identisch mit ihren Einkaufspreisen. Verlagerungen von unternehmensinternen Dienstleistungen auf andere Unternehmen werden immer dann in Erwägung gezogen, wenn spezialisierte Anbieter hier Skalenvorteile aufweisen, also "produktiver" sind. Durch solche Prozesse wird die Effizienz des sekundären Sektors tendenziell gesteigert, ohne daß dies in den Einkaufspreisen für diese Dienstleistungen zum Ausdruck kommt.

Dies gilt auch für Dienstleistungszweige mit angeblich niedriger Produktivität. Gesundheit, Bildung, Ordnung und Sicherheit, soziale Schutzfunktionen und andere basisorientierte Dienstleistungen sind nicht nur Voraussetzung für den Wirtschaftsablauf, sondern Grundlage vieler Produktivitätserfolge im sekundären Sektor. In diesem Fall werden die Produktivitätsbeiträge häufig nicht einmal durch die Einkaufspreise dieser Dienstleistungen berücksichtigt, wenn sie unentgeltlich oder unter den "Herstellungskosten" den Unternehmen zur Verfügung gestellt werden (positive externe Effekte). Notwendig für eine angemessene Beurteilung der Produktivitätsfortschritte ist eine Analyse der zugrundeliegenden Arbeitsteilung und ihrer Veränderung.

5.2 Produktion, Arbeitsproduktivität und Beschäftigung

Im folgenden werden Analysen vorgestellt, die sich am konventionellen Konzept der Volumenproduktivitätsmessung orientieren. Im Schaubild 5.2/1 ist der Zusammenhang von Produktions- und Beschäftigungsentwicklung verdeutlicht. Die für die beiden Teilperioden unterschiedlich gekennzeichneten Positionen zeigen die jeweiligen Kombinationen von jahresdurchschnittlichen Veränderungsraten in der Bruttowertschöpfung zu Preisen von 1980 und des darauf basierenden Produktivitätsmaßes je Erwerbstätigen. Wenn also die Position eines Wirtschaftszweiges oberhalb der Diagonalen liegt, dann hat in dem Wirtschaftszweig in der jeweils betrachteten Teilperiode die Zahl der Erwerbstätigen zugenommen; eine Position unterhalb der Diagonalen zeigt eine Abnahme der Zahl der Erwerbstätigen in der jeweils betrachteten Teilperiode an. Je größer der Abstand von der Diagonalen ist, desto stärker fällt die Zu- bzw. Abnahme aus.

Aus dem Schaubild wird eine positive Korrelation zwischen Wachstum und Produktivitätsentwicklung deutlich; dies gilt sowohl für die Querschnitte in den beiden Teilperioden als auch für die zeitliche Entwicklung der einzelnen Wirtschaftszweige. Die Hauptrichtung der Pfeile signalisiert aber, daß im Vergleich der beiden Teilperioden die Abflachung des Wachstums in der Mehrzahl der Wirtschaftszweige stärker war als die der Produktivitätsfortschritte; so haben z.B. das verarbeitende Gewerbe, das Baugewerbe und der Handel in der zweiten Teilperiode im Gegensatz zur ersten Beschäftigungsverluste zu verzeichnen. Bei den Eisenbahnen hat sich vor allem aufgrund des Nachfragerückgangs der Beschäftigungsrückgang beschleunigt. Im übrigen Verkehr und im Gastgewerbe sind die Beschäftigungsgewinne geringer geworden. Bei den übrigen Dienstleistungen haben sich das niedrigere Wachstum und die geringeren Produktivitätsfortschritte in etwa die Waage gehalten. Daher ist hier die Beschäftigungszunahme in beiden Teilperioden fast gleich hoch ausgefallen.

Ausnahmen sind bei der Bundespost und den privaten Unternehmen des Wirtschaftszweiges Gesundheit sowie Bildung, Wissenschaft und Kultur zu beobachten. Letzterer ist der einzige Wirtschaftszweig, der im Vergleich der beiden Teilperioden die Diagonale von unten nach oben überschritten hat, wobei das zusätzliche Wachstum bei weitem die zusätzlichen Produktivitätssteigerungen

Schaubild 5.2/1

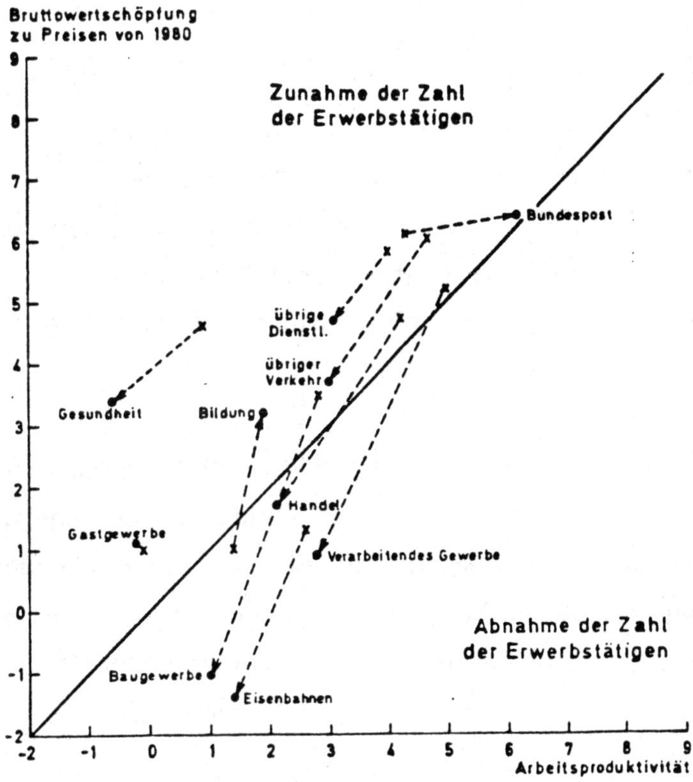

Schaubild 5.2/2

Komponentenanalyse der Sektoren

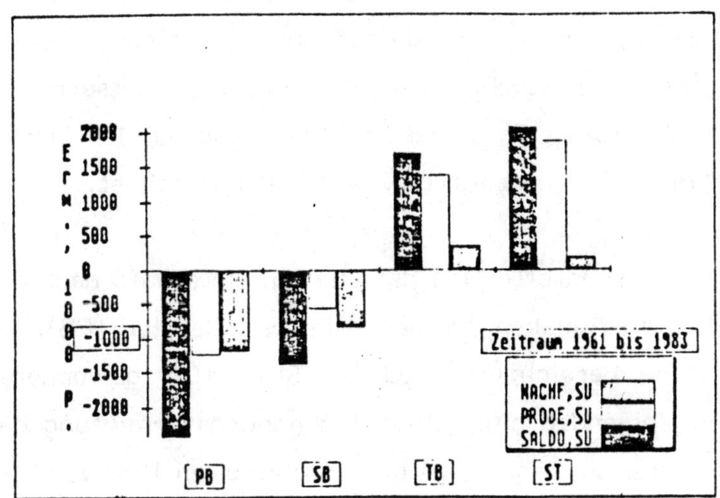

Quelle: Input-Output-Rechnung des DIW

übertroffen hat. Im privaten Gesundheitsbereich ist die Beschäftigungszunahme in der zweiten Teilperiode etwas höher als in der ersten, vor allem aufgrund einer Abnahme der Volumenproduktivität. Auch bei der Bundespost hat sich zwar das Wachstum in der zweiten Teilperiode beschleunigt, die Produktivitätsfortschritte waren aber vergleichsweise noch höher, so daß nur eine geringfügige Beschäftigungszunahme übrigblieb.

Viele Unternehmenszweige des tertiären Sektors sind sehr wohl in der Lage, dank des Einsatzes moderner Technik und der Anwendung moderner Organisationsformen ihre Volumenproduktivität ebenso schnell oder schneller als ihr Geschäftsvolumen zu steigern. Damit wird z.T. eine Ausweitung des Geschäftsvolumens bei stagnierender oder rückläufiger Beschäftigung realisiert (z. B. Handel, zunehmend auch Bundespost).

Andererseits ist das Wachstum bestimmter Wirtschaftszweige nach wie vor mit starken Beschäftigungszuwächse verbunden (Bildung, Gesundheit, Heime). Ihre Beschäftigungsperspektiven werden von neu zu erschließenden Nachfrageschwerpunkten und der politischen Willensbildung geprägt, während die Dynamik der unternehmensbezogenen Dienstleistungen die zunehmende Verflechtung und wachsende Arbeitsteilung der Wirtschaft widerspiegelt.

Im folgenden wird dieser Zusammenhang von Produktion, Arbeitsproduktivität und Beschäftigung noch einmal in anderer Form illustriert. Dabei wird der Einfluß der Nachfragesteigerung und der Produktivitätsentwicklung am gesamtwirtschaftlichen Durchschnitt gemessen - unter Einschluß des Staates. Aus der Differenz der Sektoren von diesem Durchschnitt erhält man einen Produktions- bzw. Nachfrageeffekt (NACHF) sowie einen Produktivitätseffekt (PRODE). Der Beschäftigungssaldo (SALDO) ist das Ergebnis dieser beiden Effekte. Er wird als "strukturelles" Beschäftigungsplus bzw. -defizit bezeichnet.

Aus einer sektoralen Unterteilung der Gesamtwirtschaft nach 59 Produktionssektoren wurden die Angaben für den primären Bereich (PB), den sekundären (SB), den tertiären Bereich (TB) und den Staat (ST) gewonnen. Der tertiäre Bereich wird im folgenden einschließlich Wohnungsvermietung dargestellt. Die Ergebnisse liegen für die Jahre 1961 bis einschließlich 1983 vor.

Schaubild 5.2/2 zeigt die Summe der strukturellen Beschäftigungsverluste bzw. -gewinne für die genannten vier Bereiche in den Jahren 1961 bis 1983. Die größte strukturelle Beschäftigungseinbuße mit 2,4 Mill. hat der primäre Bereich zu verzeichnen. Zu annähernd gleichen Teilen waren daran unterproportionale Nachfrageentwicklung und überproportionale Produktivitätsfortschritte beteiligt. Dagegen wurde das strukturelle Beschäftigungsdefizit im sekundären Bereich von 1,4 Mill. mehr von der schwachen Produktionszunahme als von der (verhältnismäßig guten) Produktivitätsentwicklung ausgelöst. Im tertiären Bereich resultierte das strukturelle Beschäftigungsplus von 1,7 Mill. vor allem aus der Mehrnachfrage bei mäßiger Produktivitätsentwicklung. Der Staat schließlich war mit 2,1 Mill. der größte "Gewinner". Eine Komponentenrechnung ist hier jedoch aus definitorischen Gründen wenig sinnvoll.

Im Vergleich zum sekundären Sektor kommt es beim tertiären Bereich in den siebziger Jahren nicht ein einziges Mal zu einem strukturellen Beschäftigungsverlust. Bemerkenswert ist, daß in Zeiten relativ schwacher Produktionsentwicklung auch der Produktivitätsfortschritt stark unterdurchschnittlich ist. Vermutlich wurden dann Erwerbstätige "vorgehalten", aber auch der hohe Anteil von Selbständigen wirkt sich aus.

Im Schaubild 5.2/3 wird der Dienstleistungssektor (ohne Wohnungsvermietung) eingehender dargestellt. In der Summe kam es über die Jahre 1961 bis 1983 zu einem strukturellen Beschäftigungsgewinn von 1,65 Mill. Personen. An ihm waren - mit Ausnahme der Eisenbahnen - alle Bereiche beteiligt, am deutlichsten die sonstigen Dienstleistungen mit knapp 1 Mill. Erwerbstätigen. Wie bereits die Gesamtübersicht zeigt, trug die unterdurchschnittlichen Produktivitätsentwicklung zu einem großen Teil dazu bei. Eindeutig nachfragebedingte Gewinner sind der übrige Verkehr, die Bundespost sowie das Kredit- und Versicherungsgewerbe.

Unter den "Sonstigen Dienstleistungen" hebt sich der große Restbereich der "übrigen Dienstleistungen" mit hohen Produktivitätsraten ab, die teilweise über dem gesamtwirtschaftlichen Durchschnitt liegen. Beim Sektor Gaststätten- und Beherbergungsgewerbe überwiegen die unterdurchschnittlichen Produktivitätszuwächse in Zeiten schwacher Nachfrage. Deutlich expansiver waren der Sektor "Wissenschaft, Kunst, Publizistik" und vor allem das Gesundheitswesen.

Schaubild 5.2/3

Komponentenanalyse des tertiären Sektors, 1962 bis 1982

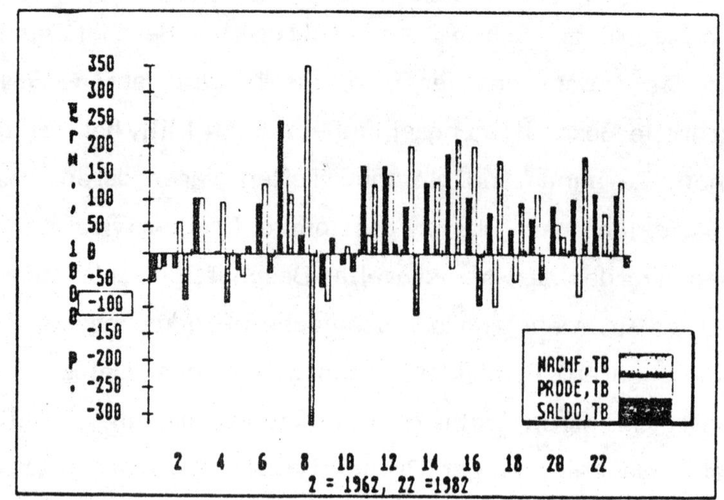

Schaubild 5.2/4

Komponentenanalyse von ausgewählten Wirtschaftszweigen

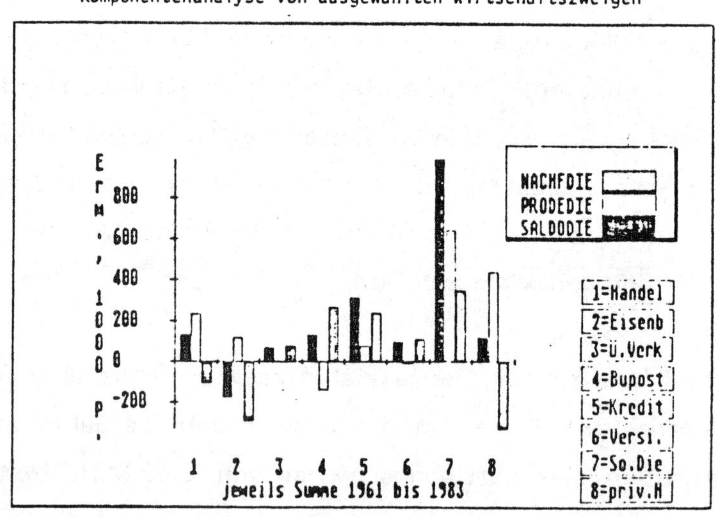

Schaubild 5.2/5

Komponentenanalyse der übrigen Dienstleistungen, 1971 bis 1983

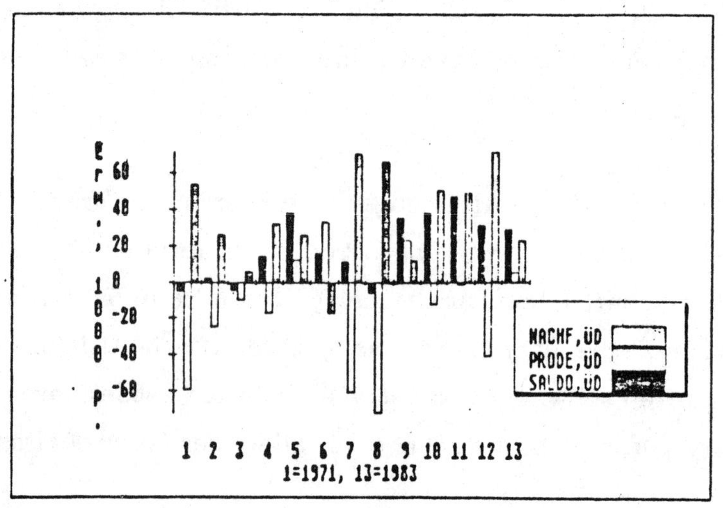

6. Dienstleistungen und internationale Wettbewerbsfähigkeit

Auch im Außenhandel haben sich Strukturverschiebungen zwischen sekundärem und tertiärem Sektor ergeben. In diesem Zusammenhang soll auf einige Besonderheiten der deutschen Dienstleistungsbilanz eingegangen werden (6.1). Ferner wird der Zusammenhang von Dienstleistungshandel und Wettbewerbsfähigkeit diskutiert (6.2). Neue Finanzierungsformen, die auch für den Export an Bedeutung gewonnen haben (Factoring), werden im Anschluß kurz skizziert, da sich - besonders unter Einbeziehung der internationalen Perspektive - auch hier deutliche funktionale Verschiebungen zwischen sekundärem und tertiärem Sektor abzeichnen.

6.1 Entwicklung des Dienstleistungsaußenhandels

Der Dienstleistungsverkehr der Bundesrepublik mit dem Ausland wird in der Zahlungsbilanzstatistik der Deutschen Bundesbank dokumentiert (vgl. Tabelle 6.1/1). Hierin erfaßt werden auch Kapitalerträge, die sowohl bei den Einnahmen als auch bei den Ausgaben an Gewicht gewonnen haben. Klammert man die Kapitalerträge aus, die die Beurteilung des Dienstleistungsaußenhandels verzerren, so zeigt sich, daß die Ausgaben der Bundesrepublik bisher immer höher waren als die Einnahmen; die Relation von Einnahmen zu Ausgaben hat sich aber in den letzten Jahren verbessert. Sie liegt 1985 etwa in der Größenordnung von 1961.

Diese Entwicklung wird aber z.T. geprägt von der Entwicklung der Regierungsleistungen, die ebenfalls in der Dienstleistungsbilanzstatistik erfaßt werden. Dieser Posten beruht aber nicht auf Dienstleistungshandel, sondern ist weitgehend politisch bestimmt; erfaßt werden hier vor allem die Zahlungsströme mit ausländischem militärischen Dienststellen. Ohne die Regierungsleistungen ist das Niveau der Deckung von Ausgaben durch Einnahmen sehr viel niedriger; es lag 1985 bei 74 vH, unter Einschluß der Regierungsleistungen bei 93 vH und unter Einschluß der Kapitalerträge bei 98 vH. Die Entwicklung wird von den Regierungsleistungen ebenfalls verzerrt. Zwischen 1981 und 1985 z.B. verbesserte sich die Relation von Einnahmen zu Ausgaben (ohne Kapitalerträge) von 85 vH auf 93 vH, dagegen ohne Regierungsleistungen nur von 72 vH auf 74 vH.

Tabelle 6.1/1

Dienstleistungsverkehr der Bundesrepublik Deutschland mit dem Ausland

	Dienst-leistg. gesamt	Kapital-ertraege	Dienst-leistg. o.Kapi-talertr.	Reise-verkehr	Trans-portlei-stungen	Regie-rungs-lei-stungen	Andere private Dienst-leistg.
				Mrd.DM			
Einnahmen							
1961	12.77	1.63	11.14	1.80	3.70	3.90	1.74
1971	36.96	8.68	28.29	5.32	8.53	7.09	7.35
1981	108.89	27.25	81.64	13.24	23.51	13.97	26.21
1985	142.75	40.33	102.42	17.37	26.69	22.59	30.88
Ausgaben							
1961	14.76	2.66	12.10	3.24	4.29	0.50	4.08
1971	46.12	7.92	38.20	12.62	11.37	1.38	12.83
1981	124.66	28.10	96.56	38.95	14.00	2.77	36.30
1985	145.35	35.06	110.29	42.98	15.87	2.37	43.81
Saldo							
1961	-1.99	-1.03	-0.96	-1.44	-0.59	3.40	-2.34
1971	-9.16	0.76	-9.91	-7.30	-2.84	5.71	-5.48
1981	-15.77	-0.85	-14.92	-25.71	9.51	11.20	-10.09
1985	-2.60	5.27	-7.87	-25.61	10.82	20.22	-12.93
				Struktur Anteile an Dienstleistungen, gesamt			
Einnahmen							
1961	100	13	87	14	29	31	14
1971	100	23	77	14	23	19	20
1981	100	25	75	12	22	13	24
1985	100	28	72	12	19	16	22
Ausgaben							
1961	100	18	82	22	29	3	28
1971	100	17	83	27	25	3	28
1981	100	23	77	31	11	2	29
1985	100	24	76	30	11	2	30
				Einnahmen zu Ausgaben in vH			
Einnahmen zu Ausgaben							
1961	87	61	92	56	86	780	43
1971	80	110	74	42	75	514	57
1981	87	97	85	34	168	504	72
1985	98	115	93	40	168	953	70

Quelle: Beilagen zu "Statistische Beihefte zu den Monatsberichten der Deutschen Bundesbank", Reihe3; Zahlungsbilanzstatistik, Nr.7, Juli 1976 (fuer das Jahr 1961) Nr.7, Juli 1983 (fuer das Jahr 1971) sowie Nr.9, September 1986 (fuer die Jahre 1981 und 1985)

Diese Entwicklung zwischen 1981 und 1985 basierte auf

- einer leichten Verbesserung des Negativsaldos im Reiseverkehr, der sich bis 1981 kontinuierlich vergrößert hatte;
- hohen Überschüssen bei den Transportleistungen. 1971 waren hier noch Defizite zu verzeichnen;
- den hohen Importüberschüssen in der Sammelkategorie "andere private Dienstleistungen", die sich seit 1981 weiter erhöht haben.

Tabelle 6.1/2 zeigt die erheblichen Strukturverschiebungen innerhalb der "anderen privaten Dienstleistungen". Gegenüber 1981

- haben sich die Defizite bei den Arbeitsentgelten stabilisiert;
- hat sich die Situation der kräftig defizitären Bilanz bei Provisionen, Messe- und Werbungskosten etwas gebessert;
- haben Einnahmen und Ausgaben an Lizenzen und Patenten weiterhin ein geringes Gewicht; der Trend geht zu einer Verbesserung des Deckungsgrades;
- sind die Einnahmen aus Bau, Montage, Ausbesserung gesunken, so daß sich der Überschuß verringert hat;
- hat sich das Gewicht der sonstigen Dienstleistungen weiter vergrößert; hier sind nach wie vor Überschüsse zu verzeichnen.

6.2 Dienstleistungsaußenhandel und Wettbewerbsfähigkeit

Bei der Beurteilung des Dienstleistungshandels für die Wettbewerbsfähigkeit sind mehrere Wirkungsketten möglich:

- Die Entwicklung der Struktur der Dienstleistungsbilanz ist zuerst einmal Indikator für die Wettbewerbsfähigkeit bestimmter Dienstleistungsarten. Darauf ist bisher eingegangen worden.
- Dienstleistungen korrelieren direkt und indirekt mit dem Warenexport. Hier bestehen ähnliche Abgrenzungsprobleme wie bei der Arbeitsteilung der Wirtschaft innerhalb und zwischen den Sektoren: Dienstleistungen können in der Dienstleistungsbilanz auftauchen oder aber unmittelbar beim Warenexport. Dies gilt für viele - schon behandelte - Dienstleistungsinputs, gleichgültig ob sie intern in Unternehmen des sekundären oder extern von

Tabelle 6.1/2

Andere private Dientsleistungen im Außenhandel der Bundesrepublik Deutschland

	Dienst-leistg. gesamt	Versi-che-rungen	Ar-beits-ent gelte	Provi-sionen, Messe- u.Wer-bungsk.	Lizen-zen u. Pa-tente	Bau, Monta-ge, Ausbes-serung	Regie-kosten	Neben-leistg. i.Waren- u.DL-Verkehr	Sonst. Dienst-leistg.*
	Mrd.DM								
Einnahmen									
1961	1.74	0.27	0.33	0.18	0.17	0.32	0.09	0.13	0.25
1971	7.35	0.85	1.52	0.53	0.55	1.21	0.30	0.32	2.08
1981	26.21	4.72	4.19	1.88	1.23	9.98	1.53	0.88	6.52
1985	30.88	4.89	5.31	3.13	1.81	8.54	1.30	0.86	9.92
Ausgaben									
1961	4.08	0.42	0.63	1.43	0.62	0.35	0.12	0.30	0.22
1971	12.83	1.13	2.76	3.16	1.48	1.69	0.37	0.97	1.26
1981	36.30	4.55	7.61	8.59	2.67	6.42	2.87	2.64	5.50
1985	43.81	5.26	9.62	10.65	3.55	6.59	2.11	3.48	7.81
Saldo									
1961	-2.34	-0.15	-0.30	-1.25	-0.45	-0.03	-0.03	-0.17	0.03
1971	-5.48	-0.28	-1.24	-2.63	-0.93	-0.48	-0.07	-0.65	0.82
1981	-10.09	0.17	-3.42	-6.71	-1.44	3.56	-1.34	-1.76	1.02
1985	-12.93	-0.37	-4.31	-7.52	-1.74	1.95	-0.81	-2.62	2.11
	Einnahmen zu Ausgaben in vH								
Einnahmen zu Ausgaben									
1961	43	64	52	13	27	91	75	43	114
1971	57	75	55	17	37	72	81	33	165
1981	72	104	55	22	46	155	53	33	119
1985	70	93	55	29	51	130	62	25	127

***: Die Werte fuer 1961 enthalten nicht Loehne aus aktivem und passivem Veredelungsverkehr.**

Quelle: Beilagen zu "Statistische Beihefte zu den Monatsberichten der Deutschen Bundesbank", Reihe3; Zahlungsbilanzstatistik, Nr.7, Juli 1976 (fuer das Jahr 1961) Nr.7, Juli 1983 (fuer das Jahr 1971) sowie Nr.9, September 1986 (fuer die Jahre 1981 und 1985)

Unternehmen des tertiären Sektors bereitgestellt worden sind. Überschneidungen gibt es daher bei typischen Dienstleistungspositionen wie Transport und Montage.

Informationen für eine weiterführende Zuordnung fehlen. So ist auch ungewiß, ob in den "sonstigen Dienstleistungen" neben den Entgelten aus aktivem und passivem Veredelungsverkehr andere für die Wettbewerbsfähigkeit von Waren wichtige Aktivitäten enthalten sind. Immerhin handelt es sich bei diesen Einnahmen um einen großen Einzelposten unter den Diensteleistungsexporten.

Häufig wird als ein Indikator für die Wettbewerbsfähigkeit von Volkswirtschaften der Zahlungsbilanzsaldo des Postens Lizenzen und Patente herangezogen. Eine Argumentation ist, daß aus einem hohen Einnahmeüberschuß auf eine gute technologische Position zu schließen sei, weil andere Länder mangels eigener Fähigkeit Patente und Lizenzen kaufen müssen. Doch zu einer solchen Beurteilung sind andere Analysen besser geeignet, etwa der vorhandenen Technologien, der Forschungskapazitäten oder Patentanmeldungen. Ferner hängt die technologische Wettbewerbsfähigkeit letztlich davon ab, daß eine Volkswirtschaft neue Möglichkeiten nutzt und in Produkte und Produktionsprozesse umsetzt. So gesehen können sich die Einnahmendefizite bei Patenten und Lizenzen bei effizienter Umsetzung des hierdurch erworbenen Know-how in zusätzlichen Erlösen im Warenhandel niederschlagen und sich dadurch mehr als "bezahlt" machen. Schließlich ist darauf hinzuweisen, daß sich in diesem Zahlungsbilanzposten nur ein Bruchteil des grenzüberschreitenden Technologietransfers niederschlägt:

- Technisches Wissen wird auch mit Regie- und Montageleistungen sowie Produkten und industriellen Anlagen übertragen.

- Darüber hinaus ist bekannt, daß international operierende Unternehmen aus steuerlichen und anderen Gründen Gewinne z.T. als abzuführende Gebühren für Herstellungslizenzen transferieren.

- Weiterhin ist davon auszugehen, daß bestehendes Wissen erheblichen Umfangs international ausgetauscht wird, ohne daß es in Zahlungsbilanzstatistiken erfaßt würde.

Mit diesen Anmerkungen ergibt sich kein eindeutiges Resümee für die Wettbewerbsfähigkeit bei Dienstleistungen selbst und ihrer Bedeutung für die Warenexporte. Auffällig ist das hohe Gewicht der Kapitalerträge und des Reiseverkehrs.

Kapitalerträge sind zwar ein guter Indikator für bestimmte Aspekte der Volkswirtschaft, aber kaum für die gegenwärtige oder zukünftige Wettbewerbsfähigkeit. Gut ist die Wettbewerbsfähigkeit bei Frachten und anderen Transportleistungen, z.B. im Luftverkehr. Bedenklich erscheint dagegen der relativ hohe negative Saldo bei den anderen privaten Dienstleistungen.

Zur Beurteilung der Wettbewerbsfähigkeit soll daher die Position der Bundesrepublik mit den anderen Industrieländern, insbesondere den USA und Japan, verglichen werden. Dabei werden Informationen des International Monetary Fund (IMF) für den Zeitraum 1978 bis 1984 herangezogen (vgl. Tabelle 6.2/1).

Betrachtet man die Dienstleistungsströme (ohne Kapitalerträge), so zeigt sich, daß die Bundesrepublik im Vergleich mit den Industrieländern sowohl ihre Einnahmen als auch ihre Ausgaben unterdurchschnittlich gesteigert hat; dies gilt auch für den Warenhandel. Im Gegensatz zur Bundesrepublik haben sowohl die USA als auch Japan bei Waren und bei Dienstleistungen viel höhere Zuwachsraten als der Durchschnitt der Industrieländer realisiert. Dabei hat aber 1984 die USA im Warenhandel mit einem hohen Defizit abgeschlossen; Japan und die Bundesrepublik konnten dagegen ihren Überschuß noch erhöhen. Im Dienstleistungshandel (ohne Kapitalerträge) ist die USA nach wie vor Gläubigerland, woggegen hier die Bundesrepublik und Japan Schuldnerländer sind, anders als der Durchschnitt der Industrieländer.

Bei der Beurteilung der in den Globalzahlen sich manifestierenden relativ schlechten Entwicklung der Bundesrepublik im Vergleich zu den anderen Industrieländern, insbesondere zu Japan, sind die Rezession Anfang der achtziger Jahre in der Bundesrepublik und die Veränderung der Wechselkurse in Relation zu den der Tabelle zugrundeliegenden Sonderziehungsrechten zu berücksichtigen.

In Tabelle 6.2/2 sind die Einzelposten der vom IMF ausgewiesenen Posten der Dienstleistungsströme für die Industrieländer und die Bundesrepublik dargestellt.

Das überwiegende Muster der Dienstleistungsbilanzstruktur der Industrieländer ist recht stabil: Es zeigen sich Dienstleistungsdefizite bei Transportleistungen

Tabelle 6.2/1

Internationale Waren- und Dienstleistungsströme der Industrieländer

	Einnahmen 1978	Einnahmen 1984	Ausgaben 1978	Ausgaben 1984	Saldo 1978	Saldo 1984	Einnahmen 1978	Einnahmen 1984	Ausgaben 1978	Ausgaben 1984	Jahresdurchschnittl Veraenderungsrate Einnahmen 1978/84	Jahresdurchschnittl Veraenderungsrate Ausgaben 1978/84
	in Mrd.SZR						in vH					
Insgesamt	919	1653	888	1681	31	-28	100	100	100	100	10.3	11.2
darunter:												
USA	175	354	184	441	-9	-87	19.0	21.4	20.7	26.2	12.5	15.7
Japan	91	205	77	170	14	35	9.9	12.4	8.7	10.1	14.5	14.1
Bundesrepublik	140	206	125	189	15	17	15.2	12.5	14.1	11.2	6.6	7.1
Waren (fob), insgesamt	663	1158	656	1194	7	-36	100	100	100	100	9.7	10.5
darunter:												
USA	113	215	141	321	-28	-106	17.0	18.6	21.5	26.9	11.3	14.7
Japan	76	164	56	121	20	43	11.5	14.2	8.5	10.1	13.7	13.7
Bundesrepublik	110	160	90	138	20	22	16.6	13.8	13.7	11.6	6.4	7.4
Dienstl.o.Kapitalertraege, insgesamt	177	283	166	276	11	7	100	100	100	100	8.1	8.8
darunter:												
USA	28	54	26	53	2	1	15.8	19.1	15.7	19.2	11.6	12.6
Japan	11	23	17	35	-6	-12	6.2	8.1	10.2	12.7	13.1	12.8
Bundesrepublik	23	34	30	40	-7	-6	13.0	12.0	18.1	14.5	6.7	4.9
Kapitalertraege, insg.	79	212	66	211	13	1	100	100	100	100	17.9	21.4
darunter:												
USA	34	85	17	67	17	18	43.0	40.1	25.8	31.8	16.5	25.7
Japan	4	18	4	14	0	4	5.1	8.5	6.1	6.6	28.5	23.2
Bundesrepublik	7	12	5	11	2	1	8.9	5.7	7.6	5.2	9.4	14.0

Quelle: IMF, Balance of Payments Statistics, Vol.36, Yearbook, Part 2, 1982; eigene Berechnungen

Tabelle 6.2/2

Dienstleistungsströme der Industrieländer und der Bundesrepublik Deutschland

	Einnahmen		Ausgaben		Saldo		Jahresdurchschnittl. Veraenderungsrate		Bundesrepublik in vH d. Industriel.			
							Einnahmen	Ausgaben	Einnahmen		Ausgaben	
	1978	1984	1978	1984	1978	1984	1978/84	1978/84	1978	1984	1978	1984
	in Mrd. SZR											
INDUSTRIELAENDER	255	495	233	487	22	8	11.7	13.1				
Transportleistungen	55	90	59	99	-4	-9	8.6	9.0				
Reiseverkehr	40	65	44	69	-4	-4	8.4	7.8				
Kapitalertraege	79	212	66	211	13	1	17.9	21.4				
Regierungsleistungen	16	28	13	20	3	8	9.8	7.4				
Andere private Dienstleistungen	65	100	51	88	14	12	7.4	9.5				
BUNDESREPUBLIK	30	45	35	52	-5	-7	7.0	6.8	11.8	9.1	15.0	10.7
Transportleistungen	5	8	7	10	-2	-2	8.1	6.1	9.1	8.9	11.9	10.1
Reiseverkehr	4	5	11	14	-7	-9	3.8	4.1	10.0	7.7	25.0	20.3
Kapitalertraege	7	12	5	11	2	1	9.4	14.0	8.9	5.7	7.6	5.2
Regierungsleistungen	4	7	1	1	3	6	9.8	0.0	25.0	25.0	7.7	5.0
Andere private Dienstleistungen	10	13	11	16	-1	-3	4.5	6.4	15.4	13.0	21.6	18.2

Quelle: IMF, Balance of Payments Statistics, Vol.36, Yearbook, Part 2, 1985; eigene Berechnungen (mit steigender Tendenz) sowie bei Reisen und (abnehmende) Überschüsse bei den anderen privaten Dienstleistungen.

Da die Reiseausgaben kaum als Indikator für die Wettbewerbsfähigkeit bei Dienstleistungen herangezogen werden können, kristallisiert sich heraus, daß sich bei den Transportleistungen Hinweise auf eine gute bei den privaten Dienstleistungen auf eine unzureichende Dienstleistungswettbewerbsfähigkeit der Bundesrepublik zeigen. Da bei den privaten Dienstleistungen, wie oben gezeigt wurde, auch Defizite bei Provisionen, Messe- und Werbungskosten, Regiekosten und sonstiger Nebenleistungen im Waren- und Dienstleistungsverkehr zu Buche schlagen, ist diesem Hinweis einige Aufmerksamkeit zu schenken.

6.3 Neue Finanzierungsformen

Besonders rasch war der Strukturwandel im Finanzierungsbereich. Hier ist vor allem die auf den internationalen Finanzmärkten sich vollziehende stürmische Entwicklung einzubeziehen. Anschließend wird kurz das Factoring gestreift, wiederum vor allem in Hinblick auf seine Bedeutung für den Export.

6.3.1 Internationalisierung der Finanzmärkte

Von der weitaus rascheren Expansion internationaler als nationaler Bankgeschäfte in den letzten Jahren und dem starken Strukturwandel in den Finanzierungsformen haben vor allem die OECD-Länder einschließlich ihrer multinational operierenden Unternehmen profitiert. Vor dem Hintergrund dieser Entwicklung wird unmittelbar deutlich, daß eine Beurteilung der Rolle der Finanzierungsinstitutionen allein aus nationaler Sicht oder basierend auf nationalen Statistiken zu falschen Schlußfolgerungen führen kann. Die Entwicklung auf internationalen Finanzmärkten hat aber nicht nur Bedeutung für die Investitionsfinanzierung von Unternehmen des Nichtbankensektors und die Nutzung bestimmter Finanzierungsinstrumente durch Großunternehmen, sondern auch Implikationen für die Stabilität des internationalen Finanz- und Währungssystems und für die nationale Banken- und Geldpolitik.

Für die raschere Expansion der internationalen Finanzmärkte ist eine Vielzahl von Faktoren verantwortlich gemacht worden. Zu nennen sind:

- die starken Zins- und Wechselkursbewegungen, inflationäre Entwicklungen, zunehmende Leistungsbilanzungleichgewichte, die Folgen der Preisschwankungen bei Mineralöl und anderen Rohstoffen sowie die daraus resultierenden Probleme der internationalen Verschuldung;
- die Nutzung der von den neuen Kommunikationstechniken eröffneten Möglichkeiten durch die Banken und schließlich - zum Teil als Folge hiervon -
- die Internationalisierung und Verschärfung des Wettbewerbs zwischen den Banken sowie die Ausweitung der Bankgeschäfte und des Euromarktes, weitgehend als Umgehung der von den jeweiligen Ländern ausgeübten Bankenaufsicht;

Unter dem Druck dieser Entwicklung hat in vielen Ländern tendenziell eine Entregulierung im Finanzbereich stattgefunden. Hinzu kommt, daß die internationale Verschuldungskrise viele Banken mit hohen Beständen an langfristig gebundenen Krediten für Entwicklungsländer gezwungen hat, in zwei Richtungen vorzugehen: Einmal sich verstärkt um bonitätsmäßig einwandfreie Kreditnehmer zu bemühen; zum anderen zu versuchen, sich günstig zu refinanzieren. Von daher sind neue Finanzierungsformen sowohl im Aktiv- als auch im Passivgeschäft der Euro-Banken zu beobachten.

Dabei spielen vor allem zwei Gesichtspunkte eine Rolle: Neue Kreditengagements sollen so wenig wie möglich die Bilanzen verlängern und damit Druck auf die Absicherung durch Eigenkapital auslösen; und: das Risiko des Forderungsbestandes und von Neuengagements soll soweit wie möglich abgewälzt bzw. verteilt werden. Diese Strategien der Banken ließen sich vor allem auf den von nationalen Bankenaufsichtsbestimmungen kaum tangierten internationalen Finanzmärkten, den Euromärkten, verwirklichen. Voraussetzung hierfür waren sicherlich die Spielräume, die von den neuen Informations- und Kommunikationstechniken bereitgestellt worden sind. Die stark gesunkenen Kosten von Speicherung, Auffindung und Übermittlung von Informationen haben Banken zu einer Ausweitung ihres Geschäftsumfangs, zur Diversifikation und zur Internationalisierung ihres Geschäfts genutzt. Die Reduzierung der Transaktionskosten bewirkt Veränderungen auf mehreren Ebenen des Bankgeschäfts (vgl. Niehans,

1983): Sie verändert das Verhältnis von Einlagen zu Bargeld, die Übertragung von verzinsten Anlagen zwischen Personen und, in diesem Zusammenhang am wichtigsten, die Anreize für Banken, Geschäfte mit ihren Zweigstellen - auch im Ausland - zu betreiben. Deshalb verwundert es nicht, daß die Expansion der Euromärkte in den letzten Jahren zu einem ansehnlichen Teil auf die Expansion des Geschäfts zwischen den international tätigen Banken (einschließlich ihrer Zweigstellen) zurückzuführen ist (vgl. BIZ, 1986, S. 100 ff.).

Die Internationalisierung der Finanzmärkte und die Intensität des Wettbewerbs zwischen den beteiligten Finanzierungsinstituten hatten auch deutliche Rückwirkungen auf die sogenannte Liberalisierung der nationalen Geld- und Kreditmärkte, die sich dem Druck, der von den internationalen Finanzmärkten ausging, nicht entziehen konnten. Liberalisierung oder Entregulierung umschreiben dabei eine Fülle von verschiedenen Tatbeständen (vgl. Füllenkemper/Rehm, 1985). Hervorzuheben sind insbesondere die Aufhebung von Marktzugangsbarrieren für Finanzinstitute und Investoren sowie die Zulassung neuer oder bisher auf dem jeweiligen Teilmarkt unerlaubter Finanzierungs- und Anlageformen. Auch in der Bundesrepublik hat die sogenannte Restliberalisierung, die am 1. Mai 1985 wirksam geworden ist, zu Veränderungen am deutschen Kapitalmarkt geführt. Zugelassen sind seither u.a. zinsvariable Anleihen, Nullcouponanleihen und Doppelwährungsanleihen mit DM-Komponente (vgl. Büschgen, 1986).

Hier kann keineswegs breit und tief genug auf die vielfältigen Entwicklungen im internationalen Kreditverkehr eingegangen werden. Dennoch sollen einige Aspekte skizziert werden, die nicht nur für den Strukturwandel auf den Finanzmärkten bedeutsam sind, sondern auch für die Banken- und Geldpolitik.

Der dramatische Strukturwandel in der internationalen Kreditvergabe wird aus der Tabelle 6.3/1 deutlich.

- Das Volumen der klassischen syndizierten Bankkredite ist in den achtziger Jahren absolut und relativ zurückgegangen.
- An ihre Stelle ist mit zunehmendem Gewicht die Festzinsanleihe (straight bond) getreten. 1986 sind mehr als dreimal soviel Festzinsanleihen emittiert worden wie 1983 .
- Bis 1985 hat absolut und relativ auch das Volumen der zinsvariablen Anleihen zugenommen; aufgrund der nunmehr veränderten Zinseinschätzun-

Tabelle 6.3/1

Kapitalaufnahme auf internationalen Kapitalmärkten nach Kreditformen

	1981-82	1983	1984	1985	1986(*)
			in Mrd.US$		
Zinsvariable Anleihen 1)	13.3	19.5	38.2	58.4	30.8
Festzinsanleihen u.a.	50.9	57.6	73.3	109.3	191.1
dar.:Wandelschuldverschreibungen	3.6	8.0	10.8	11.5	20.3
Konsortialkredite	96.4	67.2	57.0	42.0	37.0
dar.:unter offizieller Mitwirkung gewährte Kredite	-	14.3	11.3	7.2	-
Absicherungsfazilitäten(NIFs) 2)	9.7	9.5	28.8	46.8	23.0
dar.:andere Back-up-Fazilitäten	4.8	2.8	11.4	10.5	4.0
insgesamt	170.3	153.8	197.3	256.5	281.9
			in vH		
Zinsvariable Anleihen 1)	7.8	12.7	19.4	22.8	10.9
Festzinsanleihen u.a.	29.9	37.5	37.2	42.6	67.8
dar.:Wandelschuldverschreibungen	2.1	5.2	5.5	4.5	7.2
Konsortialkredite	56.6	43.7	28.9	16.4	13.1
dar.:unter offizieller Mitwirkung gewährte Kredite	-	9.3	5.7	2.8	-
Absicherungsfazilitäten(NIFs) 2)	5.7	6.2	14.6	18.2	8.2
dar.:andere Back-up-Fazilitäten	2.8	1.8	5.8	4.1	1.4
insgesamt	100.0	100.0	100.0	100.0	100.0
			in Mrd.US$		
nachrichtlich:					
Neuverhandlungen		-	5.0	21.1	33.0
Rückzahlungen von Anleihen		18.6	19.5	35.4	56.7
geschätzte Netto-Anleihen		58.5	90.0	131.0	165.0
nicht abgesich.Plazierungsvereinbarung.i.Euro-Handelspapier-Programme		..	..	18.3	49.0
			in vH		
Marktanteil der OECD-Kreditnehmer		70.0	75.8	81.4	88.4
Anteil der auf US$ lautenden Verschuldung		69.1	69.9	64.3	57.2
Anteil der verbrieften Finanzierungsform		54.5	65.3	79.5	85.5

1320(*) Januar-Mai; hochgerechnet auf Jahreswerte
1) Floating Rate Notes
2) Note Issuance Facilities

Quelle: OECD Financial Market Trends 31 (June '85), 34 (June '86)

gen hat 1986 die Begebung von zinsvariablen Anleihen wieder abgenommen. (In den zinsvariablen Anleihen sind auch die in der Diskussion befindlichen Depositenzertifikate mit variabler Verzinsung enthalten.)

- Bis 1985 hat am stärksten die Kreditgewährung in Form von Absicherungsfazilitäten der Banken expandiert. Der Rückgang 1986 ist vor dem Hintergrund zu sehen, daß die Banken neuerdings - seit in einigen Ländern die Absicherungsfazilitäten doch zur Berechnung der notwendigen Eigenkapitaldeckung herangezogen werden - Plazierungsvereinbarungen für die Emission von Euro-Notes eingehen, ohne aber gleichzeitig Eintrittsgarantien abzugeben, wie dies bei den Absicherungsfazilitäten der Fall ist.

Die Einordnung dieser Absicherungsfazilitäten unter die Geschäfte des Kapitalmarktes ist insofern willkürlich, als sie Komponenten des Konsortialkredites und der Anleihe-Finanzierung, d.h. also Ausstattungsmerkmale des Kredit- und des Kapitalmarktes, miteinander kombinieren. Diese Absicherungsfazilitäten sind unter verschiedenen Bezeichnungen bekannt geworden. Zu nennen sind hier beispielsweise die Note-Issuance-Facilities (NIFs) bzw. die Revolving-Underwriting-Facilities (RUFs) - die sich inzwischen in ihrer kurzfristigen Form zu SNIFs und in ihrer transferierbaren Form zu TRUFs entwickelt haben. Zu den Absicherungsfazilitäten gehören neuerdings auch die sogenannten Multi-Komponenten-Fazilitäten, die darauf abzielen, sämtliche Ausstattungsmerkmale der Vereinbarung zwischen Kreditnehmern und Gläubigern flexibel zu halten.

Die neuen Finanzkonstruktionen zeichnen sich dadurch aus, daß die Banken nicht mehr als Kreditgeber, sondern nur noch als Vermittler von Krediten dem Kreditnehmer eine Refinanzierungsgarantie für einen längeren Zeitraum in Form einer back-up-Linie geben. Das Unternehmen muß im Rahmen dieser back-up-Linie versuchen, die von Unternehmen jeweils benötigten Mittel durch die revolvierende Begebung von kurzfristigen Papieren am Markt zu beschaffen. Wenn dies nicht gelingt, so ist die Bank oder das Bankenkonsortium verpflichtet, die Euro-Notes selbst aufzukaufen oder dem Kreditnehmer einen entsprechenden Kredit bereitzustellen. Der Euromarkt transformiert hierdurch Fristigkeiten: Langfristige Kredite werden auf dem Geldmarkt revolvierend refinanziert.

Seit 1984 sind, wie erwähnt, auch nicht abgesicherte Plazierungsvereinbarungen getroffen worden, bei denen die beteiligten Banken dem Emittenten nicht zusichern, daß sie im Fall von Absatzschwierigkeiten eintreten. Solche der Bankpraxis in den USA, den commercial papers, nachempfundenen Euro-Handelspapier-Programme stehen bisher vor allem Emittenten mit höchster Bonität zur Verfügung. Wie aus der Tabelle 6.3/1 ersichtlich, hat diese noch kostengünstigere Form der Kreditvermittlung einen schnell wachsenden Zuspruch erfahren. Hierbei hat wiederum eine Rolle gespielt, daß die bisher überwiegend üblichen Absicherungsfazilitäten von den Bankenaufsichtsbehörden in einigen führenden Ländern in die Berechnung der Eigenkapitalanforderungen tatsächlich einbezogen worden sind bzw. einbezogen werden sollen (vgl. Deutsche Bundesbank, 1986).

Die Vorteile für den Kreditnehmer solcher Plazierungsvereinbarungen mit oder ohne Gewährleistungsgarantie liegen auf der Hand; er hat Wahlfreiheit in Bezug auf Laufzeit, Instrument und Währung. Vor allem ist diese Art der Finanzierung kostengünstig; die Zinsen entsprechen dem 6- Monats-Libor (London Interbank Offered Rate); die Provisionsmarge der Eurobanken für die Plazierungsvereinbarungen beträgt im Fall von Kunden aus Industrieländern mittlerweile weniger als einen halben Prozentpunkt.

Neben den hier skizzierten neuen Finanzierungsformen hat es noch weitere Innovationen im internationalen Finanzgeschäft gegeben, die von Banken zum Teil auch dann genutzt werden, wenn dies zu einer Ausweitung der Bankbilanzen führt. Dazu gehören Währungsswaps, Zinssatzswaps, Zinsterminkontrakte u.a. Erwähnt werden soll, daß die geschilderten Wertpapieremissionen mit diesen anderen Finanzierungsinstrumenten - z.B. mit Währungsswaps - gekoppelt werden können.

Dieser Prozeß der "Verbriefung" von Krediten (Securitization) ist für international operierende Banken deshalb von Vorteil, weil er einen Ausweg aus den Liquiditäts- und Refinanzierungsschwierigkeiten unter den gegenwärtigen Bedingungen der Bankenaufsicht bietet. Denn die Banken haben durch die Handhabung und Kombination der geschilderten Instrumente die Möglichkeit, ihre Bilanzstrukturen wesentlich effizienter zu steuern und damit ihre Ertragskraft zu erhöhen.

Der geschilderten Verbriefungsprozeß hat sich z.T. unterhalb des Bilanzstrichs der Banken abgespielt; die Beurteilung der mit der Verbriefung auch beabsichtigten breiteren Streuung von Risiken ist äußerst schwierig. Als erstes ist festzustellen, daß die aus Absicherungsfazilitäten resultierenden Eventualforderungen und -verbindlichkeiten aus den Bilanzen von Banken und Nicht-Banken nicht mehr ersichtlich sind. Zwar werden diese Absicherungsfazilitäten und auch die unabgesicherten Plazierungsvereinbarungen vor allem von Unternehmen erstklassiger Bonität und von den öffentlichen Händen der OECD-Länder in Anspruch genommen; dennoch ist darauf hinzuweisen, daß auch mit diesen neuen Finanzierungsinstrumenten durchaus Risiken verbunden sind. So wird zumindest von der Seite der Bankenaufsicht bezweifelt, daß die Aufschnürung der traditionellen Risikopakete in Einzelbestandteile und die Umverteilung der Einzelrisiken weg von den Banken hin zu Spezialisten zu einer besseren Risikoverteilung und damit zu einer größeren Stabilität der Märkte geführt habe (vgl. Deutsche Bundesbank, 1986, S. 32). Denn immerhin sei es denkbar, daß hierdurch nicht nachvollziehbare, aber tatsächlich vorhandene Risikokonzentrationen sich herausgebildet haben, die bei stärkeren Markterschütterungen durchaus anfällig sind. Während also von der Seite der Bankenaufsicht auf die Probleme hingewiesen wird, die für die Eigenkapitalausstattung der Banken aus den neuen Finanzierungsinstrumenten resultieren, versuchen die international operierenden Banken einer Einbeziehung solcher Kreditfazilitäten in die Berechnung der Eigenkapitalausstattung zu entgehen. In der Bundesrepublik sollen Gewährleistungen aus Absicherungsfazilitäten im Grundsatz I des Kreditwesengesetzes (KWG) berücksichtigt werden (ebd., S. 33). Nicht zufällig ist seit 1984 die Begebung von nichtabgesicherten Plazierungsvereinbarungen zu Lasten der Absicherungsfazilitäten angestiegen.

In dem Ausmaß, wie die geschilderten Entwicklungen tatsächlich die dem Schutz der Gläubiger der Banken dienenden Regelungen der Aufsichtsbehörden ausgehöhlt haben, ist auch das Finanzierungssystem anfälliger gegenüber Schlechtwetterperioden geworden. Hier sind mittlerweile Korrekturen vorgenommen worden. Ob diese ausreichen, um die erheblichen Risiken der Banken außerhalb ihrer Bilanzen, die ein Mehrfaches der bilanzinternen Risiken betragen können, abzudecken, ist nicht sicher.

Durch die neueren Entwicklungen der nichtabgesicherten Plazierungsvereinbarungen wird für die Banken das Eintritts- und Ausfallrisiko gering. Die traditionelle Bankenaufsicht ist für direkte Kreditbeziehungen zwischen Großunternehmen und Kreditgebern aus dem Nichtbankenbereich nicht zuständig. Eine Einbeziehung solcher Kreditbeziehungen in die Zuständigkeit der Bankenaufsicht erschiene nur dann angebracht, wenn ein generelles Schutzbedürfnis vorläge. Dies ist aber bei solchen Kreditbeziehungen i.d.R. nicht der Fall.

In diesen Fragen der Bankenaufsicht besteht ebenso wie bei anderen Problemen ein enormer Druck zur Vereinheitlichung der nationalen Rahmenbedingungen aufgrund der Mobilität des Kapitals und der Internationalisierung der Bankaktivitäten. Schon kleine Unterschiede, die zu Kostennachteilen führen, können bei dem herrschenden Wettbewerb zu einer erheblichen Benachteiligung des jeweiligen nationalen Standorts führen. Daher wird eine nationalen Besonderheiten Rechnung tragende Politik - z.B. eine Börsenumsatzsteuer, eine Mehrwertsteuer auf Gold u.a. - immer schwerer durchzusetzen sein, wenn dies zu einer Beeinträchtigung der jeweiligen Bankgeschäfte führt. Bei der Börsenumsatzsteuer ist zu vermuten, daß sie den Handel mit zinsvariablen Anleihen behindert: Obwohl sie eine Bagatellsteuer ist, führt sie bei zinsvariablen Anleihen zu fühlbaren Kosten. Auf der anderen Seite ergeben sich Nachahmungszwänge, wenn andere Finanzplätze die Bedingungen für das Bankgeschäft erheblich verbessern (z.B. gegenwärtig London).

Unter dem Blickwinkel von Strukturverschiebungen zwischen sekundärem und tertiärem Sektor ist hervorzuheben, daß der Prozeß der Verbriefung von Krediten auf den Euromärkten als Desintermediation gesehen wird. Die Geschäftsbeziehungen zwischen Kreditnehmern und Banken werden gelockert. Die damit einhergehende Minderung der Einflußmöglichkeiten der Banken könne sich in schwierigen Situationen als Nachteil erweisen (vgl. BIS, 1986, S. 2 ff.). Weiterhin wird darauf verwiesen, daß sich die Forderungsstruktur der Banken tendenziell verschlechtere, wenn erstklassige Kreditnehmer sich direkt auf den internationalen Finanzmärkten bedienen.

Aus der Sicht der Unternehmen ist dieser Prozeß vorteilhaft gewesen; auf den internationalen Kreditmärkten als "Käufermärkten" sind die Kreditkonditionen immer günstiger geworden. Die beachtlichen Steigerungsraten der auf den internationalen Finanzmärkten realisierten verbrieften Kredite verweisen auf den Finanzbedarf der im internationalen Geschäft tätigen Unternehmen.

Hierdurch ist zwar die gesamtwirtschaftliche Unternehmensfinanzierung in der Bundesrepublik nicht nennenswert verbilligt worden, da das Gewicht dieser Eurokredite bisher sehr gering war. Struktur- und wettbewerbspolitisch ist dieser Vorgang jedoch unverwünscht, da viele, insbesondere kleine und mittlere Unternehmen keinen Zugang zu den Euromärkten haben. Die Entwicklung auf dem Euromarkt bleibt auch nicht ohne Rückwirkungen auf die nationale Geldpolitik. Die Ausklammerung des Euromarktgeschehens ist dann ungerechtfertigt, wenn es Einfluß auf die inländische Geldversorgung hat. In diesem Ausmaß der Inlandswirksamkeit des Euromarktes ist die Geldmengendefinition zu überdenken.

Aber auch die Zinspolitik wird schwieriger: Je größer der Anteil der zinsvariablen Anleihen an den gesamten Anleihebeständen ist, desto weniger schlagen Änderungen der Notenbankzinsen auf die Anleihekurse durch und desto geringer ist mithin der "Liquiditätseffekt" von zinspolitischen Maßnahmen. Um ihre geldpolitischen Ziele zu erreichen, müßte die Notenbank ihr Instrumentarium umso stärker einsetzen; dies würde vor allem jene Wirtschaftsbereiche treffen, die überwiegend noch auf die traditionellen Finanzierungsformen angewiesen sind.

Eine andere Konsequenz der internationalen Mobilität des Kapitals - Tag für Tag werden bis zu mehreren Hundert Milliarden Dollar am Devisenmarkt bewegt - ist inzwischen schon eingetreten: Die Geldpolitik der Volkswirtschaften, deren Währungen hier einbezogen sind, hat - auch aufgrund des Übergangs zum flexiblen Wechselkurssystem - eine ausdrückliche Wechselkursorientierung erfahren. So stellt die Bank für Internationalen Zahlungsausgleich wohl ohne Übertreibung fest: "Die Umwelt, in der die Geldpolitik operiert, hat sich in den letzten Jahren fundamental verändert: wegen des Abbaus von Hürden für den internationalen Kapitalverkehr, wegen des fortgesetzten Prozesses finanzieller Deregulation und Innovation und aufgrund der Finanzanlagendiversifikation durch viele Investorengruppen". (BIZ, 1986, S. 155).

6.3.2 Factoring

Zu den neuen Finanzierungsinstrumenten gehört u.a. das Factoring. Das Factoring-Geschäft besteht darin, daß ein Factoring-Unternehmen (der Factor) kurzfristige Forderungen aus Warenlieferungen oder Dienstleistungen vom Lieferanten, dem Factoring-Kunden, nach Zahlungsziel abdiskontiert und gegen entsprechende Gebühren fortlaufend kauft. Der Forderungsschuldner zahlt bei Fälligkeit der Forderung an den Factor. Es ist - aus den USA kommend - 1960 zum ersten Mal in der Bundesrepublik praktiziert worden.

Seine rechtliche Ausformung in der Bundesrepublik erfuhr das Factoring im Laufe der Zeit. Das Factoring mit Delcredereübernahme - der Factor kann nicht bei dem Forderungsveräußerer Rückgriff nehmen, wenn der Forderungsschuldner nicht zahlt - ist inzwischen in der Rechtsprechung unstreitig. Factoring mit oder ohne Delcredere hat auch Eingang in das Kreditwesengesetz (§§ 18 und 19 KWG) gefunden (vgl. Bette, 1985).

Factoring ist ein Beispiel für ein Dienstleistungsbündel; es umfaßt

- das Inkassogeschäft;
- die Übernahme des Risikos innerhalb der Delcredere-Zusage. Dies setzt normalerweise eine Bonitätsprüfung des Abnehmers durch den Factor voraus;
- die Finanzierung bei Auszahlung (eines Teils) des Kaufpreises an den Factoring-Kunden durch den Factor, bevor der Forderungsschuldner gezahlt hat. Auf die Bevorschussung kann aber verzichtet werden.

Factoring ist von seiner Konstruktion her weniger auf Großbetriebe mit eigenen Inkassoabteilungen zugeschnitten als auf mittelständische Unternehmen. Neuerdings kommen jedoch auch größere Unternehmen als Kunden hinzu. Für den Factoring-Kunden stehen den Aufwendungen für Dienstleistungsgebühren und Zinsen des Factors Einsparungen bei entsprechenden, sonst anfallenden eigenen Kosten gegenüber. Wichtiger dürfte bei einer Entscheidung für oder gegen Factoring aber die Abwägung der Kosten gegenüber den Einsparungen infolge des Schutzes vor Forderungsausfällen und infolge der verläßlicheren Finanzdispositionen sein. Schließlich kann Factoring auch die Bilanzoptik und damit die eigene Bonität verbessern.

Factoring als Dienstleistungsbündel erhält durch die Spezialisierung der Factoring-Unternehmen komparative Vorteile, die zunehmend auch im Exportgeschäft eingesetzt werden, zumal Banken die Beleihung von Exportforderungen meistens ablehnen: Banken verlangen i.d.R. ein Akkreditiv. Wenn ausländische Käufer ein Akkreditiv nicht stellen, gleichzeitig aber Zahlungsziele eingeräumt bekommen wollen, ist dies eine Konstellation für Export-Factoring. Dabei bedient sich der Export-Factor eigener Schwestergesellschaften im Ausland oder weltweiter Factoring-Organisationen; er selbst oder der Partner im Ausland übernehmen das Delcredere-Risiko und betreiben das Inkassogeschäft. Entsprechend stehen deutsche Factoring-Gesellschaften ihren ausländischen Partnern als Import-Faktor zur Verfügung.

Factoring ist im Exportgeschäft, aber auch im Inlandsgeschäft, eine Ergänzung des klassischen Bankgeschäfts. Banken sind häufig an Factoring-Gesellschaften beteiligt.

Tabelle 6.3/2

Factoring-Umsätze in der Bundesrepublik Deutschland
in Mrd.DM

	1977	1978	1979	1980	1981	1982	1983	1984	1985	1986(*)
INSGESAMT	4.00	4.96	5.80	6.62	6.72	7.34	7.30	7.70	8.90	10.10
EXPORT				0.36	0.43	0.65	0.59	0.96	1.23	1.60
IMPORT				0.35	0.14	0.28	0.36	0.44	0.51	0.60

(*) GESCHÄTZT

QUELLEN: ANGABEN DES DEUTSCHEN FACTORING-VERBANDES, MAINZ; EIGENE BERECHNUNGEN.

STRUKTUR

	1980	1981	1982	1983	1984	1985	1986
INSGESAMT	100.00	100.00	100.00	100.00	100.00	100.00	100.00
EXPORT	5.44	6.40	8.86	8.08	12.47	13.82	15.84
IMPORT	5.29	2.08	3.81	4.93	5.71	5.73	5.94

DURCHSCHNITTLICHE JÄHRLICHE VERÄNDERUNGSRATEN

1977/85	1981/85
10.51	7.28

Nach Angaben der Factors Chain International beläuft sich der Weltumsatz des Factoring auf über 70 Mrd. $ im Jahr 1984. Daran haben die USA nach wie vor den größten Anteil; die Akzente haben sich aber zugunsten Europas verschoben (vgl. Deutscher Factoring Verband, 1985, S. 25 f.). Das Export-/Import-Factoring hat bei geringem Gewicht - ca. 5 vH - weltweit in den letzten Jahren ein überdurchschnittliches Wachstum zu verzeichnen gehabt.

Angesichts der gestiegenen Zahl von Insolvenzen im Inland und von Risikoaspekten im Export hat in den letzten Jahren vor allem die Delcredere-Funktion die Expansion des Factoring begünstigt. In der Bundesrepublik macht der Factoring-Branche, d.h. den elf in- und ausländischen Unternehmen, bei der Entwicklung des Factoring der § 399 BGB zu schaffen, nach dem der Schuldner mit dem Gläubiger vereinbaren kann, daß dieser die Forderung nicht abtreten darf. Nach Schätzungen des Factoring-Verbandes machen davon 3 000 große und mittlere Unternehmen und zahlreiche staatliche Auftraggeber Gebrauch. Insofern sei das Umsatzpotential geschmälert (vgl. Süddeutsche Zeitung vom 6.10.1986, S. 30). Zwar haben sich auch in der Bundesrepublik die Umsätze zwischen 1977 und 1985 mehr als verdoppelt (vgl. Tabelle 6.3/2), das Umsatzwachstum war aber, verglichen mit dem der Banken, unterdurchschnittlich. Dabei hat - wie auch in anderen Ländern - das Export-Factoring in der Bundesrepublik seinen Anteil am Factoring-Gesamtumsatz deutlich erhöht.

7. Unternehmensorganisation und -verflechtung*

7.1 Zunehmende Aufgabenteilung der Unternehmen

Bis in die sechziger Jahre hinein war es die Regel, daß in Unternehmen unterschiedliche Aufgabenbereiche als Betriebsteile der gleichen rechtlichen Einheit geführt wurden. Diese Entwicklung wurde durch die damalige Allphasenumsatzsteuer begünstigt. Seit der Einführung des Mehrwertsteuersystems im Jahr 1968 wird die Aufteilung der vertikalen Produktionsprozesse auf rechtlich selbständige Unternehmen nicht mehr benachteiligt. Die Folge war, daß das Spektrum für die Organisation von Unternehmen größer geworden ist. Neue Tätigkeitsbereiche werden häufig dadurch erschlossen, daß für diese Aufgaben rechtlich selbständige Unternehmen gegründet werden. Die Vorteile dieser Handlungsweise liegen in der Verringerung des Haftungsrisikos und in der größeren Flexibilität. Äußeres Zeichen dieser Entwicklung ist beispielsweise, daß die Zahl derjenigen Unternehmen außerordentlich stark zugenommen hat, die in der Rechtsform einer GmbH geführt werden. 1970 gab es lediglich 74 Tsd. Unternehmen dieses Typs, 1986 waren es mit 340 Tsd. fast fünfmal so viele (Statistisches Jahrbuch 1986).

Allerdings ist diese Entwicklung auch auf die verstärkte Umwandlung bestehender Personengesellschaften (Einzelunternehmen, OHG) und zum Teil auch von Aktiengesellschaften in diese Rechtsform zurückzuführen. Auch geht es bei dieser Zunahme der Unternehmen in der Rechtsform der GmbH, soweit sie von Unternehmen gegründet werden, nicht allein um die Übernahme neuer Tätigkeitsfelder: Ein wichtiges Merkmal der veränderten Unternehmensorganisation ist auch, daß immer mehr dazu übergegangen wird, unterschiedliche Aufgaben durch eigens dafür zuständige Unternehmen wahrnehmen zu lassen, auch wenn die Funktion dieser Unternehmen Teil eines übergeordneten zusammenhängenden Produktions-und Finanzierungsprozesses ist. Als Oberbegriff für diesen Sachverhalt soll hier von Unternehmensverbund gesprochen werden. Während in früheren Jahren eine derartige Aufgabenteilung in erster Linie auf der Absatzseite durch die Teilung von Vertriebs- und Produktionsbereich üblich war, wurde in den siebziger Jahren immer stärker der Kapitalbereich Gegenstand von Unternehmensaufteilungen.

* Dieser Teil ist bereits veröffentlicht worden (vgl. Görzig, Schulz 1987).

Verstärkt wird dabei die Gesellschaftsform der GmbH auch zur Lenkung des Kapitaleinsatzes im Unternehmensverbund eingesetzt. Eine derartige Organisationsform erlaubt es, die in den Unternehmensteilen entstandenen Gewinne dort einzusetzen, wo höhere Erträge zu erwarten sind, unabhängig vom angestammten Produktionsschwerpunkt der jeweiligen Unternehmen. Diese Konstruktion dient also der besseren Anpassung an den strukturellen Wandel. Hinzu kommt die Verminderung des Verlustes im Insolvenzfalle. Zudem wird die Disposition über die von Produktionsunternehmen genutzten Anlagen unter bestimmten Voraussetzungen den Mitbestimmungsregelungen entzogen. Neben diesen generellen Vorteilen spielen im konkreten Fall oft sehr unterschiedliche und nicht immer übertragbare Faktoren für die Unternehmensaufspaltung eine Rolle.

In zunehmendem Maße werden Anlagen von produzierenden Unternehmen nicht gekauft, sondern lediglich gemietet. Dies gilt besonders für die Unternehmen eines Unternehmensverbundes. Die Vorteile der Trennung von Kapitalhaltungsgesellschaft und Produktionsgesellschaft können auch das Finanzkapital betreffen, wenn der Finanzierungsbereich des Produktionsunternehmens so weit wie möglich einem rechtlich selbständigen Unternehmen übertragen wird, das dem Produktionsunternehmen die notwendigen Finanzmittel zur Verfügung stellt. Ein Beispiel hierfür sind Versicherungsunternehmen, die eine Kapitalhaltungsgesellschaft gründen, um die Disposition über Teile ihrer Mittel der Kontrolle des Bundesaufsichtsamtes für das Versicherungswesen entziehen zu können. Für gemeinnützige Unternehmen ist, aus der Sicht der Eigentümer, eine Konstruktion zweckmäßig, bei der die Kapitalhaltungsgesellschaft nicht den Vorschriften über die Gemeinnützigkeit unterliegt.

Innerhalb des Unternehmensverbundes sind die Gewinne in weiten Grenzen disponibel; dies heißt auch, daß verdeckter Gewinntransfer möglich ist. Ein Beispiel hierfür sind Mietkonditionen für Produktionsanlagen, von denen es abhängt, ob die Gewinne beim Produktionsunternehmen oder bei der Kapitalhaltungsgesellschaft anfallen. Ebenso sind Kreditkonditionen zwischen den Unternehmen eines derartigen Verbundes gestaltbar und müssen sich nicht an den Marktzinsen orientieren. Steuerliche Vorteile dürften bei derartigen Gewinntransfers nur für länderübergreifende Transaktionen eine Rolle spielen. Bei inländischen Unternehmen sind es vor allem die genannten unternehmensorganisatorischen Ziele, die für einen Gewinntransfer sprechen. Lediglich in dem seltenen Fall, daß keine Verlustübernahmeverträge bestehen, ist der verdeckte Gewinntransfer über Preise und Kreditkonditionen dann steuerlich von Vorteil, wenn ein Unternehmen im Unternehmensverbund Verluste macht. In diesem Fall kann der steuerliche Gewinn des gesamten Unternehmensverbundes durch verdeckte Gewinntransfers vermindert werden.

Bei Konzernen kommt hinzu, daß der Zwischengewinnausweis im Falle des verdeckten Gewinntransfers entfallen kann. Als Zwischengewinne in der Konzernbilanz sind nach Aktienrecht jene in den einzelnen Unternehmen realisierten Gewinne aufzuführen, die von Geschäften mit Konzernunternehmen herrühren und für den Konzern als Ganzes noch nicht realisiert worden sind (vgl. § 329 Aktiengesetz).

Von Einfluß ist der verdeckte Gewinntransfer auch für die wirtschaftspolitische Beurteilung des strukturellen Wandels, insbesondere in den Branchen, in denen die Unternehmen sehr stark in einen Unternehmensverbund integriert sind. Die Entwicklung solcher Branchen kann sich für den außenstehenden Beobachter allein deshalb schlechter darstellen, weil hier ein nicht erkennbarer Gewinntransfer zu den entsprechenden Kapitalhaltungsgesellschaften stattgefunden hat. Inwieweit dies quantitativ eine Rolle spielt, ist schwer zu beurteilen. Die überdurchschnittliche Entwicklung der Gewinne und Renditen im Dienstleistungsbereich, in dem wiederum die Beteiligungsgesellschaften besonders expansiv sind, weist auf einen derartigen verdeckten Gewinntransfer hin.

Die konkrete Ausgestaltung des Unternehmensverbundes hat viele Facetten. Nicht immer muß ein Unternehmen, das sich in wesentlichen Teilen mit der Konzernverwaltung befaßt, auch gleich als Beteiligungs- oder Holdinggesellschaft firmieren. Umgekehrt ist eine Beteiligungsgesellschaft nicht zwangsläufig die Obergesellschaft eines Unternehmensverbundes. Dennoch ist die Entwicklung der Beteiligungsgesellschaften und der Konzerne ein wesentliches Element der genannten Veränderungen in der Unternehmensorganisation.

7.2 Die Entwicklung der Beteiligungs- und Anlagegesellschaften

Als Beteiligung gilt nach Aktienrecht der Erwerb von mehr als 25 vH des Grundkapitals einer Kapitalgesellschaft bzw. die Tätigkeit als Gesellschafter in einer Personengesellschaft. Ist der Wert der Beteiligung geringer, so handelt es sich um eine Finanzanlage. Ist die Beteiligung größer als 50 vH, so liegt in der Regel ein Konzernverhältnis vor. Für die Einordnung in bestimmte Wirtschaftszweige hat diese aktienrechtliche Bestimmung allerdings nur begrenzte Bedeutung. In der Statistik der Kapitalgesellschaften, die hier ausgewertet wurde, ist ein Unternehmen nach dem Schwerpunkt seiner wirtschaftlichen Tätigkeit, die überwiegend am Umsatz gemessen wird, einem Wirtschaftszweig zugeordnet. Unternehmen, deren Aufgabenschwerpunkt die Verwaltung von Kapital ist, sind nach diesen Kriterien allerdings schwer einzuordnen. Nicht immer verrät der Name etwas über die Funktion, die sich im Laufe der Zeit zudem gewandelt haben mag. Insofern dürfte die Abgrenzung zwischen einer Beteiligungsgesellschaft und einer reinen Vermögensverwaltungs- oder einer Finanzanlagegesellschaft nicht immer einfach sein. In Tabelle 7.2/1 sind daher neben den Beteiligungsgesellschaften auch die Vermögensverwaltungsgesellschaften einschließlich der Grundstücksgesellschaften und die finanziellen Sektoren Kreditinstitute und Versicherungen aufgenommen worden.

Die Angaben der Statistik der Kapitalgesellschaften mußten für die Zwecke dieser Untersuchung zunächst in eine vergleichbare sektorale Gliederung gebracht werden, da seit Anfang des Jahres 1980 die Kapitalgesellschaften entsprechend einer geänderten Fassung der Systematik für Wirtschaftszweige eingeordnet werden. Um zu vergleichbaren Werten für 1970 zu gelangen, wurden aus den Jahresendwerten von 1979 auf der Basis der alten Systematik und den Jahresanfangwerten von 1980 auf der Basis der neuen Systematik sektorale Umrechnungsfaktoren gebildet, die auch für die Jahre zuvor angewandt wurden.

Die Tabelle macht deutlich, daß in der Zeit von 1970 bis 1986 sowohl bei den Aktiengesellschaften als auch bei den Gesellschaften mit beschränkter Haftung die Unternehmen des verarbeitenden Gewerbes an Gewicht verloren haben. Insgesamt ging der Anteil des verarbeitenden Gewerbes am Nominalkapital aller Kapitalgesellschaften von 51 vH im Jahre 1970 auf 41 vH im Jahre 1986 zurück.

Tabelle 7.2/1

Die Entwicklung des Nominalkapitals der Kapitalgesellschaften 1)

	Kapitalgesellschaften insgesamt								
	Anzahl in 1000		Kapitalbestand 2)						
			Mrd. DM		Struktur in vH		Jahresdurchschn. Veränderung in vH		
							Insgesamt	durch Kapital-erhöhung 3)	durch Zugänge, Wechsler u.ä. 4)
	1970	1986	1970	1986	1970	1986			
Verarbeitendes Gewerbe	21.3	69.5	48.35	102.82	51.3	41.3	4.8	5.2	-0.3
Finanz- u. Anlagegesellsch.	17.0	67.7	17.73	68.19	18.8	27.4	8.8	8.2	0.5
Kreditinstitute	0.3	0.4	4.19	16.99	4.4	6.8	9.1	8.9	0.2
Versicherungsgewerbe	0.6	1.1	1.15	5.29	1.2	2.1	10.0	10.6	-0.5
Wohnungsunternehmen	2.9	5.5	3.41	6.70	3.6	2.7	4.3	4.8	-0.4
Grundstückswesen	2.7	19.7	1.99	5.11	2.1	2.1	6.1	4.1	1.9
Beteiligungsgesellschaften	7.4	30.0	5.90	29.93	6.3	12.0	10.7	9.4	1.1
Vermögensverwaltung	3.1	11.0	1.09	4.17	1.2	1.7	8.7	8.7	0.1
Übrige Bereiche	37.8	204.4	28.10	77.83	29.8	31.3	6.6	6.3	0.3
Insgesamt	76.0	341.7	94.18	248.84	100.0	100.0	6.3	6.2	0.1
	Aktiengesellschaften								
Verarbeitendes Gewerbe	1.0	0.7	28.55	50.39	52.0	45.4	3.6	3.9	-0.3
Finanz- u. Anlagegesellsch.	0.7	0.9	10.03	30.55	18.3	27.5	7.2	7.1	0.1
Kreditinstitute	0.2	0.2	3.56	12.84	6.5	11.6	8.4	8.3	.0
Versicherungsgewerbe	0.2	0.3	1.14	5.23	2.1	4.7	10.0	10.6	-0.5
Wohnungsunternehmen	0.1	0.1	0.82	1.48	1.5	1.3	3.8	4.2	-0.4
Grundstückswesen	0.1	0.1	0.91	1.04	1.7	0.9	0.8	-2.4	3.3
Beteiligungsgesellschaften	0.1	0.2	3.47	9.73	6.3	8.8	6.7	6.1	0.5
Vermögensverwaltung	0.1	0.1	0.13	0.23	0.2	0.2	3.7	4.9	-1.1
Übrige Bereiche	0.6	0.6	16.35	30.06	29.8	27.1	3.9	4.2	-0.3
Insgesamt	2.3	2.1	54.92	111.00	100.0	100.0	4.5	4.7	-0.2
	Gesellschaften mit beschränkter Haftung								
Verarbeitendes Gewerbe	20.2	68.9	19.80	52.43	50.4	38.0	6.3	6.7	-0.4
Finanz- u. Anlagegesellsch.	16.3	66.8	7.70	37.64	19.6	27.3	10.4	9.4	1.0
Kreditinstitute	0.1	0.2	0.63	4.15	1.6	3.0	12.5	11.6	0.8
Versicherungsgewerbe	0.4	0.8	0.01	0.06	.0	.0	11.0	9.5	1.4
Wohnungsunternehmen	2.8	5.4	2.59	5.21	6.6	3.8	4.5	5.0	-0.5
Grundstückswesen	2.7	19.6	1.08	4.08	2.7	3.0	8.7	7.0	1.6
Beteiligungsgesellschaften	7.3	29.9	2.43	20.20	6.2	14.7	14.2	12.5	1.5
Vermögensverwaltung	3.0	10.9	0.96	3.94	2.4	2.9	9.2	9.1	0.1
Übrige Bereiche	37.2	203.8	11.75	47.77	29.9	34.7	9.2	8.5	0.6
Insgesamt	73.7	339.5	39.26	137.84	100.0	100.0	8.2	7.8	0.3

1) Systematik der Wirtschaftszweige (Ausgabe 1979)
2) Grundkapital bei den Aktiengesellschaften; Stammkapital bei den Gesellschaften mit beschränkter Haftung, Jahresanfangswerte
3) Nettoeffekt aus Kapitalerhöhung und -herabsetzung
4) Nettoeffekt aus Zu- und Abgängen

Quelle: Statistisches Bundesamt, Eigene Berechnungen

Der Anteilsrückgang war in der ersten Hälfte der siebziger Jahre stärker als in der zweiten Hälfte; danach hat er sich nicht fortgesetzt.

Ausgeglichen wurde dieser Rückgang im Gewicht des verarbeitenden Gewerbes fast ausschließlich durch die erheblich beschleunigte Zunahme bei den Finanzierungs- und Anlagegesellschaften. Von Bedeutung ist vor allem die Entwicklung der Kreditinstitute, deren Anteil am Grundkapital der Aktiengesellschaften sich von 6,5 vH im Jahre 1970 auf 11,6 vH steigerte, und die Zunahme bei den Beteiligungsgesellschaften, deren Anteil am Stammkapital der Gesellschaften mit beschränkter Haftung auf 14,7 vH mehr als verdoppelt wurde. Überdurchschnittlich expandiert haben auch die Versicherungsunternehmen. Ihre Zunahme fiel jedoch, gemessen am Nominalkapital, weniger ins Gewicht.

Die Ausweitung des Nominalkapitals erfolgte überwiegend durch die Heraufsetzung des Kapitals bei bestehenden Unternehmen. Zwar war insbesondere bei den GmbHs die Gründungsaktivität außerordentlich hoch. Von Gewicht für die Ausweitung des Kapitalbestandes waren die Neugründungen allerdings nicht. Bei den als Unternehmen in der Rechtsform der GmbH geführten Beteiligungsgesellschaften nahm beispielsweise das Stammkapital jahresdurchschnittlich um 14 vH zu. Um durchschnittlich 12,5 vH hätte es allein wegen der Kapitalheraufsetzungen (Kapitalherabsetzungen haben kaum Bedeutung) zugenommen. In den restlichen 1,5 Prozentpunkten der jahresdurchschnittlichen Zuwachsrate schlägt sich der Nettoeffekt von Zugängen und Abgängen nieder. Dabei handelt es sich nicht allein um Neugründungen, sondern auch um die Wirkung einer veränderten Zuordnung von Unternehmen, die ihren Schwerpunkt und damit auch den Wirtschaftszweig gewechselt haben. Auch wenn Unternehmen ihre Gesellschaftsform ändern, werden sie hier erfaßt.

Der für das verarbeitende Gewerbe ausgewiesene negative Wert weist daher weniger auf Unternehmensschließungen hin als auf solche Unternehmen, die ihren Schwerpunkt und damit auch ihren Wirtschaftszweig gewechselt haben. Die quantitativ geringe Bedeutung der Neugründungen für die Expansion des Nominalkapitals wird allerdings dann unterschätzt, wenn neugegründete Unternehmen in den Jahren nach der Gründung ihr Kapital überdurchschnittlich stark erhöhen.

Schaubild 7.2/1

Struktur des Nominalkapitals

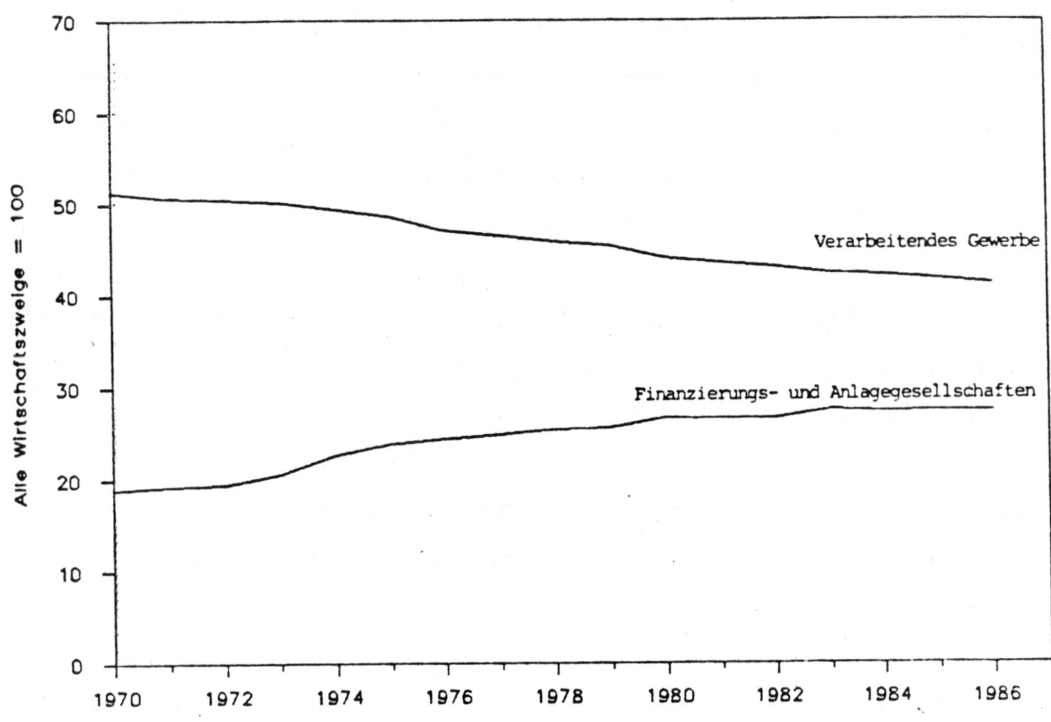

Schaubild 7.2/2

Entwicklung des Kapitalanteils
ausgewählter Zweige des tertiären Bereichs

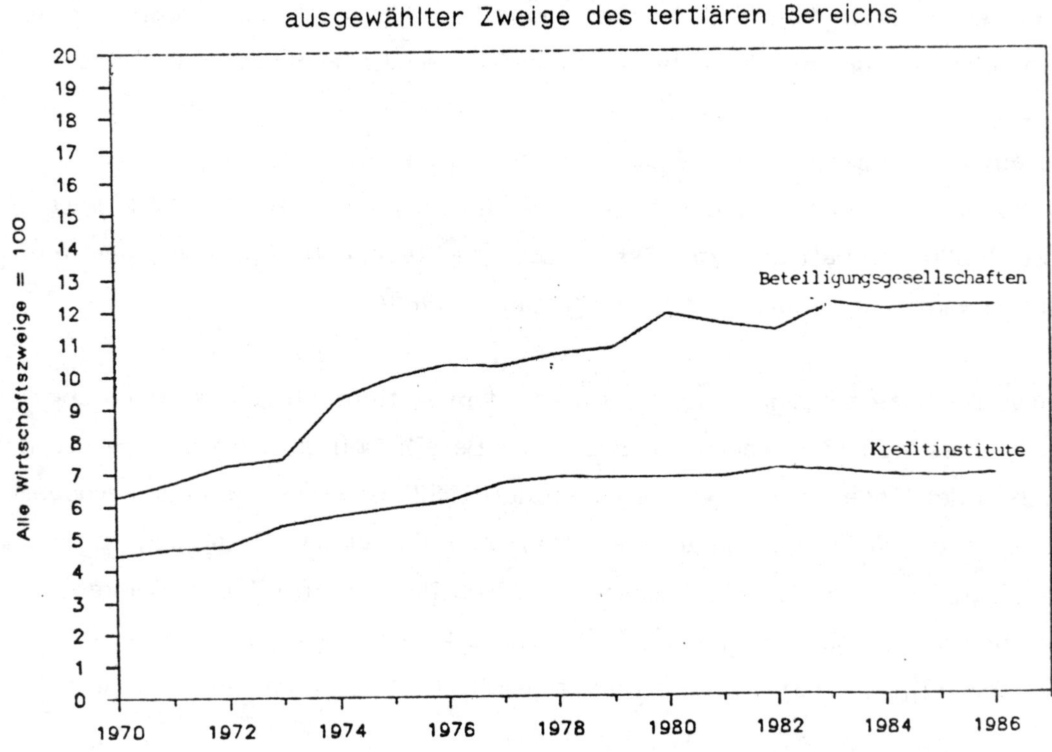

7.3 Die Entwicklung der Konzerne

Neben den Beteiligungsgesellschaften sind es vor allem Konzerne, in denen sich die Entwicklung zum Unternehmensverbund manifestiert. Die Zahl der Konzerne in der Bundesrepublik Deutschland hat sich ständig erhöht. Dies gilt in jedem Fall für die Konzerne nach Aktienrecht. Die Tabelle 7.3/1 zeigt, daß von 1970 bis 1982 die Zahl der Aktiengesellschaften um fast 200 zurückgegangen ist. Der Anteil der Konzernobergesellschaften an der Gesamtzahl der Aktiengesellschaften hat dementsprechend zugenommen (vgl. Statistisches Bundesamt 1986). Soweit erkennbar haben sich Zahl und Struktur der von den Konzernobergesellschaften beherrschten Unternehmen erheblich verändert. Während die Zahl der von Konzernunternehmen beherrschten Aktiengesellschaften kaum variierte, nahm die Zahl der beherrschten GmbHs von 1 800 auf 2 700 kräftig zu. Noch stärker gestiegen ist die Zahl der Unternehmen in den übrigen Gesellschaftsformen. Dabei handelt es sich vor allem um Unternehmen mit dem Sitz im Ausland.

Auch die Zahl der Konzerne im Sinne des Publizitätsgesetzes, das jene Unternehmen erfassen soll, die nicht unter das Aktienrecht fallen, wie die GmbHs und die Personengesellschaften, hat sich kräftig erhöht. Allerdings kann von dieser Erhöhung allein nicht auf eine zunehmende Unternehmensverflechtung geschlossen werden, da die Publizitätspflicht an bestimmte Kriterien gebunden ist, die im Zuge der wirtschaftlichen Entwicklung auf immer mehr Unternehmen zutreffen. Publizitätspflicht liegt in der Regel vor, wenn in drei aufeinanderfolgenden Geschäftsjahren mindestens zwei der folgenden Merkmale überschritten worden sind: 125 Mill. DM Bilanzsumme, 250 Mill. DM Umsatzerlöse, 5 000 Beschäftigte (vgl. Gesetz über die Rechnungslegung von bestimmten Unternehmen und Konzernen vom 15. August 1969).

Obwohl Konzernobergesellschaften nach dem Aktienrecht die einheitliche Leitung eines Konzerns wahrnehmen und die Beteiligung an den Konzernunternehmen in der Regel über 50 vH liegt, wurden 1982 nur 66 der 368 Konzernobergesellschaften den Beteiligungsgesellschaften zugerechnet. Gemessen an der Gesamtzahl von 156 Beteiligungsgesellschaften ist der Anteil der Konzerne hier am höchsten (vgl. Tabelle 7.3/2). Besser erkennen läßt sich das Gewicht der Konzerne im Bereich der Beteiligungsgesellschaften, wenn man das Grundkapi-

Tabelle 7.3/1

Entwicklung und Struktur der Konzerngesellschaften nach Aktienrecnt

Zahl der Gesellschaften ohne Kreditinstitute und Versicherungen

	1970	1982
Aktiengesellschaften	1923	1727
Konzernobergesellschaften	334	368
Ohne weitere Angaben	59	81
Mit Ang. über Konzernges.	275	287
Zahl der bekannten Konzern-gesellschaften 1)	2510	4350
Aktiengesellschaften	311	304
GmbH	1832	2700
Übrige Gesellschaftsformen	367	1346
darunter Ausland	.	922

1)Ohne Konzernobergesellschaften

Quelle: Statistisches Bundesamt, Eigene Berechnungen

Tabelle 7.3/2

Entwicklung von Zahl und Kapital der Konzernunternehmen nach Aktienrecht 1)

	Aktiengesellschaften				Konzerne			
	Anzahl		Kapital 2)		Anzahl		Kapital 2)	
	1970	1983	1970	1983	1970	1983	1970	1983
Verarbeitendes Gewerbe	1035	683	28546	44858	208	161	16236	25618
Finanz- u. Anlagegesellsch.	697	864	10027	27519	39	89	2767	8956
Kreditinstitute	184	177	3557	11226	.	.	.	.
Versicherungsgewerbe	176	240	1140	3896	.	.	.	.
Wohnungsunternehmen	92	83	817	1332	1	7	1	175
Grundstückswesen	90	120	911	806	5	11	95	139
Beteiligungsgesellschaften	91	156	3472	9779	31	66	2669	8627
Vermögensverwaltung	64	88	131	480	2	5	2	15
Übrige Bereiche	585	593	16348	26787	92	118	8172	12331
Insgesamt	2317	2140	54921	99164	340	368	27175	46905

1) Systematik der Wirtschaftszweige (Ausgabe 1979)
2) Grundkapital bei den Aktiengesellschaften; Stammkapital bei den Gesellschaften mit beschränkter Haftung, Jahresanfangswerte

Quelle: Statistisches Bundesamt, Eigene Berechnungen

tal betrachtet. Von dem Grundkapital der als Aktiengesellschaft geführten Beteiligungsgesellschaften in Höhe von 9,6 Mrd. DM im Jahr 1982 entfielen 8,6 Mrd. DM (88 vH) auf Konzernobergesellschaften. In dieser Summe ist allerdings nicht nur das Grundkapital der als Aktiengesellschaften geführten Konzernobergesellschaften enthalten, sondern auch das Stammkapital einiger weniger GmbHs, die nach Aktienrecht einen Konzernabschluß vorlegen müssen.

Viele Unternehmen, deren Schwerpunkt früher in der Güterproduktion lag, haben sich im Zuge der veränderten Unternehmensorganisation immer stärker als Beteiligungsgesellschaft oder Konzernobergesellschaft betätigt, ohne ihre Tätigkeit im Bereich der Güterproduktion völlig einzustellen. Nur in wenigen Fällen, wie bei der VARTA AG, früherer Wirtschaftszweig Elektrotechnik, dem Salzgitter-Hüttenwerk, früherer Wirtschaftszweig Eisen und Stahl, der Firma Rosenthal, früherer Wirtschaftszweig Feinkeramik, ist der veränderten Aufgabenstellung dadurch Rechnung getragen worden, daß diese Gesellschaften dem Wirtschaftszweig "Beteiligungsgesellschaften" zugerechnet worden sind. In der Mehrzahl der Fälle hat dieser Prozeß der veränderten Aufgabenstellung im Unternehmensverbund nicht zu einer entsprechenden Zuordnung geführt. Für Dritte ist daher der veränderte Aufgabenschwerpunkt nicht unmittelbar erkennbar. Hinzu kommt, daß im Zuge dieser Entwicklung häufig der Name des Unternehmens ebenso gewechselt wurde wie auch zuweilen die Rechtsform.

Häufiger werden die Konzernobergesellschaften in den an der Güterproduktion orientierten Statistiken weiterhin dem Wirtschaftszweig ihrer angestammten Produktionstätigkeit zugeordnet, obwohl der Schwerpunkt ihrer Tätigkeit in der Verwaltung und der finanziellen Organisation des Unternehmensverbundes liegt.

Ein Beispiel hierfür ist die Mannesmann AG, die zwar Konzernobergesellschaft ist, wirtschaftszweigsystematisch jedoch noch immer der Eisen- und Stahlindustrie zugerechnet wird. Für die Zuordnung zu diesem Wirtschaftszweig sind die Umsätze maßgeblich. Der Jahresabschluß der Mannesmann AG, der in der Tabelle 7.3/3 zusammen mit dem Konzernabschluß für das Jahr 1984 wiedergegeben wird, zeigt jedoch, daß die Umsätze - sie entsprechen im wesentlichen dem Posten Gesamtleistungen - im Verhältnis zu den Erträgen aus Gewinnabführungen, Beteiligungen und Zinsen nicht ausschlaggebend für die Aktivitäten dieses Unternehmens sind. Auch die Aufwandseite wird in starkem Maße durch

Tabelle 7.3/3

Jahresabschluß der Mannesmann AG und des Mannesmann Konzerns in 1984
in Mill. DM

	AG	Welt-konzern
-Bilanz-		
Sachanlagen und Vorräte	924	5740
Beteiligungen	2310	469
Forderungen an verbundene Unternehmen	1108	7
gegebene Lieferantenkredite 1)	38	3248
Bilanzsumme	4893	10914
- Erhaltene Lieferantenkredite 1)	30	1079
- sonstige Verbindlichkeiten (saldiert)	247	4792
- Verbindlichkeiten gegenüber verbundenen Unternehmen	1499	73
= Eigenkapital	2603	3519
Grundkapital	1167	1167
Rücklagen	1436	1436
Konsolidierungsausgleichsposten	-	916
-Erfolgsrechnung-		
Gesamtleistung	237	16545
- Materialeinsatz	12	8259
= Rohertrag	225	8286
+ Erträge		
Gewinnabführungen	191	4
Beteiligungen	122	72
Zinsen u.ä.	234	376
- Aufwendungen		
Verlustübernahmen	218	0
Zinsen u.ä.	241	227
Übrige (saldiert)	185	8322
= Überschuß	128	188

1) Einschl. Anzahlungen

Verlustübernahmen und Zinsen geprägt. Der Materialeinsatz dagegen ist kaum von Bedeutung. Die Beteiligungen der Mannesmann AG übersteigen die Sachanlagen um das 2,5 fache. Die Höhe von Forderungen und Verbindlichkeiten gegenüber verbundenen Unternehmen zeigt, daß die Aufgabe dieses Unternehmens deutlich die einer Finanzierungsinstitution im Rahmen des Konzernverbundes ist.

Im Konzernabschluß von Mannesmann, der für alle Konzerngesellschaften zusammen aufgestellt wird, werden all jene Posten, die die Beziehungen der Konzernunternehmen zueinander betreffen, aufgerechnet. Im konsolidierten Jahresabschluß für den Weltkonzern spielen diese Posten dagegen im Verhältnis zu den mit Güterproduktion verbundenen Positionen der Erfolgsrechnung, wie der Materialeinsatz oder auch die Lieferantenkredite, nur eine untergeordnete Rolle. Die Struktur des Konzernabschlusses ist daher die eines Unternehmens der Güterproduktion.

Bei der Mannesmann AG ist der Übergang zu einer reinen Konzernverwaltungs- und -finanzierungsgesellschaft weit fortgeschritten. Vergleicht man die Jahresabschlüsse der Aktiengesellschaften insgesamt mit den konsolidierten Jahresabschlüssen der Konzerne, so sind die Strukturunterschiede nicht so gravierend. Sie werden durch den Aggregationseffekt ausgeglichen, der sich beispielsweise durch die unterschiedliche Struktur der Jahresabschlüsse in den Branchen ergibt. Eine zur besseren Analyse dieses Effekts erforderliche Aufschlüsselung der Konzernabschlüsse nach Wirtschaftszweigen steht allerdings nicht zur Verfügung. Es ist ferner anzunehmen, daß das Ausmaß, in dem die Konzernobergesellschaften als Verwaltung- und Finanzierungsgesellschaften dienen, je nach Umfang des Konzerns unterschiedlich groß ist.

Die für die Mannesmann AG gefundene Grundtendenz bestätigt sich auch für die Gesamtheit der zur Verfügung stehenden Jahresabschlüsse. Für 1982 konnten die Jahresabschlüsse von insgesamt 1506 Aktiengesellschaften ausgewertet werden. Das Grundkapital dieser Gesellschaften betrug 81 Mrd. DM (Tabelle 7.3/4). Das konsolidierte Grundkapital von 287 erfaßten Konzerngesellschaften erreichte mit 31 Mrd. DM fast 40 vH des Kapitals der Aktiengesellschaften insgesamt (Tabelle 7.3/5). Dabei ist zu berücksichtigen, daß in dieser Zahl auch das Grundkapital von zusätzlich mehr als 300 Aktiengesellschaften enthalten

Tabelle 7.3/4

Unternehmen

Struktur und Entwicklung der konsolidierten Jahresabschlüsse

	1982 in Mrd. DM				Jahresdurchschnittliche Veränderung in vH gegenüber 1972 2)				im Erfassungsgrad 3)			
	AG	Publizitätspfl. Unternehm.			AG	Publizitätspfl. Unternehm.			AG	Publizitätspfl. Unternehm.		
-Bilanz-		Insg.	GmbH	Übrige		Insg.	GmbH	Übrige		Insg.	GmbH	Übrige
Sachanlagen und Vorräte	309.74	78.20	60.43	17.77	5.8	5.3	5.1	5.7	0.1	6.4	7.1	4.2
Beteiligungen	85.72	12.66	9.23	3.43	7.3	9.2	7.3	13.8	1.8	4.4	6.9	-1.0
Forderungen an verbundene Unternehmen	54.38	15.46	12.08	3.38	12.6	12.7	12.3	13.1	0.9	7.8	9.9	3.0
gegebene Lieferantenkredite 1)	72.36	34.26	27.36	6.90	7.2	10.1	10.3	9.3	0.3	7.1	8.2	3.9
Bilanzsumme	596.89	159.41	123.89	35.53	7.0	7.4	7.3	7.6	0.4	6.2	7.2	3.6
- Erhaltene Lieferantenkredite 1)	89.27	27.98	23.03	4.96	11.6	10.9	12.7	5.5	-1.4	7.6	7.5	7.3
- sonstige Verbindlichkeiten (saldiert)	224.59	63.46	48.16	15.31	5.7	7.1	5.8	10.2	0.7	7.1	9.6	1.1
- Verbindlichkeiten gegenüber verbundenen Unternehmen	47.81	14.11	11.88	2.24	11.6	7.7	7.3	9.8	1.6	7.9	8.1	6.5
= Eigenkapital	160.52	35.01	26.04	8.98	5.1	5.2	5.0	5.4	0.7	4.7	4.8	4.7
-Erfolgsrechnung-												
Gesamtleistung	755.08	.	188.72	.	9.9	.	9.1	.	0.4	.	6.8	.
- Materialeinsatz	512.73	.	163.96	.	12.0	.	10.7	.	1.4	.	12.4	.
= Rohertrag	288.62	.	71.02	.	7.2	.	7.3	.	0.4	.	4.8	.
+ Erträge												
Gewinnabführungen	4.44	.	0.39	.	9.4	.	8.0	.	1.8	.	11.1	.
Beteiligungen	5.40	.	0.86	.	13.5	.	8.9	.	1.4	.	10.3	.
Zinsen u.ä.	9.61	.	1.85	.	15.5	.	14.3	.	0.1	.	7.0	.
- Aufwendungen												
Verlustübernahmen	3.99	.	0.38	.	17.7	.	16.3	.	-0.4	.	9.6	.
Zinsen u.ä.	14.11	.	3.36	.	8.4	.	7.3	.	0.4	.	11.2	.
Übrige (saldiert)	281.62	.	66.42	.	7.7	.	7.6	.	0.3	.	4.4	.
= Überschuß	8.35	.	3.96	.	-0.2	.	2.7	.	2.3	.	12.9	.

1) Einschl. Anzahlungen
2) Ermittelt durch Verknüpfung der jährlichen Wachstumsraten, die für einen jeweils unveränderten Berichtskreis ermittelt wurden
3) Veränderung, die auf Unterschiede im Umfang des Berichtskreises zurückzuführen ist.

Quelle: Statistisches Bundesamt, Eigene Berechnungen

Tabelle 7.3/5

Konzerne

Struktur und Entwicklung der konsolidierten Jahresabschlüsse

	1982 in Mrd. DM				Jahresdurchschnittliche Veränderung in vH gegenüber 1972 2)				im Erfassungsgrad 3)			
	AG	Publizitätspfl. Konzerne			AG	Publizitätspfl. Konzerne			AG	Publizitätspfl. Konzerne		
-Bilanz-		Insg.	GmbH	Übrige		Insg.	GmbH	Übrige		Insg.	GmbH	Übrige
Sachanlagen und Vorräte	315.33	81.84	63.42	18.42	7.3	6.7	6.6	7.0	0.5	3.7	4.6	1.2
Beteiligungen	33.90	6.49	3.43	3.06	8.3	10.8	9.6	11.9	-0.9	0.2	0.4	0.3
Forderungen an verbundene Unternehmen	12.72	4.14	3.16	0.99	15.4	9.2	11.8	4.1	-4.0	5.9	4.7	7.9
gegebene Lieferantenkredite 1)	93.31	24.21	16.37	7.84	9.3	8.4	8.3	8.3	0.5	5.0	8.4	0.4
Bilanzsumme	547.49	137.20	103.16	34.04	8.4	7.3	7.3	7.3	0.3	3.8	5.1	0.8
- Erhaltene Lieferantenkredite 1)	119.48	19.97	15.26	4.70	13.3	9.1	8.9	8.8	0.7	6.8	10.5	.0
- sonstige Verbindlichkeiten (saldiert)	204.83	65.29	48.50	16.79	6.8	7.9	7.8	8.0	0.1	3.1	4.2	0.5
- Verbindlichkeiten gegenüber verbundenen Unternehmen	9.05	5.73	4.93	0.80	7.7	6.7	7.0	3.8	1.6	5.9	5.4	11.4
= Eigenkapital	121.90	25.71	17.69	8.02	6.0	5.0	4.4	6.3	0.3	3.6	4.1	2.6
-Erfolgsrechnung-												
Gesamtleistung	748.66	.	124.56	.	11.2	.	8.6	.	-0.1	.	4.2	.
- Materialeinsatz	493.73	.	94.25	.	12.7	.	9.8	.	-1.1	.	3.4	.
= Rohertrag	254.93	.	30.31	.	8.4	.	4.9	.	1.8	.	6.7	.
+ Erträge												
Gewinnabführungen	0.40	.	0.01	.	7.9	.	21.9	.	7.8	.	-2.0	.
Beteiligungen	2.81	.	0.39	.	16.8	.	17.4	.	-1.5	.	-0.2	.
Zinsen u.ä.	8.87	.	1.50	.	16.0	.	15.7	.	0.9	.	7.9	.
- Aufwendungen												
Verlustübernahmen	0.97	.	0.09	.	16.7	.	-35.8	.	2.3	.	101.4	.
Zinsen u.ä.	13.36	.	3.63	.	9.6	.	11.1	.	0.5	.	5.7	.
Übrige (saldiert)	246.81	.	27.54	.	8.9	.	5.5	.	1.8	.	6.8	.
= Überschuß	5.87	.	0.94	.	-0.5	.	-7.3	.	2.0	.	7.4	.
dar. konzernfremder Gewinn	0.43	.	0.05	.	1.2	.	-7.8	.	3.8	.	3.0	.

1) Einschl. Anzahlungen
2) Ermittelt durch Verknüpfung der jährlichen Wachstumsraten, die für einen jeweils unveränderten Berichtskreis ermittelt wurden
3) Veränderung, die auf Unterschiede im Umfang des Berichtskreises zurückzuführen ist.

Quelle: Statistisches Bundesamt, Eigene Berechnungen

ist, deren Grundkapital im Zuge der Konsolidierung bereits durch das Kapital der Konzernobergesellschaften erfaßt wurde.

In den Bilanzen der Aktiengesellschaften ist die Relation zwischen der Summe aus Beteiligungen und Forderungen an verbundene Unternehmen und dem Eigenkapital mit 87 vH mehr als doppelt so hoch wie in den Konzernbilanzen, in denen diese Positionen durch Konsolidierung mit dem Grundkapital und Verbindlichkeiten von verbundenen Unternehmen weitgehend aufgelöst worden sind.

Diese Positionen wären in den Bilanzen der Konzerne noch geringer, wenn durchgängig der Abschluß für den Weltkonzern erfaßt worden wäre. Soweit jedoch sowohl ein Weltabschluß wie auch ein Inlandsabschluß zur Verfügung stand, wurde lediglich der Inlandsabschluß in die Statistik der Konzernabschlüsse aufgenommen. Ausländische Beteiligungen sind in diesem Fall also weiterhin in der Konzernbilanz enthalten. Die zunehmende Auslandsverflechtung erklärt, daß die jahresdurchschnittliche Veränderungsrate der Beteiligungen und der Kredite an verbundene Unternehmen noch über der ohnehin überdurchschnittlichen Zuwachsrate für die Aktiengesellschaften insgesamt liegt.

In der Erfolgsrechnung macht sich die zunehmende Unternehmensverflechtung im Bereich der Aktiengesellschaften vor allem bei den Erträgen aus Gewinnabführungsverträgen bemerkbar, die bei Konsolidierung zwischen den Konzerngesellschaften vernachlässigbar klein werden. Entsprechend reduzieren sich auch die Aufwendungen aus Verlustübernahmen.

Ähnliche Ergebnisse wie im Bereich der Aktiengesellschaften und der Konzerne nach Aktienrecht zeigen die Jahresabschlüsse der publizitätspflichtigen Unternehmen und Konzerne. Allerdings stehen für die nicht als GmbH geführten Unternehmen und Konzerne keine statistischen Angaben aus der Erfolgsrechnung zur Verfügung.

7.4 Die Eigenkapitalverflechtung der Unternehmen

Damit die Unternehmensverflechtung besser analysiert werden kann, sind Informationen über die Kapitalverflechtung der Unternehmen, die den Verfassern von der Commerzbank zur Verfügung gestellt wurden (vgl. Commerzbank 1985). Aus diesen Angaben wurde eine Eigentümerkartei erstellt, die gegenwärtig ca. 20 000 Eintragungen aufweist. Erfaßt wird damit ein Stamm- bzw. Eigenkapital von fast 220 Mrd. DM.

Das Datenmaterial der Commerzbank weist für über 9 600 inländische Unternehmen die Branchenzugehörigkeit, das Grund- bzw. Stammkapital sowie die Besitzverhältnisse aus. Mit Hilfe dieses Ausgangsmaterials konnte das Beteiligungskapital für den einzelnen Gesellschafter in absoluten Beträgen ermittelt werden. In den Fällen, in denen die Anteile am Grundkapital für mehrere Gesellschafter lediglich als Summe ausgewiesen waren, wurde der Betrag dem ersten Gesellschafter zuge ordnet. Zusätzliche Angaben bei den prozentualen Beteiligungen, wie "über/rund/circa/fast" wurden nicht berücksichtigt. Deshalb liegt in diesen Fällen zumeist eine Untererfassung des Stammkapitals vor. bei der Angaben "maßgebliche oder mehrheitliche Beteiligung" wurde folgendermaßen vorgegangen:

- waren Privatpersonen maßgeblich oder mehrheitlich an einem Unternehmen beteiligt, dann wurde angenommen, daß auch die restlichen Beteiligungen von Privatpersonen gehalten werden;
- waren inländische Unternehmen oder ausländische Gesellschafter maßgeblich oder mehrheitlich an einem Unternehmen beteiligt, dann wurde eine Beteiligung in Höhe von 50 vH des Stammkapitals den entsprechenden Bereichen zugeordnet, während die andere Hälfte des Stammkapitals der Rubrik "nicht zurechenbare Endbesitzer" zugewiesen wurde.

Bei einigen Unternehmen addieren sich die ausgewiesenen Beteiligungen der Gesellschafter nicht zu 100 vH. Der Vollständigkeit halber wurde das fehlende Beteiligungskapital ergänzt und ebenfalls unter der Rubrik "nicht zurechenbare Endbesitzer" aufgeführt. Vermutlich handelt es sich bei den von der Commerzbank in ihrer prozentualen Beteiligungshöhe nicht erfaßten Gesellschafter zumeist um Privatpersonen.

Bezüglich der Branchenzugehörigkeit der Gesellschafter, die inländische Unternehmen sind, wurde zunächst von den Angaben der Commerzbank ausgegangen. Allerdings war von vornherein anzunehmen, daß die Wirtschaftszweigzuordnung der Commerzbank nicht immer dem Prinzip des Unternehmensschwerpunktes folgt, das in der volkswirtschaftlichen Gesamtrechnung (VGR) des Statistischen Bundesamtes zugrunde gelegt wird. Vielfach rechnet die Commerzbank ein Unternehmen auch mehreren Wirtschaftszweigen zu. Lediglich für die Aktiengesellschaften und die dem Publizitätsgesetz unterliegenden Gesellschaften anderer Rechtsformen konnte das Material der Commerzbank nach den in der VGR zugrunde gelegten Kriterien den Wirtschaftszweigen zugeordnet werden. Für diese Unternehmen werden entsprechende Angaben vom Statistischen Bundesamt im Rahmen der Statistik der Kapitalgesellschaften publiziert. Als zusätzliche Informationsquelle für die Branchenzuordnung wurde das Handbuch der Großunternehmen von Hoppenstedt (1985) herangezogen. Aufgrund dieser Informationen mußte in gut einem Drittel aller Fälle die Branchenzuordnung geändert werden. Dabei ergab sich gegenüber den Angaben der Commerzbank eine Verschiebung vom verarbeitenden Gewerbe zu den Beteiligungs- und Vermögensverwaltungsgesellschaften. Insgesamt zeigt ein Vergleich der modifizierten Commerzbankdaten für die Kapitalgesellschaften mit den Ergebnissen der Statistik der Kapitalgesellschaften einen befriedigenden Erfassungsgrad bei den Aktiengesellschaften. Bei den Gesellschaften mbH allerdings ist eine deutliche Untererfassung vor allem bei den Finanzierungs- und Anlagegesellschaften zu erkennen (vgl. Tabelle 7.4/1).

Tabelle 7.4/1

Repräsentationsgrad der erfaßten Unternehmensdaten

	Stammkapital in Mrd. DM								Erfassungsgrad[1]) der Kapitalgesellschaften in vH		
				Unternehmen der Commerzbank-Publikation							
	Kapitalgesellschaften			Kapitalgesellschaften			Restl. Untern.	Untern. insg.			
	Insges.	AG	GmbH	Insges.	AG	GmbH			Insges.	AG	GmbH
Verarbeitendes Gewerbe	102,82	50,39	52,43	87,35	46,79	40,56	9,46	96,81	85	93	77
Finanz- u. Anlagegesellsch.	68,19	30,55	37,64	45,98	27,26	18,72	12,13	58,11	67	89	50
Kreditinstitute	16,99	12.84	4.15	15,26	11,35	3,91	9,73	24,99	90	88	94
Versicherungsgewerbe	5,29	5,23	0,06	4,10	4,08	0,02	0,67	4,77	78	78	33
Wohnungsunt. u. Grundstücksg.	11,81	2,52	9,29	6,45	2,16	4,29	0,72	7,17	55	86	46
Beteiligungsgesellschaften	34,10	9,96	24,14	20,15	9,65	10,50	1,02	21,17	59	97	43
Übrige Wirtschaftsbereiche	77,83	30.06	47,77	56,83	28,75	28,08	5,70	62,53	73	96	59
Insgesamt	248,84	111,00	137,84	190,17	102,80	87,37	27,28	217,45	76	93	63

[1]) Angaben der Kapitalgesellschaften zum 1.1.1986; Angaben der Commerzbank lt. „Wer gehört zu wem", Mutter- und Tochtergesellschaften von A–Z, 15. und erweiterte Auflage. Frankfurt a. Main 1985.

Darüber hinaus wurden die Gesellschafter, die inländische Unternehmen sind, aber von der Commerzbank keine eigene Firmennummer erhalten haben, als inländische Unternehmen erfaßt. Sie wurden - ebenso wie die anderen Unternehmen - auf ihre Eigenschaft als Vermögensverwaltungs- oder Beteiligungsgesellschaft anhand der Firmenbezeichnungen und weiterer unternehmensspezifischer Angaben untersucht und entsprechenden Sonderbereichen zugewiesen. In analoger Weise wurden die in den Bereichen Wohnungswesen sowie Kredit- und Versicherungswesen tätigen Gesellschaften diesen Wirtschaftszweigen zugeordnet. Die restlichen Gesellschafter wurden als "übrige Unternehmen" zusammengefaßt.

Darüber hinaus wurde für alle Unternehmen anhand der Firmenbezeichnungen die Rechtsform gesondert erfaßt. Mit Hilfe der Statistik der Kapitalgesellschaften des Statistischen Bundesamtes konnten die Konzernobergesellschaften sowie die neben den Aktiengesellschaften publizitätspflichtigen Unternehmen gekennzeichnet werden.

Zur Differenzierung der Beteiligungsverhältnisse nach Eigentümergruppen wurden die Gesellschafter, die keine inländischen Unternehmen sind, den Bereichen "Private Haushalte und Organisationen ohne Erwerbscharakter", "Staat" sowie "Ausland" zugeordnet. Der "Streubesitz" wurde den privaten Haushalten zugerechnet.

Vom Ausland werden 16 vH des erfaßten Stammkapitals gehalten. Der Staat ist mit 11 vH am Stammkapital der Unternehmen beteiligt (vgl. Tabelle 7.4/2). Dabei sind allerdings die Bundesbahn, die Bundespost und die Bundesbank, die zusammen ein Grundkapital von 48 Mrd. DM bilanzieren, nicht berücksichtigt. Im Besitz anderer inländischer Unternehmen befinden sich rd. 46 vH dieses Betrages. Besonders hohe Verflechtungsgrade ergeben sich für das Versicherungsgewerbe und das Wohnungs- und Grundstückswesen. Aus der Tabelle 7.4/3 wird deutlich, welches Gewicht den Konzernen, den Finanzierungsinstitutionen und den Beteiligungsgesellschaften zukommt. Zusammengenommen halten sie mit 63 Mrd. DM rund 29 vH des Stammkapitals der erfaßten Unternehmen. Bezogen auf den Fremdbesitz von insgesamt 99 Mrd. DM sind das rund 64 vH. Besonders hoch sind die Beteiligungen dieser Gruppe im Bereich der Finanz- und Anlagegesellschaften, wo fast 85 vH des im Unternehmensbesitz befindlichen

Tabelle 7.4/2

Die Eigentumsstruktur der Unternehmen in der Bundesrepublik Deutschland
- 1984 -

	Beteiligungen insgesamt	Unternehmen im Eigentum von				
		Unter-nehmen	Endbesitzern			
			Insgesamt	Staat	Ausland	Private HH Org.o.Erw.
	Stammkapital in Mrd. DM					
Verarbeitendes Gewerbe	85.36	29.97	55.39	0.66	17.55	37.19
Finanz- u. Anlagegesellsch.	54.07	21.11	32.96	10.45	6.31	16.21
Kreditinstitute	24.95	9.37	15.58	6.13	1.58	7.87
Versicherungsgewerbe	4.80	2.83	1.97	0.00	0.31	1.66
Wohnungsunt. u. Grundstücksg.	6.89	3.37	3.52	2.54	0.24	0.74
Beteiligungsgesellschaften	17.43	5.54	11.89	1.78	4.18	5.94
übrige Wirtschaftsbereiche	78.11	33.92	44.19	12.62	9.33	22.23
Insgesamt	217.54	85.00	132.54	23.73	33.19	75.62
	Anteile am Stammkapital der Unternehmen in vH					
Verarbeitendes Gewerbe	100.0	35.1	64.9	0.8	20.6	43.6
Finanz- u. Anlagegesellsch.	100.0	39.0	61.0	19.3	11.7	30.0
Kreditinstitute	100.0	37.5	62.5	24.6	6.3	31.5
Versicherungsgewerbe	100.0	59.0	41.0	0.0	6.5	34.6
Wohnungsunt. u. Grundstücksg.	100.0	48.9	51.1	36.9	3.5	10.8
Beteiligungsgesellschaften	100.0	31.8	68.2	10.2	24.0	34.1
übrige Wirtschaftsbereiche	100.0	43.4	56.6	16.2	12.0	28.5
Insgesamt	100.0	39.1	60.9	10.9	15.3	34.8

Quellen: Commerzbank, Statistisches Bundesamt, Eigene Berechnungen.

Tabelle 7.4/3

Beteiligungen von Konzernen, Finanzierungs- und Anlagegesellschaften
- 1984 -

	Beteiligungen von Unternehmen						
		Konzerne, Finanzierungs- und Anlagegesellschaften					
	Insgesamt	Insgesamt	Konzern-obergesell-schaften1)	Beteili-gungsge-sellsch.	Vermögens- u. Grund-stücksg.	Kreditinst. u. Versi-cherungen	Übrige Unter-nehmen
	Stammkapital in Mrd. DM						
Verarbeitendes Gewerbe	29.97	20.94	10.74	8.81	0.27	1.12	9.03
Finanz- u. Anlagegesellsch.	21.11	18.40	2.45	4.43	1.03	10.50	2.70
Kreditinstitute	9.37	7.96	0.40	0.97	.00	6.59	1.41
Versicherungsgewerbe	2.83	2.80	0.05	0.50	0.00	2.26	0.03
Wohnungsunt. u. Grundstücksg.	3.37	2.82	1.00	0.45	0.97	0.40	0.54
Beteiligungsgesellschaften	5.54	4.82	1.01	2.51	0.05	1.25	0.72
Übrige Wirtschaftsbereiche	33.92	18.88	11.59	5.39	0.11	1.80	15.04
Insgesamt	85.00	58.22	24.78	18.62	1.40	13.42	26.78
	Anteile am Stammkapital der Unternehmen in vH						
Verarbeitendes Gewerbe	100.0	69.9	35.8	29.4	0.9	3.7	30.1
Finanz- u. Anlagegesellsch.	100.0	87.2	11.6	21.0	4.9	49.8	12.8
Kreditinstitute	100.0	84.9	4.2	10.3	.0	70.4	15.1
Versicherungsgewerbe	100.0	99.0	1.7	17.6	0.0	79.7	1.0
Wohnungsunt. u. Grundstücksg.	100.0	83.8	29.6	13.5	28.8	11.9	16.2
Beteiligungsgesellschaften	100.0	87.0	18.1	45.2	1.0	22.6	13.0
Übrige Wirtschaftsbereiche	100.0	55.7	34.2	15.9	0.3	5.3	44.3
Insgesamt	100.0	68.5	29.2	21.9	1.6	15.8	31.5

1) Ohne jene Konzernobergesellschaften, die den Beteiligungsgesellschaften, den Vermögens- und Grundstücksgesellschaften, den Kreditinstituten und den Versicherungsunternehmen zuzurechnen sind.

Quellen: Commerzbank, Statistisches Bundesamt, Eigene Berechnungen.

Stammkapitals von Konzernen, Beteiligungsgesellschaften und den finanziellen Sektoren gehalten werden. Die Kreditinstitute allein halten 755 Beteiligungen im Wert von knapp 10 Mrd. DM Nennwert (Tabelle 7.4/4). 208 Beteiligungen der Kreditinstitute mit einem Nennwert von 4,2 Mrd. DM sind Mehrheitsbeteiligungen von über 50 vH. Weniger als 10 vH der erfaßten Beteiligungen der Kreditinstitute können als reine Finanzanlagen angesehen werden, d.h. als Beteiligungen, die weniger als 25 vH des Nominalkapitals des betroffenen Unternehmens ausmachen.

Diese hohe Beteiligungsaktivität ist überwiegend auf die außerordentlich hohe Unternehmensverflechtung innerhalb dieses Bereichs zurückzuführen. Die finanziellen Sektoren sind mit rund 70 vH des im Unternehmensbesitz befindlichen Kapitals wiederum an Kreditinstituten und Versicherungsunternehmen beteiligt. Bei den Beteiligungsgesellschaften liegt diese Quote bei 35 vH. Betrachtet man dagegen die wirtschaftszweigübergreifende Unternehmensverflechtung, so wird erkennbar, daß bei den Beteiligungsgesellschaften das Schwergewicht der Beteiligungen im verarbeitenden Gewerbe liegt. Fast 29 vH des von Unternehmen gehaltenen Stammkapitals befindet sich hier im Besitz von Beteiligungsgesellschaften.

Tabelle 7.4/4

Beteiligungsstruktur der Kreditinstitute

Beteiligungen in vH des Nominalkapitals	Anzahl	Wert in Mrd. DM	in vH
mehr als 50	208	4,23	42,6
25 bis 50	269	4,79	48,2
weniger als 25	278	0,91	9,2
Insgesamt	755	9,93	100,0

Quellen: Commerzbank, eigene Berechnungen.

8. Strukturverschiebungen bei Gewinnen und Renditen*

8.1 Die Renditerechnung des DIW

Das DIW hat im Strukturbericht 1980 erstmals die Ergebnisse seiner Rentabilitätsberechnungen vorgestellt (vgl. DIW 1981). Dies hat eine Diskussion über die dabei angewandten Methoden in Gang gebracht. Im Zuge der Arbeiten am Strukturbericht 1983 sind die Abweichungen unterschiedlicher Rentabilitätsberechnungen in einer Reihe von Aufsätzen untersucht worden (vgl. z.B. Görzig 1981a und 1986 sowie Schmidt 1980 und 1984). Sieht man von den Unterschieden ab, die durch die Verwendung abweichender Datensätze entstanden, so bleibt als wichtigster Diskussionspunkt die Frage der Bewertung.

In der DIW-Renditerechnung werden Abschreibungen und Vorratsveränderungen nach den gleichen Verfahren bewertet wie auf Unternehmensebene, nämlich zu Anschaffungspreisen bzw. zu Buchwerten. Die in der volkswirtschaftlichen Gesamtrechnung (VGR) vorgenommene Bewertung zu Wiederbeschaffungspreisen läuft auf eine partielle Preisbereinigung der Gewinne hinaus und ist für Analysen unternehmerischer Verhaltensweisen ungeeignet.

Zwar werden im Rahmen der VGR ergänzend Abschreibungen zu Anschaffungspreisen veröffentlicht, aber auch diese sind ungeeignet, da die Unternehmen tatsächlich mit kürzerer Lebensdauer der Investitionen kalkulieren. Bisher wurden mit Hilfe der DIW-Vermögensrechnung deshalb Umrechnungen vorgenommen, um die im Unternehmen angesetzten kürzeren Pay-off-Perioden näherungsweise zu berücksichtigen (vgl. Görzig 1981). Inzwischen liegen auch Berechnungen des Statistischen Bundesamtes über die Höhe und Entwicklung von Abschreibungen nach steuerlichen Kriterien vor (vgl. Schäfer, Schmidt 1983). Diese steuerlichen Abschreibungen werden nunmehr vom DIW den Gewinn- und Renditerechnungen zugrunde gelegt. Die Abweichungen zu den bisher verwendeten Ergebnissen sind allerdings minimal. Gegenüber den Ausgangsdaten der VGR sind die steuerlichen Abschreibungen Anfang der achtziger Jahre um 6 bis 7 vH niedriger. Gegenwärtig wird jedoch relativ mehr abgeschrieben, da in der Phase fast konstanter Preise die "Preiszuschläge" nach dem Bewertungsprinzip der Wiederbeschaffungspreise entsprechend gering sind.

* Dieser Teil ist bereits veröffentlicht worden (vgl. Görzig 1987).

8.2 Eigen- und Sachkapitalrendite

Kriterium für den Erfolg unternehmerischen Handels ist der Gewinn, der sich in der Erfolgsrechnung als Differenz von Aufwendungen und Erträgen ergibt. Doch erst unter Einbeziehung des eingesetzten Kapitals können vergleichbare Aussagen über die Ertragslage der Unternehmen getroffen werden.

Die Eigenkapitalrendite gibt Auskunft über die Rentabilität der in den Unternehmen eingesetzten Eigenmittel. Die Berechnung dieser Größe ist allerdings im Rahmen der VGR lediglich für die Produktionsunternehmen in ihrer Gesamtheit durchführbar. Zu den Produktionsunternehmen gehören sämtliche Unternehmen mit Ausnahme des Finanzierungssektors, zu dem Banken und Versicherungen gerechnet werden. Herausgenommen wurde hier auch der Bereich der Wohnungsvermietung. Für Wirtschaftszweige stehen ausreichende Daten nicht zur Verfügung. Es fehlen nach Branchen differenzierte Informationen über die Bilanz sowie für die Aufwands- und Ertragspositionen der Erfolgsrechnung, insbesondere die Zinsaufwendungen und Zinserträge.

Als Renditekennziffern für die Wirtschaftszweige innerhalb der Produktionsunternehmen können daher im Rahmen der VGR lediglich Sachkapitalrenditen ermittelt werden. Hierbei werden die Unternehmenseinkommen auf das in Unternehmen eingesetzte Sachkapital bezogen, das sich aus dem Nettoanlagevermögen und den Vorräten zusammensetzt. Die Unternehmenseinkommen ergeben sich aus dem Produktionswert abzüglich aller produktionsbedingten Kosten.

Schaubild 8.2/1 zeigt schematisch, wie die jeweiligen Positionen der Erfolgsrechnung und der Bestandsrechnung für die Produktionsunternehmen insgesamt korrespondieren und welche Rentabilitätskennziffern dabei ermittelt werden können. Die Differenz zwischen Eigen- und Sachkapitalrendite beruht ausschließlich auf Vorgängen im Finanzierungsbereich. Dabei spielen sowohl die für die Verbindlichkeiten aufzubringenden Zinsen eine Rolle als auch die Struktur der Vermögens- und Kapitalbestände.

Schaubild 8.2/1

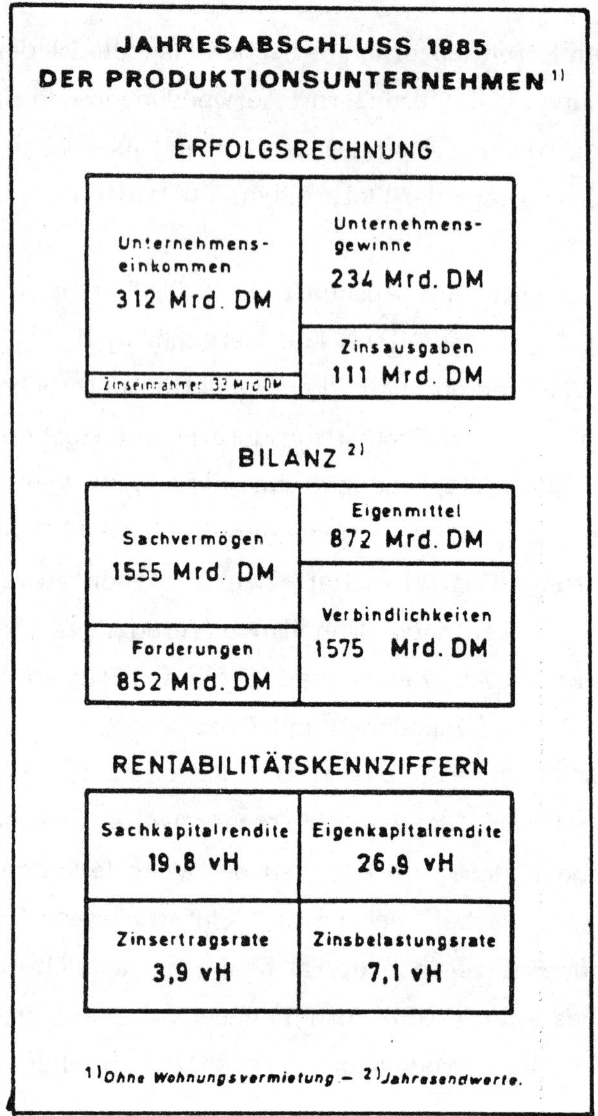

JAHRESABSCHLUSS 1985
DER PRODUKTIONSUNTERNEHMEN 1)
ERFOLGSRECHNUNG
Unternehmens-einkommen
312 Mrd. DM
Zinseinnahmen 33 Mrd DM
Unternehmens-gewinne
234 Mrd. DM
Zinsausgaben
111 Mrd. DM
BILANZ 2)
Sachvermögen
1555 Mrd. DM
Forderungen
852 Mrd. DM
Eigenmittel
872 Mrd. DM
Verbindlichkeiten
1575 Mrd. DM
RENTABILITÄTSKENNZIFFERN
Sachkapitalrendite
19,8 vH
Eigenkapitalrendite
26,9 vH
Zinsertragsrate
3,9 vH
Zinsbelastungsrate
7,1 vH
1) Ohne Wohnungsvermietung – 2) Jahresendwerte.

8.3 Erfolgs- und Bestandsrechnung der Unternehmen

Der Gewinn und das eingesetzte Kapital hängen auch von einer Reihe kalkulatorischer Größen ab. Je nachdem, welche Annahmen für diese Größen getroffen werden, die in die Bilanz und in die Erfolgsrechnung eingehen, erhält man unterschiedliche Ergebnisse. Es wurde hier - so gut wie möglich - eine in die volkswirtschaftliche Gesamtrechnung eingebundene konsistente Verknüpfung von Erfolgs- und Bestandsrechnung für die Produktionsunternehmen durchgeführt.

Die Ermittlung des Ertragsüberschusses als Ergebnis der Erfolgsrechnung setzt die richtige Erfassung der Kosten voraus. Hier spielen insbesondere die Abschreibungen als kalkulatorische Kosten eine erhebliche Rolle. In der VGR wird bei der Berechnung der Abschreibungen von Nutzungsdauern ausgegangen, die sehr viel länger sind, als die von Unternehmen bei Finanzierungsüberlegungen angesetzten Pay-off-Perioden, in denen die Anschaffungskosten von Investitionsgütern in Form von Abschreibungen erwirtschaftet werden müssen. Um diesem Aspekt Rechnung zu tragen, sind - wie schon gesagt - Abschreibungen berechnet worden, die sich an den in den AfA-Tabellen festgelegten steuerlichen Abschreibungsperioden orientieren. Da die Berechnungen des Statistischen Bundesamtes noch auf dem Stand vor der letzten Revision beruhen, mußten diese an die revidierte VGR angepaßt werden.

In die produktionsbedingten Kosten wurden auch kalkulatorische Arbeitsentgelte der Selbständigen und mithelfenden Familienangehörigen einbezogen, damit beim intersektoralen Vergleich von Branchen die sehr unterschiedlichen Anteile dieser Erwerbstätigen berücksichtigt werden konnten. Buchungstechnisch handelt es sich hierbei um den Vorausabzug eines Teils der Entnahmen der privaten Haushalte.

Während sich kalkulatorische Abschreibungen auf konkrete, aber nicht eindeutig zu periodisierende Aufwendungen beziehen, verbindet sich mit der Berechnung kalkulatorischer Arbeitsentgelte keine inhaltliche Aussage über den Wert der Arbeitsleistung von Selbständigen. Es werden lediglich - differenziert nach Branchen - gleiche Lohnkosten je Arbeitnehmer und je Selbständigen unterstellt. Besonders in der Landwirtschaft, in der fast nur Selbständige und Mithelfende tätig sind, ist der erweiterte Lohnkostenansatz relevant. Es ergebene sich dann zum Teil negative Renditen, während im Dienstleistungsbereich nach Abzug des kalkulatorischen Unternehmerlohnes die Sachkapitalrendite weit über dem Durchschnitt liegt.

Im Unternehmereinkommen sind die Zinsaufwendungen und auch die Ausschüttungen an Dividenden enthalten. Die geleisteten und empfangenen Vermögenseinkommen können direkt - wenn auch nicht in ausreichender Untergliederung - der VGR entnommen werden. Die tatsächlichen Zinsaufwendungen sind eine Komponente der Kapitalnutzungskosten. Vielfach wird bei Untersuchungen über das Unternehmensverhalten angenommen, daß die Kapitalnutzungskosten eine wichtige Rolle spielen. Hierbei handelt es sich um einen Ansatz, bei dem die Abschreibungen und kalkulatorischen Zinsen für die gesamten noch nicht abgeschriebenen Investitionen als Kosten zugrundegelegt werden.

Bei der Berechnung der Sachkapitalrendite werden nur die Abschreibungen abgesetzt. Aus der Relation Gewinne einschließlich Zinsen zu Sachvermögen ergibt sich die Sachkapitalrendite. Während die Kapitalnutzungskosten als Preis für den Kapitaleinsatz zu interpretieren sind und mit dem Preis anderer Produktionsfaktoren oder mit den Kapitalnutzungskosten in anderen Branchen verglichen werden können, zielt die - hier analysierte - Sachkapitalrentabilität auf den Ertrag der im Sachvermögen gebundenen finanziellen Mittel ab. Für die Berechnung von Renditen sind Bilanzpositionen die geeignete Bezugsbasis. Ungeeignet für die Beurteilung des finanziellen Status der Unternehmen ist das Bruttoanlagevermögen, da es - produktionstechnisch gesehen - nicht auf das gesamte Leistungspotentials ankommt, sondern auf die Leistungsreserve, die noch zur Verfügung steht. Nur in Höhe dieses Nettoanlagevermögens ist kalkulatorisch Finanzkapital noch gebunden, da für den bereits genutzten Teil des Bruttoanlagevermögens über die Abschreibungen rechnerisch Finanzierungsmittel wieder zur Verfügung standen. Für Rentabilitätsüberlegungen, die sich auf Bilanzpositionen gründen, kommt daher nur das Nettoanlagevermögen in Betracht.

Um das steuerliche Nettoanlagevermögen als Zeitreihe ermitteln zu können, wurde für 1960 ein "Startwert" geschätzt, der den Unterschied zwischen den steuerlichen Abschreibungen und den Abschreibungen zu Anschaffungskosten für den Bestand in diesem Jahr zum Ausdruck bringt. Aufbauend auf diesem Anfangsbestand konnten die Bestände in den Folgejahren mit Hilfe der Nettoinvestitionen ermittelt werden.

Die Bewertung des Anlagevermögens nach steuerlichen Kriterien entspricht der an Zahlungsströmen orientierten Bilanzvorstellung. Auf Zahlungsströmen basieren auch die Planungen der Unternehmen. Andere Bewertungsverfahren, die von einer jährlichen Neubewertung der Vermögensbestandteile ausgehen, haben demgegenüber den Nachteil, daß die Bilanzkontinuität nicht gewahrt ist oder die Erfolgsrechnung durch nicht realisierte Erträge oder Aufwendungen aufgebläht wird.

Hinzu kommt, daß die ständigen qualitativen Veränderungen bei den Anlagegütern eine Umbewertung außerordentlich erschweren. Insofern steht das vielfach als Argument für die Umbewertung genannte Ziel der realen Substanzerhaltung im Widerspruch zu einer dynamischen, vom Strukturwandel geprägten Wirtschaft, in der sich im Gefolge neuer Produktionsschwerpunkte auch der Produktionsapparat in seiner Struktur verändert und zwar vornehmlich zugunsten von technisch hochwertigeren und - gemessen an ihrer Effizienz - häufig sogar preiswerteren Anlagen. Dieser Prozeß ist mit vergleichsweise pauschalen Umbewertungsverfahren kaum einzufangen.

Das Vorratsvermögen, ebenfalls zu Anschaffungspreisen bewertet, wurde der Sachvermögensrechnung des DIW entnommen (vgl. Görzig 1981). Forderungsvermögen und Verbindlichkeiten der Produktionsunternehmen ergeben sich durch Fortschreibung des von der Deutschen Bundesbank (1983) für 1960 ermittelten Bestandes mit den in der VGR ausgewiesenen Veränderungen von Forderungen und Verbindlichkeiten. Die Eigenmittel der Produktionsunternehmen werden in der Bilanz ermittelt, indem vom Sachvermögen zuzüglich Forderungen die Verbindlichkeiten abgezogen werden.

Durch Differenzenbildung läßt sich aus den Eigenmitteln die Veränderung der Eigenmittel errechnen. Diese Größe entspricht gedanklich den nichtentnommenen Gewinnen der Produktionsunternehmen, weicht jedoch wegen der unterschiedlichen Berücksichtigung der kalkulatorischen Kosten von den entsprechenden Posten in der VGR ab.

8.4 Gewinn- und Renditeentwicklung der Produktionsunternehmen insgesamt

Die Ergebnisse der Berechnungen sind in Tabelle 8.4/1 für die Produktionsunternehmen dargestellt worden. Die Eigenkapitalrendite der Produktionsunternehmen hat, wie Schaubild 8.4/1 zeigt, im Durchschnitt immer über der Sachkapitalrendite gelegen. Durch Finanzierung des Sachvermögens mit Krediten, deren Zinskosten unterhalb der Sachkapitalrendite lagen, versuchten die Unternehmen, die Rentabilität ihres eingesetzten Kapitals über die Sachkapitalrendite zu erhöhen. Dies geschah vor allem durch Veränderung der Finanzierungsstruktur.

Tabelle 8.4/1

Jahresabschluß der Produktionsunternehmen ohne Wohnungsvermietung - Mill.DM -

	1962	1963	1964	1965	1966	1967	1968	1969	1970	1971	1972	1973	1974	1975	1976	1977	1978	1979	1980	1981	1982	1983	1984	1985
Erfolgsrechnung																								
Produktionswert	857800	897560	980150	1068850	1114260	1169170	1166690	1321460	1494760	1625010	1751810	1964830	2175150	2219090	2458590	2592210	2738370	2998430	3234360	3396970	3477170	3588830	3815780	3992220
- Vorleistungen 1)	573370	594380	643970	706680	733810	730820	760980	864650	970340	1049110	1124220	1270190	1421550	1454440	1626750	1710380	1794380	1965120	2142400	2257850	2313210	2381970	2554220	2664030
- Prod.Steuern abz. Subv.	20050	20840	23160	22660	26180	28790	22530	25680	27750	30220	32770	36700	38390	37040	40770	43400	42470	45870	46230	47060	47330	47160	47190	49690
- Abschreibungen 2)	26570	29880	33090	36370	39500	42070	44270	48330	52450	59410	65390	70740	75160	79490	84340	90020	97490	105870	114900	123650	132330	141450	150250	159500
- Eink. aus unselb.Arbeit	143180	152490	167120	184570	196900	192730	207420	222270	278310	310980	340120	382290	415210	426020	460990	494160	527950	563770	618330	642440	652500	661010	686120	710930
- Unternehmerlohn 3)	28730	30190	31540	33670	35690	35970	37310	38930	42220	45810	49420	54030	59080	61410	65050	67670	70600	74490	78260	81620	85850	89230	93200	96140
Unternehmenseinkommen	65900	69780	81270	82900	82180	76790	93600	106600	121650	125480	139840	149720	165800	169690	180690	186580	205480	237310	234240	244350	245950	267980	284800	311930
+ Zinseinnahmen u.ä. 4)	3930	4460	5130	5770	6540	6580	7190	9050	10770	11070	11550	16780	22810	16280	17520	17800	18220	21950	27270	30840	29650	26900	34290	33450
- Zinsausgaben u.ä. 4)	14440	16000	17410	20030	22620	22230	24060	25460	37210	38790	41910	53250	65620	60390	59430	65170	64270	75620	85320	101250	112240	101810	109670	110670
Unternehmensgewinne	55390	58180	68990	69640	66100	63140	76720	86190	95160	101760	109490	113450	122990	116590	138780	139210	159420	183640	176180	173940	163360	193070	209420	234710
+ Saldo der übertragungen 5)	-5750	-7330	-7830	-7610	-7270	-6610	-8140	-8550	-6650	-4970	-4290	-6930	-5670	-3940	-2320	-7390	-8940	-10600	-9460	-7780	-6070	-7070	-7610	-12340
- Entnahmen 6)	32560	36400	41200	44700	45880	45210	55060	59660	63110	75710	81780	85720	83210	86380	96170	99440	95760	107940	121930	135460	137070	145940	171820	193930
Bewegungsbilanz																								
Veränderung d.Eigenmittel 7)	17080	14450	19960	17330	12950	11320	13520	18580	25490	21080	23410	25830	34110	26370	38910	32380	54730	65100	45790	30700	20220	40060	29990	28440
+ Veränd.d.Verbindlichk. 8)	19010	21810	26700	33910	25510	20180	27640	47220	58380	67000	66600	60280	60080	45340	65250	59540	54290	76970	92970	98740	78860	79130	86520	86950
- Veränd.d.Forderungen 8)	6530	8960	10570	12060	8760	18950	17540	19690	23540	30710	35320	24950	33850	31990	45190	39130	50120	42410	38160	52680	47690	62680	58590	50900
Nettoinvestitionen 9)	29560	27400	36090	39180	29700	12550	23620	45910	60240	57370	54690	61120	60300	39720	58970	52790	58900	99660	100600	76760	51190	56510	57920	64490
Bestände am Jahresende 18)																								
Eigenmittel	223170	235620	255580	272910	285860	297180	310700	329280	354680	375760	399170	425000	459110	485450	524290	556670	611400	676500	722290	752990	773210	813270	843260	871700
+ Verbindlichkeiten	215210	232020	262720	297630	323140	343320	370960	416180	476560	543560	610160	670440	736520	775960	841120	900660	954950	1031920	1124890	1223630	1302490	1381620	1468140	1555090
- Forderungen	87070	95930	106500	118560	127320	146270	163810	183700	207240	237950	273270	298260	332150	364140	409240	448370	498490	540900	579060	631740	679630	742310	800900	851800
Sachvermögen	349310	376710	412600	451980	481660	494230	517850	563760	624000	681370	736060	797180	857480	897200	956170	1008560	1067660	1167520	1268120	1344880	1396070	1452580	1510500	1574990
Rentabilitätskennziffern in vH																								
Eigenkapitalrendite 10)	25.0	24.7	27.0	25.5	23.1	21.2	24.7	26.2	26.8	27.1	27.4	26.7	26.8	24.0	26.5	25.0	26.1	27.1	24.4	23.1	21.1	23.7	24.8	26.9
Sachkapitalrendite 11)	18.9	18.5	19.7	18.6	17.1	15.9	18.1	18.9	19.5	19.0	19.0	18.6	19.3	17.9	18.9	18.5	19.2	20.3	18.5	18.2	17.6	18.4	18.9	19.8
Zinsbelastungssatz 12)	6.7	6.8	6.6	6.7	7.0	6.5	6.5	7.0	7.8	7.1	6.9	7.9	9.0	7.8	7.1	7.2	6.7	7.3	7.6	8.3	8.6	7.4	7.5	7.1
Zinsertragssatz 12)	4.5	4.6	4.8	4.9	5.1	4.5	4.3	4.9	5.2	4.7	4.2	5.6	6.9	4.5	4.3	4.0	3.7	4.1	4.7	4.9	4.4	3.6	4.3	3.9
Netto-Zinssätze 13)	8.2	8.2	7.8	8.0	8.2	7.9	8.2	8.7	9.8	9.1	9.0	9.8	10.7	10.7	9.7	10.5	10.1	10.9	10.6	11.9	13.3	11.7	11.3	11.0
Kapitalnutzungskosten 14)	3.5	3.7	3.8	3.9	4.1	4.0	4.1	4.3	4.6	4.7	4.6	5.3	5.6	5.4	5.4	5.6	5.7	6.1	6.5	7.0	7.3	7.2	7.4	7.5
Kennziffern zur Kapitalstruktur in vH																								
Horiz. Eigenkapitalquote 15)	63.3	62.5	61.9	60.4	59.3	60.1	60.0	58.4	56.8	55.1	54.2	53.3	53.5	54.1	54.8	55.2	57.3	57.9	57.0	56.0	55.4	56.0	55.8	55.3
Vertik. Eigenkapitalquote 16)	50.7	49.9	49.2	47.8	46.9	46.4	45.6	44.1	42.7	40.9	39.5	39.8	38.6	39.5	38.4	38.2	39.0	39.6	39.1	38.1	37.3	37.1	36.5	35.9
Geldvermögenskoeffizient 17)	40.5	40.5	40.4	39.8	39.4	42.6	44.2	43.9	43.5	43.8	44.8	44.5	45.5	46.9	48.7	49.8	52.2	52.4	51.5	51.6	52.2	53.7	54.6	54.8

1) Vorleistungen lt. VGR erhöht um die Differenz zwischen der Vorratsveränderung zu Buchwerten und der Vorratsveränderung zu Wiederbeschaffungspreisen
2) Steuerliche Abschreibungen
3) Zahl der Selbständigen und mithelfenden Familienangehörigen in den Wirtschaftszweigen multipliziert mit dem jeweiligen durchschnittlichen Pro-Kopf-Einkommen der beschäftigten Arbeitnehmer
4) Einschließlich der Ausschüttungen
5) Direkte Steuern der Unternehmen mit eigener Rechtspersönlichkeit, laufende Übertragungen, Vermögensübertragungen
6) Einschließlich des Saldos aus Käufen und Verkäufen von Land
7) Ohne Aktienkäufe bzw. -verkäufe
8) Entsprechend der Buchungspraxis in der Finanzierungsrechnung der Deutschen Bundesbank einschließlich Aktienkäufe bzw. -verkäufe
9) Zunahme des Nettoanlagevermögens zuzüglich Vorratsveränderung
10) Unternehmensgewinne in vH der Eigenmittel am Jahresende
11) Unternehmenseinkommen in vH des Sachvermögens am Jahresende
12) Zinserträge bzw. -aufwendungen zuzüglich Ausschüttungen in vH des Forderungsvermögens bzw. der Verbindlichkeiten am Jahresende
13) Nettozinsausgaben in vH der Nettoverbindlichkeiten
14) Abschreibungen zuzüglich kalkulatorischer Zinskosten des Nettoanlagevermögens bezogen auf das Bruttoanlagevermögen zu Preisen von 1980
15) Eigenmittel in vH des Sachvermögens (Jahresendwerte)
16) Eigenmittel in vH der Bilanzsumme (Jahresendwerte)
17) Forderungen in vH der Verbindlichkeiten (Jahresendwerte)
18) Bestände am Jahresende ermittelt aus kumulierten Werten der Bewegungsbilanz

Quelle: Statistisches Bundesamt, Eigene Berechnungen

Schaubild 8.4/1

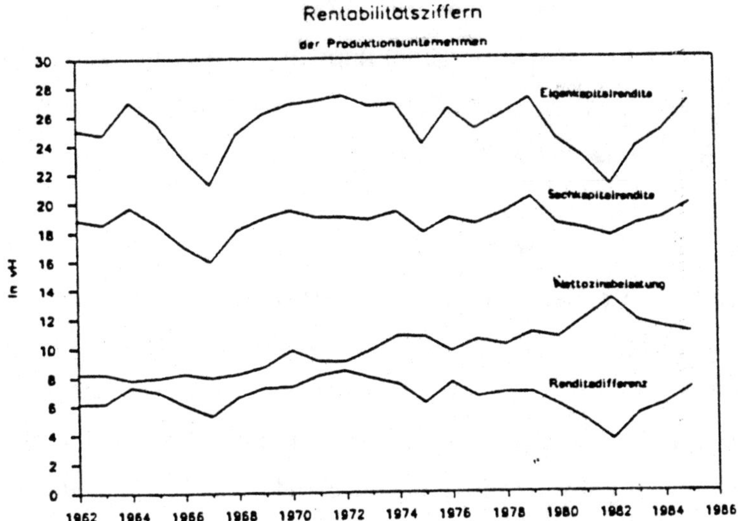

Schaubild 8.4/2

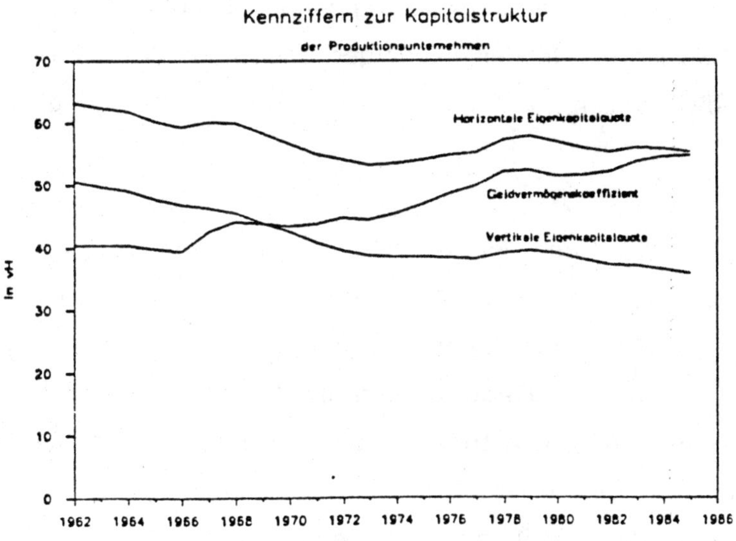

Schaubild 8.4/3

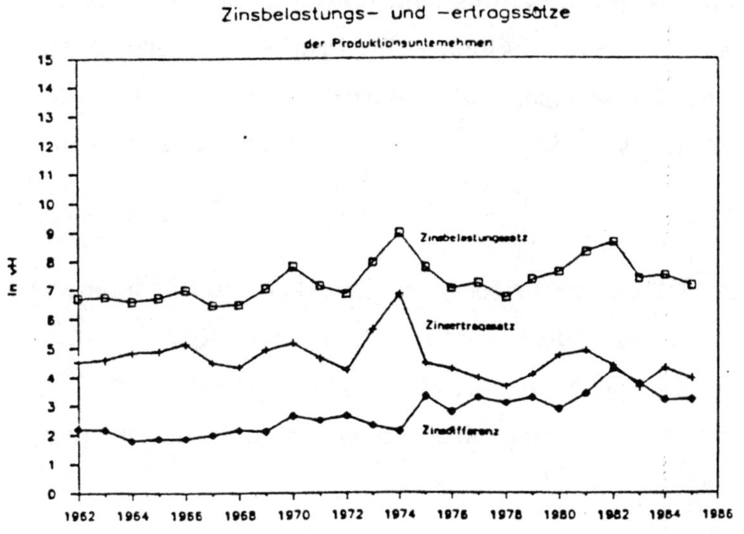

In immer stärkeren Maße wurde Fremdkapital eingesetzt, um die Eigenkapitalrendite zu erhöhen. Die vertikale Eigenkapitalquote ging seit 1962 ständig zurück (Schaubild 8.4/2). Allerdings diente die zusätzliche Verschuldung nicht allein der Finanzierung des Sachvermögens.

Hinzu kam auch, daß die Unternehmen in stärkerem Maße vorfinanzieren mußten. Der Anteil der Forderungen an den Verbindlichkeiten stieg von 40 vH in den sechziger Jahren auf 55 vH im Jahr 1985. Die Zunahme der Forderungen beruhte zum großen Teil auf dem Anstieg der wenig ertragreichen oder sogar ertraglosen Forderungen. Die Schere zwischen Zinserträgen und Zinsaufwendungen hat sich daher für die Produktionsunternehmen immer weiter geöffnet (Schaubild 8.4/3). Dies hat die Empfindlichkeit der Unternehmen gegenüber Zinsveränderungen stark erhöht. Deutlich wird dies, wenn man die Nettozinsbelastung der Unternehmen (Nettozinsaufwendungen bezogen auf die Nettoverbindlichkeiten) betrachtet. In den sechziger Jahren mußten die Unternehmen ihre Nettoverbindlichkeiten mit 8 bis 9 vH verzinsen. 1982 war dieser Satz auf 13 vH gestiegen.

Die Hochzinspolitik, die Ende der siebziger Jahre einsetzte, hat entscheidend zum Rückgang der Eigenkapitalrendite um 6 Prozentpunkte auf 21 vH beigetragen. Der Verfall war damit ebenso stark wie in den Jahren 1964 bis 1967. Damals gingen jedoch mit der Rendite auch die Zinssätze zurück. Es gelang den Unternehmen, die Nettozinsbelastung bei 8 vH zu halten. Der aus dem Produktionsbereich resultierende Rückgang der Sachkapitalrendite schlug daher nicht in gleichem Maße auf die Eigenkapitalrendite durch.

In viel geringerem Maße als damals sind die Ursachen für den Renditenverfall im Jahr 1982 kaum auf Entwicklungen im Produktionsbereich zurückzuführen. Zwar sank auch die Sachkapitalrendite unter den 1979 erreichten Maximalwert von 20,3 vH, doch lag sie mit 17,6 vH noch erheblich über dem Tiefstand von 1967 (16 vH).

Seit 1982 hat die Nettozinsbelastung der Produktionsunternehmen nachgelassen, so daß die Eigenkapitalrendite wieder schneller steigen konnte als die Sachkapitalrendite. 1985 wurde der bisherige Maximalwert von 27 vH wieder erreicht. 1986 dürfte die Eigenkapitalrendite sogar noch darüber gelegen haben.

8.5 Strukturverschiebungen bei Gewinnen und Investitionen

In den Wirtschaftsbereichen war die Entwicklung der Unternehmenseinkommen in den sechziger und siebziger Jahren von gravierenden Strukturveränderungen geprägt. Der Anteil des verarbeitenden Gewerbes an den Unternehmenseinkommen hat sich insbesondere in den siebziger Jahren vermindert. Bezogen auf die Unternehmenseinkommen der Produktionsunternehmen ohne Wohnungsvermietung entfielen 1970 auf das verarbeitende Gewerbe 44 vH. 1981 waren es nur noch 28 vH (Schaubild 8.5/1).

Strukturverschiebungen ergaben sich vor allem zu den sonstigen Dienstleistungen und den Finanzierungssektoren. 1970 entfielen auf den Bereich der sonstigen Dienstleistungen, zu dem so heterogene Unternehmen wie Holdinggesellschaften, Zahnärzte, Wirtschaftsberater, aber auch selbständige Raumpfleger, Schausteller und Eisdielen gehören, 20 vH der Unternehmenseinkommen sämtlicher Produktionsunternehmen. Bis 1982 erhöhte sich dieser Wert auf 38 vH und lag damit erheblich über dem Anteil des verarbeitenden Gewerbes an den Unternehmenseinkommen. Die Banken und Versicherungen, deren Unternehmenseinkommen 1970 lediglich 6 vH des Betrages aller Produktionsunternehmen entsprach, konnten bis 1982 diese Quote auf 13 vH mehr als verdoppeln.

Seit 1982 erzielt das verarbeitende Gewerbe ständig überdurchschnittliche Steigerungsraten bei den Unternehmenseinkommen. 1985 war erstmals seit 1979 der Anteil des verarbeitenden Gewerbes am Unternehmenseinkommen mit 37 vH wieder höher als der der sonstigen Dienstleistungen. Seit 1981 stieg im verarbeitenden Gewerbe auch wieder die Sachkapitalrendite von ihrem damaligen absoluten Tiefststand von 13,4 vH. 1985 lag die Rendite mit 20,3 vH erstmals seit 1974 wieder über dem Durchschnitt für alle Produktionsunternehmen (Schaubild 8.5/2). Der Bereich der sonstigen Dienstleistungen ist durch eine überdurchschnittlich hohe Sachkapitalrendite geprägt. Diese geht jedoch seit 1975 ständig zurück. Über die Entwicklung der Sachkapitalrendite in den übrigen Wirtschaftszweigen informiert die Tabelle 8.5/6 am Ende dieses Abschnitts.

Bereits im letzten Strukturbericht hat das DIW darauf hingewiesen, daß die Verschiebung der Unternehmenseinkommen mit einer entsprechenden Verschie-

Schaubild 8.5/1

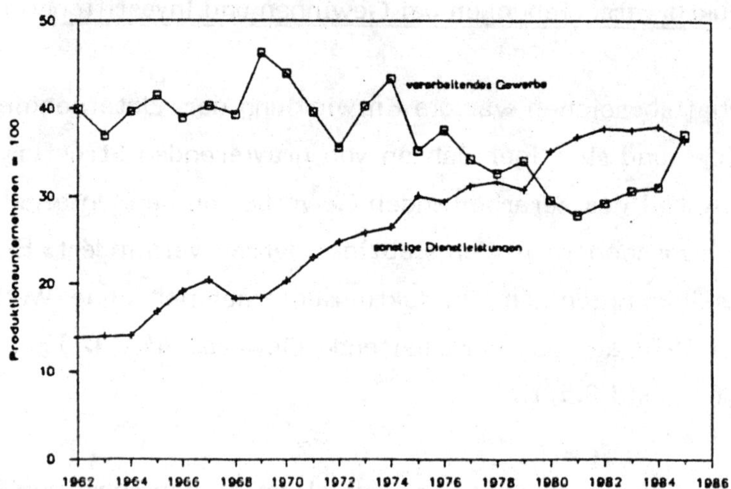

Schaubild 8.5/2

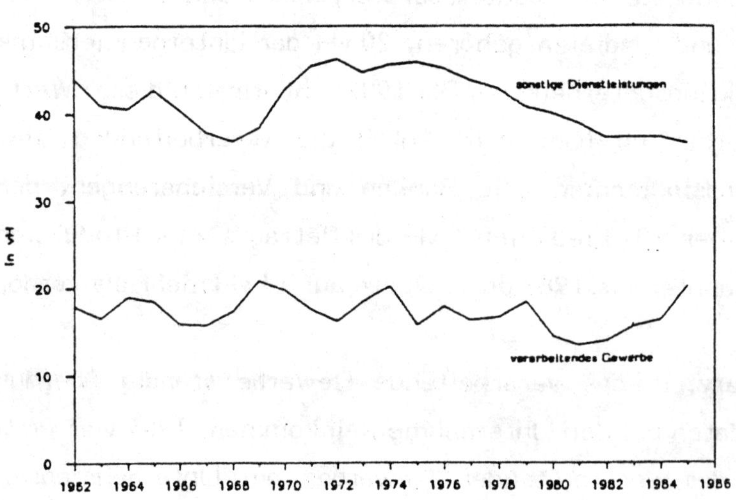

Schaubild 8.5/3

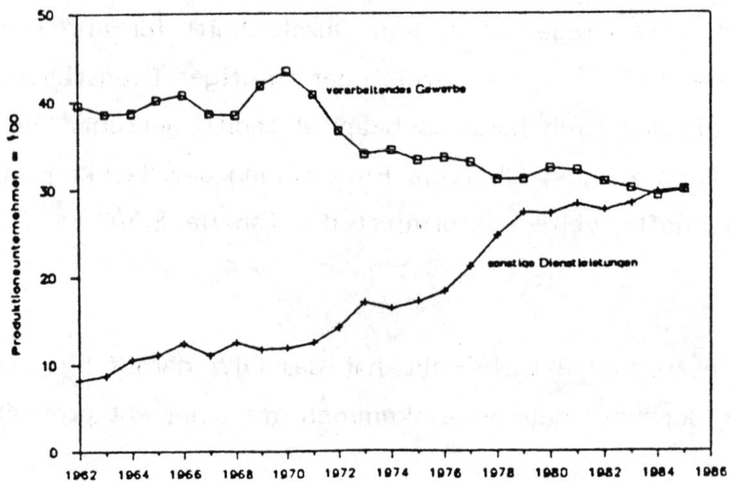

bung der Investitionstätigkeit zugunsten der Dienstleistungen (Schaubild 8.5/3) einhergegangen ist. Während der Anteil des verarbeitenden Gewerbes an den Anlageinvestitionen des Unternehmensbereichs ohne Wohnungsvermietung seit 1970 kontinuierlich zurückging, wurde der Dienstleistungssektor von der nachlassenden Investitionsneigung kaum berührt. Die realen Ausrüstungsinvestitionen im Bereich der sonstigen Dienstleistungen stiegen seit 1960 dreimal so schnell wie im Durchschnitt des Unternehmensbereichs. Seinen Anteil an den gesamten Ausrüstungsinvestitionen der Unternehmen konnte dieser Sektor von mageren 4 Prozent im Jahr 1960 bis 1984 auf das sechsfache (24 Prozent) erhöhen. Der Anteil des verarbeitenden Gewerbes sank dagegen in der gleichen Zeit von 47 Prozent auf 36 Prozent. Noch gravierender war die Verschiebung der Investitionstätigkeit weg vom verarbeitenden Gewerbe hin zu den Dienstleistungen bei den Bauinvestitionen. Hier schlug besonders der starke Rückgang des Anteils der Bauinvestitionen an den gesamten Investitionen des verarbeitenden Gewerbes zu Buche (Tabelle 8.5/1).

Die weit überdurchschnittliche Rentabilität des Sachkapitaleinsatzes hat offenbar bewirkt, daß verstärkt Kapital zu den sonstigen Diensten geflossen ist. Fragt man allerdings danach, welche Bereiche des so heterogen strukturierten Dienstleistungssektors es sind, in denen sich die anscheinend so lohnenden Investitionsobjekte befinden, so liefern die vorhandenen Statistiken kein eindeutiges Bild. Die vielfach geäußerte These beispielsweise einer überdurchschnittlichen Expansion der unternehmensorientierten Dienste wird durch die verfügbaren Daten kaum gestützt. Zwar entwickelten sich die Investitionen in dem haushaltsorientierten Dienstleistungsbereich Gaststätten- und Beherbergungswesen kaum besser als im verarbeitenden Gewerbe, kräftig aber expandierten die Investitionen im Bereich Bildung, Wissenschaft und Kunst sowie dem Gesundheits- und Veterinärwesen. Es können auch nicht die vielfach genannten "neuen Dienste" sein, die dank des technischen Fortschritts mit nur geringer Kapitalausstattung auskommen, welche die Investitionen in diesem Bereich vorangebracht haben. Der starke Anstieg der Investitionen ist vielmehr Zeichen einer überdurchschnittlich steigenden Kapitalausstattung der Arbeitsplätze. Es müssen also besonders kapitalintensive Unternehmen gewesen sein, die die Expansion der Investitionen im Dienstleistungsbereich getragen haben. Der hohe Anteil der Bauinvestitionen im Bereich der sonstigen Dienste unterstützt auch kaum die These, daß bei den Investitionen in diesem Sektor der Anteil

Tabelle 8.5/1

Bruttoanlageinvestitionen der Unternehmen (ohne Wohnungsvermietung)

	1960	1984
in Mrd. DM zu Preisen von 1980		
Verarbeitendes Gewerbe	39,7	51,2
Sonstige Dienstleistungen[1])	8,4	52,0
Gastgewerbe, Heime	1,6	2,2
Bildung, Wissensch., Kultur	1,9	8,3
Gesundheits- und Veterinärw.	1,7	8,6
Übrige Dienstleistungen	3,3	33,0
Übrige Unternehmensbereiche	46,8	82,8
Unternehmen insgesamt[1])	94,9	186,0
Anteil an den gesamten Unternehmensinvestitionen in vH		
Verarbeitendes Gewerbe	41,8	27,5
Sonstige Dienstleistungen[1])	8,9	28,0
Gastgewerbe, Heime	1,7	1,2
Bildung, Wissensch., Kultur	2,0	4,5
Gesundheits- und Veterinärw.	1,8	4,6
Übrige Dienstleistungen	3,5	17,7
Übrige Unternehmensbereiche	49,3	44,5
Unternehmen insgesamt[1])	100,0	100,0
Anteil der Bauten in vH		
Verarbeitendes Gewerbe	40,3	17,2
Sonstige Dienstleistungen[1])	73,8	44,6
Gastgewerbe, Heime	50,0	45,5
Bildung, Wissensch., Kultur	84,2	39,8
Gesundheits- und Veterinärw.	76,5	40,7
Übrige Dienstleistungen	75,8	46,7
Übrige Unternehmensbereiche	48,5	43,0
Unternehmen insgesamt[1])	47,3	36,3
Jahresdurchschnittliche Veränderung 1960 bis 1984 in vH		
Verarbeitendes Gewerbe		1,1
Sonstige Dienstleistungen[1])		7,9
Gastgewerbe, Heime		1,3
Bildung, Wissensch., Kultur		6,3
Gesundheits- und Veterinärw.		7,0
Übrige Dienstleistungen		10,1
Übrige Unternehmensbereiche		2,4
Unternehmen insgesamt[1])		2,8

[1]) Ohne Wohnungsvermietung.

Quellen: Statistisches Bundesamt; eigene Berechnungen.

moderner, kapitalsparender Techniken besonders ausgeprägt ist. Zwar liegt angesichts des Tempos, mit dem die Investitionen im Dienstleistungsbereich steigen, der Modernitätsgrad der Anlagen hier erheblich über dem Durchschnitt, doch ist in den Anlagen überwiegend traditionelle Technik verkörpert.

Eine wichtige Ursache für die Kapitalexpansion im Dienstleistungsbereich hat in der Vergangenheit vielmehr in der veränderten Organisation der Produktionsprozesse in den anderen Wirtschaftszweigen gelegen. Schon seit langem ist zu beobachten, daß Unternehmen dazu übergehen, neue Tätigkeitsbereiche dadurch zu erschließen, daß für diese Aufgaben rechtlich selbständige Unternehmen gegründet werden. Die Vorteile dieser Handlungsweise liegen in der Verringerung des Haftungsrisikos und in der größeren Flexibilität. Eine Kapitalhaltungsgesellschaft als eigenständiges Unternehmen, meist in der Rechtsform der GmbH, übernimmt die Disposition über die finanziellen Mittel. Sie tätigt die Investitionen, und ihr fließen die Gewinne zu. Dieses Unternehmen wird als Beteiligungs-, Verwaltungs- oder Holdinggesellschaft dem Dienstleistungssektor zugerechnet. Eine Produktionsgesellschaft des verarbeitenden Gewerbes dagegen führt die Güterproduktion mit überwiegend von der Kapitalhaltungsgesellschaft gemieteten Produktionsanlagen durch. Sie finanziert sich mit Krediten, die ihr von der Kapitalhaltungsgesellschaft zur Verfügung gestellt werden.

Eine derartige Unternehmensaufspaltung hat aus der Sicht der Unternehmen eine Reihe von Vorteilen. Dazu gehört beispielsweise die Verlustminderung im Insolvenzfalle. Die Disposition über die von den Produktionsunternehmen genutzten Anlagen wird den Mitbestimmungsregelungen entzogen, da diese vielfach auf die Beteiligungsgesellschaften nicht anwendbar sind. Vor allem aber erlaubt eine derartige Organisationsform, die in den Unternehmensteilen entstandenen Gewinne dort einzusetzen, wo höhere Erträge zu erwarten sind, unabhängig vom angestammten Produktionsschwerpunkt der jeweiligen Unternehmen. Diese Konstruktion, die der besseren Anpassung an den strukturellen Wandel dient, führt dazu, daß innerhalb des Unternehmensverbundes die Gewinne in weiten Grenzen disponibel sind. Dies heißt auch, daß verdeckter Gewinntransfer möglich ist. Ein Beispiel hierfür sind Mietkonditionen für Produktionsanlagen, von denen es abhängt, ob die Gewinne beim Produktionsunternehmen oder bei der Kapitalhaltungsgesellschaft anfallen. Ebenso sind Kreditkonditionen zwischen den Unternehmen eines derartigen Verbundes gestaltbar und müssen sich nicht an den Marktzinsen orientieren.

Dies alles spricht dafür, daß die überdurchschnittliche Gewinn- und Investitionsexpansion im Dienstleistungssektor zu einem nicht unbedeutenden Teil auf die veränderte Unternehmensorganisation zurückzuführen ist. Das quantitative Gewicht dieses Prozesses zeigt sich bei den Investitionen, wenn man die Entwicklung der Aufwendungen für Mieten und Pachten im verarbeitenden Gewerbe betrachtet. Von 1972 bis 1984 stiegen diese um 300 Prozent. Die Investitionsaufwendungen nahmen dagegen im gleichen Zeitraum nur um 55 Prozent zu. Die Relation zwischen den Aufwendungen für gemietete Anlagen und den Abschreibungen für selbst investierte Anlagen beträgt gegenwärtig im verarbeitenden Gewerbe 1:3.

Diese Entwicklung wird vielfach unter dem Schlagwort "Leasing" einem veränderten Investitionsverhalten der Unternehmen zugeschrieben. Das Mieten von Anlagen, insbesondere solchen, die schnellem technologischen Wandel unterliegen, erhöht die Flexibilität der Unternehmen und erleichtert die kurzfristige Umstellung des Produktionsapparates. Dies ist sicher auch ein Prozeß, der an Bedeutung gewonnen hat. Mit dem Wort "Leasing" werden allerdings im allgemeinen die mit dem neuesten technischen Know-how versehenen Ausrüstungsinvestitionen assoziiert. Nach den Berechnungen des Ifo-Instituts ist jedoch gerade bei den gemieteten Anlagen im verarbeitenden Gewerbe der Anteil der Bauten mehr als doppelt so hoch wie bei den selbst investierten Anlagen. Verständlich wird dies, wenn man berücksichtigt, daß es sich bei den Vermietern von Anlagen überwiegend um Kapitalhaltungsgesellschaften handelt, in deren Eigentum sich die Grundstücke und Produktionsanlagen befinden, mit denen die Produktionsgesellschaften arbeiten.

Es wäre daher verfehlt, den Strukturwandel im Investitionsbereich allein mit der höheren Rentabilität der Investitionsobjekte im Dienstleistungsbereich erklären zu wollen. Angesichts der Veränderungen in der Unternehmensorganisation spiegelt sich in der starken Zunahme der Mietaufwendung in erster Linie die zunehmende Aufgabenteilung zwischen Kapitalhaltungsgesellschaften und Produktionsgesellschaften wider. Die Verschiebung der Investitionen und Gewinne zu den Dienstleistungen ist zum erheblichen Teil Ausdruck organisatorischer Veränderungen und nicht allein Zeichen einer verstärkten Bedeutung von Dienstleistungen.

Tabelle 8.5/2

Anlageinvestitionen

	1962	1963	1964	1965	1966	1967	1968	1969	1970	1971	1972	1973	1974	1975	1976	1977	1978	1979	1980	1981	1982	1983	1984	1985
in Mill. DM																								
Land- u. Forstwirtschaft	5010	4740	5510	6250	6040	4840	4560	5450	5720	5280	5400	6430	6200	6880	7760	8900	9490	9830	9280	8710	9030	10430	9790	9850
Energiewirtschaft	4880	4870	5640	5750	5450	6070	5240	5730	7190	9460	11330	11700	13230	14670	13600	12500	13430	14130	16510	16860	19040	19040	20640	22530
Bergbau	1280	1190	1250	1300	1220	1150	960	680	1000	1610	1370	1200	1280	2040	2410	2150	1950	2100	2410	3050	3710	3440	2700	2870
Verarbeitendes Gewerbe	20610	20320	22630	25640	26570	22580	23270	31140	40400	42790	39230	37700	36330	35910	39790	43140	45070	51570	58490	58020	54700	57010	57240	62650
Baugewerbe	2720	2870	3140	3010	2510	2590	2700	3580	4200	4850	5150	4610	2890	3140	3490	4040	4890	6160	6030	4730	3950	4560	4140	3910
Handel	5510	5700	5990	6580	6940	5940	6330	7250	8230	9150	10110	10660	8520	8500	10990	12240	12320	13410	13920	12660	12360	13590	14160	14650
Verkehr und Nachrichten	7820	8430	8260	8280	8360	8970	10010	11910	15380	18710	19290	19770	19910	18430	19050	20230	22220	23590	25280	26030	26220	28530	29450	30940
Sonstige Dienstleistungen	4260	4590	6140	7060	8080	6460	7570	8710	11040	13070	15200	18950	17340	18520	21650	27570	35710	45200	49060	51090	46880	53690	58160	62750
Produktionsunternehmen *)	52090	52710	58560	63870	65170	58600	60640	74450	93160	104920	107080	111020	105700	108090	118740	130770	145080	165990	180980	181150	177890	190230	196280	210150
Kreditinstitute	730	780	860	970	1180	1120	1310	1740	1990	2210	2570	2640	3080	3390	3520	3340	2900	2860	3840	4080	4520	5850	5740	6100
Versicherungen	420	420	490	650	620	650	580	720	790	830	1010	1060	1310	1120	1390	1320	1530	1480	1860	2180	2320	2650	2980	3000
Vertikalstruktur in vH																								
Land- u. Forstwirtschaft	9.6	9.0	9.4	9.8	9.3	8.3	7.5	7.3	6.1	5.0	5.0	5.8	5.9	6.4	6.5	6.8	6.5	5.9	5.1	4.8	5.1	5.5	5.0	4.7
Energiewirtschaft	9.4	9.2	9.6	9.0	8.4	10.4	8.6	7.7	7.7	9.0	10.6	10.5	12.5	13.6	11.5	9.6	9.3	8.5	9.1	9.3	10.7	10.0	10.5	10.7
Bergbau	2.5	2.3	2.1	2.0	1.9	2.0	1.6	0.9	1.1	1.5	1.3	1.1	1.2	1.9	2.0	1.6	1.3	1.3	1.3	1.7	2.1	1.8	1.4	1.4
Verarbeitendes Gewerbe	39.6	38.6	38.6	40.1	40.8	38.5	38.4	41.8	43.4	40.8	36.6	34.0	34.4	33.2	33.5	33.0	31.1	31.1	32.3	32.0	30.7	30.0	29.2	29.8
Baugewerbe	5.2	5.4	5.4	4.7	3.9	4.4	4.5	4.8	4.5	4.6	4.8	4.2	2.7	2.9	2.9	3.1	3.4	3.7	3.3	2.6	2.2	2.4	2.1	1.9
Handel	10.6	10.8	10.2	10.3	10.6	10.1	10.4	9.7	8.8	8.7	9.4	9.6	8.1	7.9	9.3	9.4	8.5	8.1	7.7	7.0	6.9	7.1	7.2	7.0
Verkehr und Nachrichten	15.0	16.0	14.1	13.0	12.8	15.3	16.5	16.0	16.5	17.8	18.0	17.8	18.8	17.1	16.0	15.5	15.3	14.2	14.0	14.4	14.7	15.0	15.0	14.7
Sonstige Dienstleistungen	8.2	8.7	10.5	11.1	12.4	11.0	12.5	11.7	11.9	12.5	14.2	17.1	16.4	17.1	18.2	21.1	24.6	27.2	27.1	28.2	27.5	28.2	29.6	29.9
Produktionsunternehmen *)	100	100	100	100	100	100	100	100	100	100	100	100	100	100	100	100	100	100	100	100	100	100	100	100
Kreditinstitute	1.4	1.5	1.5	1.5	1.8	1.9	2.2	2.3	2.1	2.1	2.4	2.4	2.9	3.1	3.0	2.6	2.0	1.7	2.1	2.3	2.5	3.1	2.9	2.9
Versicherungen	0.8	0.8	0.8	1.0	1.0	1.1	1.0	1.0	0.8	0.8	0.9	1.0	1.2	1.0	1.2	1.0	1.1	0.9	1.0	1.2	1.3	1.4	1.5	1.4
Veranderungen gegenuber dem Vorjahr in vH																								
Land- u. Forstwirtschaft	...	-5.4	16.2	13.4	-3.4	-19.9	-5.8	19.5	5.0	-7.7	2.3	19.1	-3.6	11.0	12.8	14.7	6.6	3.6	-5.6	-6.1	3.7	15.5	-6.1	0.6
Energiewirtschaft	...	-0.2	15.8	2.0	-5.2	11.4	-13.7	9.4	25.5	31.6	19.8	3.3	13.1	10.9	-7.3	-8.1	7.4	5.2	16.8	2.1	12.9	0.0	8.4	9.2
Bergbau	...	-7.0	5.0	4.0	-6.2	-5.7	-16.5	-29.2	47.1	61.0	-14.9	-12.4	6.7	59.4	18.1	-10.8	-9.3	7.7	14.8	26.6	21.6	-7.3	-21.5	6.3
Verarbeitendes Gewerbe	...	-1.4	11.4	13.3	3.6	-15.0	3.1	33.8	29.7	5.9	-8.3	-3.9	-3.6	-1.2	10.8	8.4	4.5	14.4	13.4	-0.8	-5.7	4.2	0.4	9.5
Baugewerbe	...	5.5	9.4	-4.1	-16.6	3.2	4.2	32.6	17.3	15.5	6.2	-10.5	-37.3	8.7	11.1	15.8	21.0	26.0	-2.1	-21.6	-16.5	13.9	-8.0	-5.6
Handel	...	3.4	5.1	9.8	5.5	-14.4	6.6	14.5	13.5	11.2	10.5	5.4	-20.1	-0.2	29.3	11.4	0.7	8.8	3.8	-9.1	-2.4	10.0	4.2	3.5
Verkehr und Nachrichten	...	7.9	-2.0	0.2	1.0	7.3	11.6	19.0	29.1	21.7	3.1	2.5	0.7	-7.4	3.4	6.2	9.8	6.2	7.2	3.0	0.7	8.8	3.2	5.1
Sonstige Dienstleistungen	...	7.7	33.8	15.0	14.4	-20.0	17.2	15.1	26.8	18.4	16.3	24.7	-8.5	6.8	16.9	27.3	29.5	26.6	8.5	4.1	-4.3	9.8	8.3	7.9
Produktionsunternehmen *)	...	1.2	11.1	9.1	2.0	-10.1	3.5	22.8	25.1	12.6	2.1	3.7	-4.8	2.3	9.9	10.1	10.9	14.4	9.0	0.1	-1.8	6.9	3.2	7.1
Kreditinstitute	...	6.8	10.3	12.8	21.6	-5.1	17.0	32.8	14.4	11.1	16.3	2.7	16.7	10.1	3.8	-5.1	-13.2	-1.4	34.3	6.3	10.8	29.4	-1.9	6.3
Versicherungen	...	0.0	16.7	32.7	-4.6	4.8	-10.8	24.1	9.7	5.1	21.7	5.0	23.6	-14.5	24.1	-5.0	15.9	-3.3	25.7	17.2	6.4	14.2	12.5	0.7

*) ohne Wohnungsvermietung

Tabelle 8.5/3

Unternehmenseinkommen

	1962	1963	1964	1965	1966	1967	1968	1969	1970	1971	1972	1973
in Mill. DM												
Land- u. Forstwirtschaft	1660	6200	6120	2690	1930	640	7640	4580	2250	6110	8840	4260
Energiewirtschaft	3270	3300	3940	4030	4380	4550	5110	5070	5360	4860	5930	6340
Bergbau	1020	1160	1450	910	580	500	710	130	890	570	300	960
Verarbeitendes Gewerbe	26230	25730	32130	34790	31930	31760	36760	49420	53560	51250	49660	60390
Baugewerbe	7390	7370	8450	8690	8790	7840	7700	8140	12070	13510	12620	11210
Handel	13830	12510	13840	14330	13860	13290	12870	13760	17600	19050	20600	20350
Verkehr und Nachrichten	3300	3730	3880	4400	5030	4150	5760	5940	5240	4360	7290	7750
Sonstige Dienstleistungen	9140	9780	11410	14060	15680	16060	17130	19560	24680	29770	34600	38660
Produktionsunternehmen *)	65900	69780	81270	83900	82180	78790	93680	106600	121650	129480	139840	149920
Kreditinstitute	2700	2940	3470	4270	5180	5100	5280	6950	7500	8100	9880	11200
Versicherungen	130	240	340	290	150	-30	170	110	-480	-20	220	270
Vertikalstruktur in vH												
Land- u. Forstwirtschaft	2.5	8.9	7.5	3.2	2.3	0.8	8.2	4.3	1.8	4.7	6.3	2.8
Energiewirtschaft	5.0	4.7	4.8	4.8	5.3	5.8	5.5	4.8	4.4	3.8	4.2	4.2
Bergbau	1.5	1.7	1.8	1.1	0.7	0.6	0.8	0.1	0.7	0.4	0.2	0.6
Verarbeitendes Gewerbe	39.9	36.9	39.6	41.5	38.9	40.3	39.2	46.4	44.0	39.6	35.5	40.3
Baugewerbe	11.2	10.6	10.4	10.4	10.7	10.0	8.2	7.6	9.9	10.4	9.0	7.5
Handel	21.0	17.9	17.0	17.1	16.9	16.9	13.7	12.9	14.5	14.7	14.7	13.6
Verkehr und Nachrichten	5.0	5.3	4.8	5.2	6.1	5.3	6.1	5.6	4.3	3.4	5.2	5.2
Sonstige Dienstleistungen	13.9	14.0	14.0	16.8	19.1	20.4	18.3	18.3	20.3	23.0	24.7	25.8
Produktionsunternehmen *)	100	100	100	100	100	100	100	100	100	100	100	100
Kreditinstitute	4.1	4.2	4.3	5.1	6.3	6.5	5.6	6.5	6.2	6.3	7.1	7.5
Versicherungen	0.2	0.3	0.4	0.3	0.2	-0.0	0.2	0.1	-0.4	-0.0	0.2	0.2
Veränderungen gegenüber dem Vorjahr in vH												
Land- u. Forstwirtschaft	...	273.5	-1.3	-56.0	-28.3	-66.8	1093.8	-40.1	-50.9	171.6	44.7	-51.8
Energiewirtschaft	...	0.9	19.4	2.3	8.7	3.9	12.3	-0.8	5.7	-9.3	22.0	6.9
Bergbau	...	13.7	25.0	-37.2	-36.3	-13.8	42.0	-81.7	584.6	-36.0	-47.4	220.0
Verarbeitendes Gewerbe	...	-2.1	25.1	8.1	-8.2	-0.5	15.7	34.4	8.4	-4.3	-3.1	21.6
Baugewerbe	...	-0.3	14.7	2.8	1.2	-10.8	-1.8	5.7	48.3	11.9	-6.6	-11.2
Handel	...	-9.5	10.6	3.5	-3.3	-4.1	-3.2	6.9	27.9	8.2	8.1	-1.2
Verkehr und Nachrichten	...	13.0	4.0	13.4	14.3	-17.5	38.8	3.1	-11.8	-16.8	67.2	6.3
Sonstige Dienstleistungen	...	7.0	16.7	23.2	11.5	2.4	6.7	14.2	26.2	20.6	16.2	11.7
Produktionsunternehmen *)	...	5.9	16.5	3.2	-2.1	-4.1	18.9	13.8	14.1	6.4	8.0	7.2
Kreditinstitute	...	8.9	18.0	23.1	21.3	-1.5	3.5	31.6	7.9	8.0	22.0	13.4
Versicherungen	...	84.6	41.7	-14.7	-48.3	-120.0	-666.7	-35.3	-536.4	-95.8	-1200.0	22.7

	1974	1975	1976	1977	1978	1979	1980	1981	1982	1983	1984	1985
in Mill. DM												
Land- u. Forstwirtschaft	3490	11360	4960	6110	3710	2750	670	3040	2170	-2250	-3470	-9100
Energiewirtschaft	6570	8130	9780	8840	10300	10500	9000	9040	12080	13220	14510	16730
Bergbau	1800	1190	1650	730	880	1990	2460	2470	2700	3920	4450	4920
Verarbeitendes Gewerbe	72010	56510	67820	63950	67070	80760	69260	67970	71950	82100	88560	115680
Baugewerbe	9820	7860	10070	12790	14570	18300	21870	20280	16110	17420	16090	15290
Handel	20310	19500	23230	24270	29950	32900	33670	36020	31130	35280	36460	34540
Verkehr und Nachrichten	7990	7830	10080	11650	13900	16990	15030	15850	17150	17750	20120	20510
Sonstige Dienstleistungen	43810	48310	53100	58240	65100	72920	82260	87680	92660	100540	106080	113360
Produktionsunternehmen *)	165800	160690	180690	186580	205480	237310	234240	244350	245950	267980	284800	311930
Kreditinstitute	14670	15450	15450	16270	18630	21040	23390	29470	36680	41030	41300	40380
Versicherungen	360	600	450	1400	1680	1230	890	860	1240	1290	3160	3240
Vertikalstruktur in vH												
Land- u. Forstwirtschaft	2.1	7.1	2.7	3.3	1.8	1.2	0.3	1.2	0.9	-0.8	-1.2	-2.9
Energiewirtschaft	4.0	5.1	5.4	4.7	5.0	4.4	3.8	3.7	4.9	4.9	5.1	5.4
Bergbau	1.1	0.7	0.9	0.4	0.4	0.8	1.1	1.0	1.1	1.5	1.6	1.6
Verarbeitendes Gewerbe	43.4	35.2	37.5	34.3	32.6	34.0	29.6	27.8	29.3	30.6	31.1	37.1
Baugewerbe	5.9	4.9	5.6	6.9	7.1	7.7	9.3	8.3	6.6	6.5	5.6	4.9
Handel	12.2	12.1	12.9	13.0	14.6	13.9	14.4	14.7	12.7	13.2	12.8	11.1
Verkehr und Nachrichten	4.8	4.9	5.6	6.2	6.8	7.2	6.4	6.5	7.0	6.6	7.1	6.6
Sonstige Dienstleistungen	26.4	30.1	29.4	31.2	31.7	30.7	35.1	36.7	37.7	37.5	37.9	36.3
Produktionsunternehmen *)	100	100	100	100	100	100	100	100	100	100	100	100
Kreditinstitute	8.8	9.6	8.6	8.7	9.1	8.9	10.0	12.1	14.9	15.3	14.5	12.9
Versicherungen	0.2	0.4	0.2	0.8	0.8	0.5	0.4	0.4	0.5	0.5	1.1	1.0
Veränderungen gegenüber dem Vorjahr in vH												
Land- u. Forstwirtschaft	-18.1	225.5	-56.3	23.2	-39.3	-20.5	-77.3	353.7	-28.6	-203.7	54.2	162.2
Energiewirtschaft	3.6	23.7	20.3	-9.6	16.5	1.9	-14.3	0.4	33.6	9.4	9.8	15.3
Bergbau	87.5	-33.9	38.7	-55.8	20.5	126.1	23.6	0.4	9.3	45.2	13.5	10.6
Verarbeitendes Gewerbe	19.2	-21.5	20.0	-5.7	4.9	20.4	-14.2	-1.9	5.9	14.1	7.9	30.6
Baugewerbe	-12.4	-20.0	28.1	27.0	13.9	25.6	19.6	-7.4	-20.6	8.1	-7.6	-5.0
Handel	-0.2	-4.0	19.1	4.5	23.4	9.8	2.3	7.0	-13.6	13.3	3.3	-5.3
Verkehr und Nachrichten	3.1	-2.0	28.7	15.6	19.3	22.2	-11.5	5.5	8.2	3.5	13.4	1.9
Sonstige Dienstleistungen	13.3	10.3	9.9	9.7	11.8	12.0	12.8	9.0	3.3	8.5	7.5	4.9
Produktionsunternehmen *)	10.6	-3.1	12.4	3.3	10.1	15.5	-1.3	4.3	0.7	9.0	6.3	9.5
Kreditinstitute	31.0	5.3	0.0	5.3	14.5	12.9	11.2	26.0	24.5	11.9	0.7	-2.2
Versicherungen	33.3	66.7	-25.0	211.1	20.0	-26.8	-27.6	-3.4	44.2	4.0	145.0	2.5

*) ohne Wohnungsvermietung

Tabelle 8.5/4

Netto-Anlagenvermögensbestände am Jahresende

	1962	1963	1964	1965	1966	1967	1968	1969	1970	1971	1972	1973	1974	1975	1976	1977	1978	1979	1980	1981	1982	1983	1984	1985
in Mill. DM																								
Land- u. Forstwirtschaft	28970	30510	32520	34920	36840	37400	37600	38580	39690	40230	40790	42200	43210	44680	46680	49350	52130	54790	56470	57200	57960	59770	60590	61190
Energiewirtschaft	24590	27360	30730	33960	36680	39800	41880	44240	47790	53210	59990	66580	74070	82330	88940	93950	99390	105030	112500	119700	128330	136130	144680	154420
Bergbau	8100	8290	8510	8750	8880	8930	8750	8320	8240	8740	8960	8980	9060	9820	10820	11450	11770	12140	12760	13890	15500	16660	16950	17270
Verarbeitendes Gewerbe	89160	97040	105780	116090	125880	130520	134630	144850	161720	178260	188760	195940	200230	202850	208070	215270	222670	234910	252010	266720	276200	285620	293450	305130
Baugewerbe	7830	8790	9750	10380	10400	10420	10460	11370	12700	14360	16030	16900	16040	15470	15340	15760	16840	18820	20290	20160	19170	18680	17800	16630
Handel	21430	23890	26330	29060	31860	33540	35500	38160	41480	45270	49510	53830	55820	57610	61550	66240	70300	74730	79040	81750	83720	86500	89400	92400
Verkehr und Nachrichten	42380	46440	49930	53030	55840	56880	62490	67340	74840	84600	93800	102390	110090	115360	120400	125860	132330	139250	146850	153970	160010	166980	173460	180230
Sonstige Dienstleistungen	18690	21640	25900	30760	36240	39660	43710	48280	54390	61670	70210	81510	90350	99350	110070	124740	144780	170660	196490	220520	238560	257880	277920	297630
Produktionsunternehmen *)	241150	263980	289450	316950	342620	359150	375020	401140	440850	486360	528050	568330	598870	627470	661870	702620	750210	810330	876410	933910	979470	1028220	1074250	1124900
Kreditinstitute	4260	4700	5190	5760	6510	7160	7950	9090	10370	11750	13360	14900	16780	18840	20870	22570	23690	24630	26400	28250	30320	33440	36150	38970
Versicherungen	1910	2220	2590	3100	3560	4030	4420	4930	5490	6060	6780	7520	8470	9190	10130	10960	11950	12840	14050	15520	17080	18890	20930	22930
Vertikalstruktur in vH																								
Land- u. Forstwirtschaft	12.0	11.6	11.2	11.0	10.8	10.4	10.0	9.6	9.0	8.3	7.7	7.4	7.2	7.1	7.1	7.0	6.9	6.8	6.4	6.1	5.9	5.8	5.6	5.4
Energiewirtschaft	10.2	10.4	10.6	10.7	10.7	11.1	11.2	11.0	10.8	10.9	11.4	11.7	12.4	13.1	13.4	13.4	13.2	13.0	12.8	12.8	13.1	13.2	13.5	13.7
Bergbau	3.4	3.1	2.9	2.8	2.6	2.5	2.3	2.1	1.9	1.8	1.7	1.6	1.5	1.6	1.6	1.6	1.6	1.5	1.5	1.5	1.6	1.6	1.6	1.5
Verarbeitendes Gewerbe	37.0	36.8	36.5	36.6	36.7	36.3	35.9	36.1	36.7	36.7	35.7	34.5	33.4	32.3	31.4	30.6	29.7	29.0	28.8	28.6	28.2	27.8	27.3	27.1
Baugewerbe	3.2	3.3	3.4	3.3	3.0	2.9	2.8	2.8	2.9	3.0	3.0	3.0	2.7	2.5	2.3	2.2	2.2	2.3	2.3	2.2	2.0	1.8	1.7	1.5
Handel	8.9	9.0	9.1	9.2	9.3	9.3	9.5	9.5	9.4	9.3	9.4	9.5	9.3	9.2	9.3	9.4	9.4	9.2	9.0	8.8	8.5	8.4	8.3	8.2
Verkehr und Nachrichten	17.6	17.6	17.2	16.7	16.3	16.4	16.7	16.8	17.0	17.4	17.8	18.0	18.4	18.4	18.2	17.9	17.6	17.2	16.8	16.5	16.3	16.2	16.1	16.0
Sonstige Dienstleistungen	7.8	8.2	8.9	9.7	10.6	11.0	11.7	12.0	12.3	12.7	13.3	14.3	15.1	15.8	16.6	17.8	19.3	21.1	22.4	23.6	24.4	25.1	25.9	26.5
Produktionsunternehmen *)	100	100	100	100	100	100	100	100	100	100	100	100	100	100	100	100	100	100	100	100	100	100	100	100
Kreditinstitute	1.8	1.8	1.8	1.8	1.9	2.0	2.1	2.3	2.4	2.4	2.5	2.6	2.8	3.0	3.2	3.2	3.2	3.0	3.0	3.0	3.1	3.3	3.4	3.5
Versicherungen	0.8	0.8	0.9	1.0	1.0	1.1	1.2	1.2	1.2	1.2	1.3	1.3	1.4	1.5	1.5	1.6	1.6	1.6	1.6	1.7	1.7	1.8	1.9	2.0
Veränderungen gegenüber dem Vorjahr in vH																								
Land- u. Forstwirtschaft	...	5.3	6.6	7.4	5.5	1.5	0.5	2.6	2.9	1.4	1.4	3.5	2.4	3.4	4.5	5.7	5.6	5.1	3.1	1.3	1.3	3.1	1.4	1.0
Energiewirtschaft	...	11.3	12.2	10.5	8.0	8.5	5.2	5.6	8.0	11.3	12.7	11.0	11.2	11.2	8.0	5.6	5.8	5.7	7.1	6.4	7.2	6.1	6.3	6.7
Bergbau	...	2.3	2.7	2.8	1.5	0.6	-2.0	-4.9	-1.0	6.1	2.5	0.2	0.9	8.4	10.2	5.8	2.8	3.1	5.1	8.9	11.6	7.5	1.7	1.9
Verarbeitendes Gewerbe	...	8.8	9.0	9.7	8.4	3.7	3.1	7.6	11.6	10.2	5.9	3.8	2.2	1.3	2.6	3.5	3.4	5.5	7.3	5.8	3.6	3.4	2.7	4.0
Baugewerbe	...	12.3	10.9	6.5	0.2	0.2	0.4	8.7	11.7	13.2	11.5	5.4	-5.1	-3.6	-0.8	2.7	6.9	11.8	7.8	-0.6	-4.9	-2.6	-4.7	-6.6
Handel	...	11.5	10.2	10.4	9.6	5.3	5.8	7.5	8.7	9.1	9.4	8.7	3.7	3.2	6.8	7.6	6.1	6.3	5.8	3.4	2.4	3.3	3.4	3.4
Verkehr und Nachrichten	...	9.6	7.5	6.2	5.3	5.4	6.1	7.8	11.1	13.0	10.9	9.2	7.5	4.8	4.4	4.5	5.1	5.2	5.5	4.8	3.9	4.4	3.9	3.9
Sonstige Dienstleistungen	...	15.8	19.7	18.8	17.8	9.4	10.2	10.5	12.7	13.4	13.8	16.1	10.8	10.0	10.8	13.3	16.1	17.9	15.1	12.2	8.2	8.1	7.8	7.1
Produktionsunternehmen *)	...	9.5	9.6	9.5	8.1	4.8	4.4	7.0	9.9	10.3	8.6	7.6	5.4	4.8	5.5	6.2	6.8	8.0	8.2	6.6	4.9	5.0	4.5	4.7
Kreditinstitute	...	10.3	10.4	11.0	13.0	10.0	11.0	14.3	14.1	13.3	13.7	11.5	12.6	12.3	10.8	8.1	5.0	4.0	7.2	7.0	7.3	10.3	8.1	7.8
Versicherungen	...	16.2	16.7	19.7	14.8	13.2	9.7	11.5	11.4	10.4	11.9	10.9	12.6	8.5	10.2	8.2	9.0	7.4	9.4	10.5	10.1	10.6	10.8	9.6

*) ohne Wohnungsvermietung

Tabelle 8.5/5

Sachvermögensbestände am Jahresende

	1962	1963	1964	1965	1966	1967	1968	1969	1970	1971	1972	1973
in Mill. DM												
Land- u. Forstwirtschaft	46370	49910	53920	55720	57040	57000	59500	59780	59390	61730	66090	67600
Energiewirtschaft	25220	28080	31490	34770	37510	40610	42620	45040	49690	54720	61570	68360
Bergbau	8880	8880	9200	9590	9690	9880	9350	8920	9090	10090	10550	10520
Verarbeitendes Gewerbe	146760	155140	169380	188190	200480	201620	211330	236350	270120	291160	305060	326640
Baugewerbe	8860	9910	10850	11680	11630	11780	11760	13300	14940	16450	18110	19100
Handel	49530	53990	59430	65660	70160	71640	73900	81760	88380	96270	105310	115330
Verkehr und Nachrichten	42930	46920	50400	53440	56250	59340	62970	67700	75210	85400	94580	103130
Sonstige Dienstleistungen	20760	23880	28130	32930	38720	42360	46420	50910	57780	65550	74790	86500
Produktionsunternehmen *)	349310	376710	412800	451980	481680	494230	517850	563760	624000	681370	736060	797180
Kreditinstitute	4480	4970	5500	6100	6910	7410	8270	9440	10770	12170	13870	15510
Versicherungen	1910	2220	2590	3100	3560	4030	4420	4930	5490	6060	6780	7520
Vertikalstruktur in vH												
Land- u. Forstwirtschaft	13.3	13.2	13.1	12.3	11.8	11.5	11.5	10.6	9.5	9.1	9.0	8.5
Energiewirtschaft	7.2	7.5	7.6	7.7	7.8	8.2	8.2	8.0	7.9	8.0	8.4	8.6
Bergbau	2.5	2.4	2.2	2.1	2.1	2.0	1.8	1.6	1.5	1.5	1.4	1.3
Verarbeitendes Gewerbe	42.0	41.2	41.0	41.6	41.6	40.8	40.8	41.9	43.3	42.7	41.4	41.0
Baugewerbe	2.5	2.6	2.6	2.6	2.4	2.4	2.3	2.4	2.4	2.4	2.5	2.4
Handel	14.2	14.3	14.4	14.5	14.6	14.5	14.3	14.5	14.2	14.1	14.3	14.5
Verkehr und Nachrichten	12.3	12.5	12.2	11.8	11.7	12.0	12.2	12.0	12.1	12.5	12.8	12.9
Sonstige Dienstleistungen	5.9	6.3	6.8	7.3	8.0	8.6	9.0	9.0	9.3	9.6	10.2	10.9
Produktionsunternehmen *)	100	100	100	100	100	100	100	100	100	100	100	100
Kreditinstitute	1.3	1.3	1.3	1.3	1.4	1.5	1.6	1.7	1.7	1.8	1.9	1.9
Versicherungen	0.5	0.6	0.6	0.7	0.7	0.8	0.9	0.9	0.9	0.9	0.9	0.9
Veranderungen gegenuber dem Vorjahr in vH												
Land- u. Forstwirtschaft	...	7.6	8.0	3.3	2.4	-0.1	4.4	0.5	-0.7	3.9	7.1	2.3
Energiewirtschaft	...	11.3	12.1	10.4	7.9	8.3	4.9	5.7	9.0	11.5	12.5	11.0
Bergbau	...	0.0	3.6	4.2	3.1	-0.1	-5.4	-4.6	1.9	11.0	4.6	-0.3
Verarbeitendes Gewerbe	...	5.7	9.2	11.1	6.5	0.6	4.8	11.8	14.3	7.8	4.8	7.1
Baugewerbe	...	11.9	9.5	7.6	-0.4	1.3	-0.2	13.1	12.3	10.1	10.1	5.5
Handel	...	9.0	10.1	10.5	6.9	2.1	3.2	10.6	8.1	8.9	9.4	9.5
Verkehr und Nachrichten	...	9.3	7.4	6.0	5.3	5.5	6.1	7.5	11.1	13.5	10.7	9.0
Sonstige Dienstleistungen	...	15.0	17.8	17.1	17.6	9.4	9.6	9.7	13.5	13.4	14.1	15.7
Produktionsunternehmen *)	...	7.8	9.6	9.5	6.6	2.6	4.8	8.9	10.7	9.2	8.0	8.3
Kreditinstitute	...	10.9	10.7	10.9	13.3	7.2	11.6	14.1	14.1	13.0	14.0	11.8
Versicherungen	...	16.2	16.7	19.7	14.8	13.2	9.7	11.5	11.4	10.4	11.9	10.9

	1974	1975	1976	1977	1978	1979	1980	1981	1982	1983	1984	1985
in Mill. DM												
Land- u. Forstwirtschaft	69310	75780	76080	80450	82430	85590	87870	92100	93660	96070	94390	90790
Energiewirtschaft	76420	85020	91210	96360	102210	108550	117720	125840	135100	143400	151870	162060
Bergbau	10130	12040	12930	13830	14170	13780	14590	16020	18550	19680	19250	19650
Verarbeitendes Gewerbe	354830	358550	378470	390470	401670	438910	478210	505820	516400	526420	542550	570430
Baugewerbe	18350	18110	17750	17960	19760	21300	22600	22670	21580	21150	20120	18760
Handel	121520	126310	140850	150140	161700	179730	192740	196350	200020	208000	217800	221700
Verkehr und Nachrichten	110760	116100	121370	126900	133940	141050	148810	155830	161930	166960	175480	182290
Sonstige Dienstleistungen	96160	105290	117510	132850	151980	178610	205380	230250	248830	268900	289040	309310
Produktionsunternehmen *)	857480	897200	956170	1008960	1067860	1167520	1268120	1344880	1396070	1457580	1510500	1574990
Kreditinstitute	17510	19710	21880	23700	24920	25990	28030	30030	32180	35240	38050	40890
Versicherungen	8470	9190	10130	10960	11950	12840	14050	15520	17080	18890	20930	22930
Vertikalstruktur in vH												
Land- u. Forstwirtschaft	8.1	8.4	8.0	8.0	7.7	7.3	6.9	6.8	6.7	6.6	6.2	5.8
Energiewirtschaft	8.9	9.5	9.5	9.6	9.6	9.3	9.3	9.4	9.7	9.9	10.1	10.3
Bergbau	1.2	1.3	1.4	1.4	1.3	1.2	1.2	1.2	1.3	1.4	1.3	1.2
Verarbeitendes Gewerbe	41.4	40.0	39.6	38.7	37.6	37.6	37.7	37.6	37.0	36.2	35.9	36.2
Baugewerbe	2.1	2.0	1.9	1.8	1.9	1.8	1.8	1.7	1.5	1.5	1.3	1.2
Handel	14.2	14.1	14.7	14.9	15.1	15.4	15.2	14.6	14.3	14.3	14.4	14.1
Verkehr und Nachrichten	12.9	12.9	12.7	12.6	12.5	12.1	11.7	11.6	11.6	11.6	11.6	11.6
Sonstige Dienstleistungen	11.2	11.7	12.3	13.2	14.2	15.3	16.2	17.1	17.8	18.5	19.1	19.6
Produktionsunternehmen *)	100	100	100	100	100	100	100	100	100	100	100	100
Kreditinstitute	2.0	2.2	2.3	2.3	2.3	2.2	2.2	2.2	2.3	2.4	2.5	2.6
Versicherungen	1.0	1.0	1.1	1.1	1.1	1.1	1.1	1.2	1.2	1.3	1.4	1.5
Veranderungen gegenuber dem Vorjahr in vH												
Land- u. Forstwirtschaft	2.5	9.3	0.4	5.7	2.5	3.8	2.7	4.8	1.7	2.6	-1.7	-3.8
Energiewirtschaft	11.8	11.3	7.3	5.6	6.1	6.2	8.4	6.9	7.4	6.1	5.9	6.7
Bergbau	-3.7	18.9	7.4	7.0	2.5	-2.6	5.9	9.8	15.8	6.1	-2.2	2.1
Verarbeitendes Gewerbe	8.6	1.0	5.6	3.2	2.9	9.3	9.0	5.8	2.1	1.9	3.1	5.1
Baugewerbe	-3.9	-1.3	-2.0	1.2	10.0	7.8	6.1	0.3	-4.8	-2.0	-4.9	-6.8
Handel	5.4	3.9	11.5	6.6	7.7	11.2	7.3	1.8	1.9	4.0	4.7	1.8
Verkehr und Nachrichten	7.4	4.8	4.5	4.6	5.5	5.3	5.5	4.7	3.9	4.3	3.9	3.9
Sonstige Dienstleistungen	11.2	9.5	11.6	13.1	14.4	17.5	15.0	12.1	8.1	8.1	7.5	7.0
Produktionsunternehmen *)	7.6	4.6	6.6	5.5	5.8	9.3	8.6	6.1	3.8	4.0	4.0	4.3
Kreditinstitute	12.9	12.6	11.0	8.3	5.1	4.3	7.8	7.1	7.2	9.5	8.0	7.4
Versicherungen	12.6	8.5	10.2	8.2	9.0	7.4	9.4	10.5	10.1	10.6	10.8	9.6

*) ohne Wohnungsvermietung

Tabelle 8.5/6

Sachkapitalrendite in vH

	1962	1963	1964	1965	1966	1967	1968	1969	1970	1971	1972	1973
Land- u. Forstwirtschaft	3.6	12.4	11.4	4.8	3.4	1.1	12.8	7.7	3.8	9.9	13.4	6.3
Energiewirtschaft	13.0	11.8	12.5	11.6	11.7	11.2	12.0	11.3	10.9	8.9	9.6	9.3
Bergbau	11.5	13.1	15.8	9.5	5.9	5.1	7.6	1.5	9.8	5.6	2.8	9.1
Verarbeitendes Gewerbe	17.9	16.6	19.0	18.5	15.9	15.8	17.4	20.9	19.8	17.6	16.3	18.5
Baugewerbe	83.4	74.4	77.9	74.4	75.6	66.6	65.5	61.2	80.8	82.1	69.7	58.7
Handel	27.9	23.2	23.3	21.8	19.8	18.6	17.4	16.8	19.9	19.8	19.6	17.6
Verkehr und Nachrichten	7.7	7.9	7.7	8.2	8.9	7.0	9.1	8.8	7.0	5.1	7.7	7.5
Sonstige Dienstleistungen	44.0	41.0	40.6	42.7	40.5	37.9	36.9	38.4	42.7	45.4	46.3	44.7
Produktionsunternehmen *)	18.9	18.5	19.7	18.6	17.1	15.9	18.1	18.9	19.5	19.0	19.0	18.8
Kreditinstitute	60.3	59.2	63.1	70.0	75.0	68.8	63.8	73.6	69.6	66.6	71.2	72.2
Versicherungen	6.8	10.8	13.1	9.4	4.2	-0.7	3.8	2.2	-8.7	-0.3	3.2	3.6

	1974	1975	1976	1977	1978	1979	1980	1981	1982	1983	1984	1985
Land- u. Forstwirtschaft	5.0	15.0	6.5	7.6	4.5	3.4	0.8	3.3	2.3	-2.3	-3.7	-10.0
Energiewirtschaft	8.6	9.6	10.7	9.2	10.1	9.7	7.6	7.2	8.9	9.2	9.6	10.3
Bergbau	17.8	9.9	12.8	5.3	6.2	14.4	16.9	15.4	14.6	19.9	23.1	25.0
Verarbeitendes Gewerbe	20.3	15.8	17.9	16.4	16.7	18.4	14.5	13.4	13.9	15.6	16.3	20.3
Baugewerbe	53.5	43.4	56.7	71.2	73.7	85.9	96.9	89.5	74.7	82.4	60.0	81.5
Handel	16.7	15.4	16.5	16.2	18.5	18.3	17.5	18.3	15.6	17.0	16.7	15.6
Verkehr und Nachrichten	7.2	6.7	8.3	9.2	10.4	12.0	10.1	10.2	10.6	10.5	11.5	11.3
Sonstige Dienstleistungen	45.6	45.9	45.2	43.8	42.8	40.8	40.1	38.9	37.2	37.4	37.4	36.6
Produktionsunternehmen *)	19.3	17.9	18.9	18.5	19.2	20.3	18.5	18.2	17.6	18.4	18.9	19.8
Kreditinstitute	83.8	78.4	70.6	68.6	74.8	81.0	83.4	98.1	114.0	116.4	108.5	98.8
Versicherungen	4.3	6.5	4.4	12.8	14.1	9.6	6.3	5.5	7.3	6.8	15.1	14.1

*) ohne Wohnungsvermietung

9. Unternehmensfinanzierung

Bereits bei der Diskussion von Strukturverschiebungen bei Gewinnen und Renditen ist deutlich geworden, daß die Finanzierungsinstitutionen in steigendem Umfang an den im Unternehmensbereich erwirtschafteten Gewinnen partizipieren. In diese Rechnung gehen allerdings nur die Beiträge der Finanzierungsinstitutionen zur Produktion in anderen Wirtschaftszweigen in Form der Entgelte für die in Anspruch genommenen Bank- und Versicherungsdienstleistungen ein. In diesen Beträgen nicht zum Ausdruck kommen dagegen diejenigen Einflüsse, die aus dem Wandel der Finanzierungsmodalitäten bei der Produktion von Gütern und Diensten resultieren. Hier geht es also nicht um das steigende Gewicht von Dienstleistungen der Finanzierungsinstitutionen, sondern um Wandlungen des Einflusses der Banken und Versicherungen auf die Finanzierung der Produktionsprozesse.

Eine Untersuchung der die Produktion begleitenden Finanzierungsvorgänge muß sich somit zum Ziel setzen, die möglichen Rückwirkungen veränderten Finanzierungsverhaltens der Unternehmen auf die Produktionsseite abzuschätzen. Das wirft vor allem die Frage auf, welchen Einfluß der Finanzierungssektor auf die Dispositionen, insbesondere die Investitionsentscheidungen der Unternehmen, nimmt. Zugespitzt geht es dabei um die in der Öffentlichkeit immer wieder diskutierte Frage nach der gestiegenen Macht der Banken. Darauf soll im folgenden anhand der Entwicklung der Fremdfinanzierung der Unternehmen eine Anwort gesucht werden.

Diskutiert werden soll das Problem allerdings auf der Basis der Entwicklung des Korrelats der Fremdkapitalquote, nämlich der Eigenkapitalquote. Denn über den Befund hinaus stellt sich die Frage, ob eine verminderte finanzielle Eigenständigkeit des Unternehmenssektors (die "Eigenkapitallücke") als ein aus inter- und innerbetrieblichem Strukturwandel sich ergebendes Phänomen oder als eine als Ergebnis wirtschaftspolitischer Fehlsteuerung ("Auszehrung der Unternehmen") anzusehen ist.

Während das vorhergehende Kapitel Informationen der VGR auswertet, wird im empirischen Teil dieses Kapitels, der auf der Bilanzstatistik der Deutschen Bundesbank und anderen Quellen basiert, auch eine sektorale Differenzierung und eine weiterführende Analyse der Unternehmensbilanzen vorgenommen. Trotz der Unterschiedlichkeit des Materials ergeben sich Schlußfolgerungen, die z.T. übereinstimmen und die sich z.T. ergänzen.

9.1 Die Kapitalstruktur der Unternehmen

In der langen Diskussion über die sogenannte Eigenkapitallücke in der Bundesrepublik wurden theoretische Überlegungen nur wenig berücksichtigt. Der gesamte Problembefund reduzierte sich weitgehend auf den intertemporalen Vergleich eines einzigen Indikators, nämlich den Anteil des Eigenkapitals an der gesamten Bilanzsumme der Unternehmen, in deren Bilanzen die Deutsche Bundesbank im Rahmen des Rediskontgeschäfts Einblick hat. Der Rückgang dieser Quote von rund 30% im Jahre 1965 auf rund 18% im Jahre 1985 steht häufig für verminderte Ertragskraft der Unternehmen und dient als Erklärung der Investitionsschwäche. Solch eine Betrachtungsweise schätzt die Flexibilität der Wirtschaft im Finanzierungsbereich gering ein. Dabei wird häufig übersehen, daß sich in einem Zeitraum von 20 Jahren erhebliche Strukturwandlungen vollzogen haben, die die Aussagekraft einer solchen Quote erheblich relativieren. Auch im Finanzierungsverhalten von Kapitalgebern und -nehmern gibt es weitreichende Innovationen.

Ganz pragmatisch wird eine die Hypothese der Eigenkapitallücke schon in Frage gestellt durch die überaus kräftige Verbesserung der Ertragssituation der Unternehmen in den letzten Jahren, die Verteilungsrelationen zwischen Arbeit und Kapital wiederhergestellt hat, wie sie zuletzt Anfang der sechziger Jahre gemessen wurden (vgl. Zwischenbericht des DIW 1986 zur SBE). Die Eigenkapitalrendite hat ihr langfristiges Durchschnittsniveau 1985 wieder deutlich überschritten (s. Abschnitt 8.4). Das hat zwar eine gewisse Belebung der Investitionstätigkeit mit sich gebracht, die Eigenkapitalsituation der Unternehmen aber, wie der Monatsbericht der Bundesbank vom November 1986 zeigt, auch nicht annähernd einer ähnlichen "Verbesserung" nahebringen können. Im Gegenteil, auch im Jahre 1985 verharrt die Quote bei 18,5 vH. Angesichts dieses Befundes spitzt sich die Untersuchung der Eigenkapitalquote auf die Frage zu, ob sich das Finanzierungsverhalten von Kapitalanbietern und Kapitalnachfragern verändert hat.

Die häufig vorgenommene Gleichsetzung von Eigenkapital und Risikokapital zielt auf den theoretischen Kern des Problems. Es stellt sich allerdings die Frage, welches Risiko eines Unternehmens das Eigenkapital abdecken kann oder muß, ob sich dieses Risiko im Strukturwandel im Zeitablauf ändern kann und ob und ggf. welche Risikoänderungen mit mehr oder weniger Eigenkapital selbst verbunden sind.

Risiko eines Unternehmens bedeutet im allgemeinsten Fall die Gefahr einer Inkongruenz von Einnahme- und Ausgabeströmen, d.h., die Ausgabeströme überschreiten die Einnahmeströme ungeplant und länger als es im normalen Geschäftsablauf üblich ist. Eine höhere Eigenkapitalquote mindert diese Gefahr, weil sich die Ausgabeströme zur Bedienung des Eigenkapitals an die Geschäftssituation (residual) anpassen, während die Ausgabeströme zur Bedienung von Fremdkapital unverändert bleiben. Umgekehrtes gilt im Gewinnfall. Mehr Eigenkapital mindert dann den Überschuß der Einnahmen über die Ausgaben für den Betrieb, weil die Ausgabenströme für Eigenkapital mit der Verbesserung der Geschäftssituation ansteigen. Das beschreibt den sog. leverage-Effekt.

Bei einer erwarteten Gesamtkapitalrentabilität, die den Fremdkapitalzins übersteigt, kann also der Ertrag des unternehmerischen Eigenkapitals - ausgedrückt in Geldeinheiten - erhöht (hochgehebelt) werden, indem möglichst viel Fremdkapital eingesetzt wird und vice versa. Dieser leverage-Effekt ist aber nur eindeutig definiert bei gegebenem "leistungswirtschaftlichem Risiko" (Schneider 1986), d.h. bei gegebener Gesamtkapitalrentabilität und bringt nur dann einen zusätzlichen Gewinn oder Verlust, wenn Risikoaspekte vernachlässigt werden. Sobald eine Gleichverteilung der Wahrscheinlichkeit von Gewinn oder Verlust (aufgrund der Transaktionen auf der Aktivseite der Bilanz) gegeben ist, kann durch den leverage-Effekt der Erwartungswert des Eigenkapitalertrages nicht mehr erhöht werden, da der höheren Gewinnchance bei geringerem Eigenkapitalanteil ein entsprechend höheres Verlustrisiko gegenübersteht. Nur für risikofreudige Anleger ist ein höher verschuldetes Unternehmen dann noch von besonderem Interesse, da der (mit einer bestimmten Eintrittswahrscheinlichkeit versehene) Fall von Einnahmeüberschüssen mit relativ hohen Gewinnen pro Einheit Eigenkapital verbunden ist.

9.2 Der empirische Befund

Die empirische Analyse der Eigenkapitalproblematik befindet sich in einem Dilemma. Um die tatsächliche Entwicklung der Eigenkapitalquoten im Hinblick auf die Anfälligkeit der Unternehmen gegenüber Konjunkturschwankungen bewerten zu können, benötigt man Wissen, das es nicht gibt. Es gibt heute keine Möglichkeit, die Risikostruktur der Aktivseite von Bilanzen (das leistungswirtschaftliche Risiko) intertemporal zu vergleichen. Ebensowenig ist es möglich, Veränderungen der Fremdkapitalzinsen zuverlässig vorherzusagen. Beides aber brauchte man zumindest, um die Insolvenzanfälligkeit der Unternehmen bei einer bestimmten (heute erreichten) Eigenkapitalquote zu messen oder intertemporal zu vergleichen. Doch das sind nur die wichtigsten Einwände. Das vorliegende Datenmaterial erfüllt in vieler anderer Hinsicht in keiner Weise die Anforderungen, die man an Material stellen müßte, das Vergleiche über so lange Zeiträume (1965 bis heute) erlaubt.

Im folgenden sollen die wichtigsten Eigenschaften des vorhandenen Datenmaterials aufgezeigt und einige der nicht korrekt quantifizierbaren hypothetischen Veränderungen anhand von Modellrechnungen in ihrer möglichen Bedeutung beleuchtet werden. Dabei soll zunächst allein die Bundesbankstatistik Verwendung finden, weil die Bilanzstruktur von - freilich nicht repräsentativ ausgewählten - Unternehmen am weitesten differenziert und in einer ausreichend tiefen sektoralen Untergliederung wiedergegeben wird. Daneben bestehen andere Meßkonzepte: Die Ergebnisse der VGR wurden vorgestellt. Die Einheitswertstatistik des Statistischen Bundesamtes wird später zur Ergänzung des Bildes herangezogen.

Vergleicht man die Struktur der Unternehmensbilanzen des verarbeitenden Gewerbes komparativ-statisch zwischen dem üblicherweise gewählten Ausgangsjahr für die Bundesbankstatistik (1965) und dem damit systematisch voll vergleichbaren Jahr 1980 zeigen sich neben dem starken Rückgang der Eigenkapitalquote selbst zwei weitere wichtige Veränderungen:

- auf der Aktivseite ist der Anteil der kurzfristigen Forderungen von 20 vH auf 29,1 vH gestiegen, der der Sachanlagen von 39,6 vH auf 28,3 vH gesunken;
- auf der Passivseite ist der Anteil der Rückstellungen von 12 vH auf 17,4 vH gestiegen.

Tabelle 9.2/1
Bilanzstruktur der Unternehmen
Alle Unternehmen

1966

Aktiva	vH	vH*	Passiva	vH		vH
Sachanlagen	39,4	65,7	Eigenkapital	30,0	EKQh =	76,1
Vorräte	23,1	25,7	Kurzfr. Verbindl.	37,6	EKQh' =	45,7
Kurzfr.Forder.	24,9	31,1	Langfr. Verbindl.	19,5	EKQh+Rückst. =	101,3
Langfr.Forder.	2,2	2,4	Rückst.	9,9	EKQv+Rückst. =	39,9
Wertpapiere	0,8	0,8	Sonstige	3,0	EKQv' =	22,2
Beteiligungen	4,6	4,6			EKQv'+Rückst. =	29,5
Sonstige	5,0	5,0				
	100	135,3		100		

*Bereinigt um Veränderungen der Struktur der Aktiva.

1980

Aktiva	vH	vH*	Passiva	vH		vH
Sachanlagen	30,0	50,0	Eigenkapital	20,9	EKQh =	69,7
Vorräte	24,4	27,1	Kurzfr. Verbindl.	44,9	EKQh' =	41,8
Kurzfr.Forder.	32,5	40,6	Langfr. Verbindl.	18,1	EKQh+Rückst. =	117,3
Langfr. Forder.	1,7	1,9	Rückst.	14,3	EKQv+Rückst. =	35,2
Wertpapiere	1,4	1,4	Sonstige	1,8	EKQv' =	16,0
Beteiligungen	5,4	5,4			EKQv'+Rückst. =	26,9
Sonstige	4,6	4,6				
	100	131,0		100		

*Bereinigt um Veränderungen der Struktur der Aktiva.

$EKQv_{66} - EKQv_{80}$ = 9,1 vH-Punkte
$EKQv'_{66} - EKQv'_{80}$ = 6,2 vH-Punkte

Abkürzungen
in den Tabellen und Graphiken

EKQh	=	Eigenkapitalquote, horizontal (in vH der Sachanlagen)
EKQh'	=	Eigenkapitalquote, horizontal (bereinigt)
EKQv	=	Eigenkapitalquote, vertikal (in vH der Bilanzsumme)
EKQv'	=	Eigenkapitalquote, vertikal (bereinigt)
KF/BS	=	Kurzfristige Forderungen in vH der Bilanzsumme
SaA	=	Sachanlagen in vH der Bilanzsumme

Bereinigungsfaktoren
in den Tabellen

p (Sachanlagen)	= 0,4
p (Vorräte)	= 0,1
p (kurzfr. Forderungen	= 0,2
p (langfr. Forderungen)	= 0,1

Tabelle 9.2/1 (Forts.)

Baugewerbe

1966

Aktiva	vH	vH*	Passiva	vH			vH
Sachanlagen	25,9	43,2	Eigenkapital	14,3	EKQh	=	55,2
Vorräte	6,2	6,9	Kurzfr. Verbindl.	66,3	EKQh'	=	33,1
Kurzfr.Forder.	60,8	76,0	Langfr. Verbindl.	11,1	EKQh+Rückst.	=	77,6
Langfr.Forder.	1,0	1,1	Rückst.	5,8	EKQv+Rückst.	=	20,1
Wertpapiere	0,3	0,3	Sonstige	2,5	EKQv'	=	10,7
Beteiligungen	0,7	0,7			EKQv'+Rückst.	=	15,1
Sonstige	5,1	5,1					
	100	133,3		100			

*Bereinigt um Veränderungen der Struktur der Aktiva.

1980

Aktiva	vH	vH*	Passiva	vH			vH
Sachanlagen	17,0	28,3	Eigenkapital	6,4	EKQh	=	37,6
Vorräte	6,0	6,7	Kurzfr. Verbindl.	73,8	EKQh'	=	22,6
Kurzfr.Forder.	67,1	83,9	Langfr. Verbindl.	11,5	EKQh+Rückst.	=	81,2
Langfr. Forder.	1,3	1,4	Rückst.	7,4	EKQv+Rückst.	=	13,8
Wertpapiere	1,5	1,5	Sonstige	0,9	EKQv'	=	5,0
Beteiligungen	0,8	0,8			EKQv'+Rückst.	=	10,7
Sonstige	6,3	6,3					
	100	128,9		100			

*Bereinigt um Veränderungen der Struktur der Aktiva.

$EKQv_{66} - EKQv_{80}$ = 7,9 vH-Punkte
$EKQv'_{66} - EKQv'_{80}$ = 5,7 vH-Punkte

Straßenfahrzeugbau

1966

Aktiva	vH	vH*	Passiva	vH			vH
Sachanlagen	46,6	77,7	Eigenkapital	39,1	EKQh	=	83,9
Vorräte	24,4	27,1	Kurzfr. Verbindl.	29,0	EKQh'	=	50,3
Kurzfr.Forder.	16,2	20,3	Langfr. Verbindl.	14,8	EKQh+Rückst.	=	110,1
Langfr.Forder.	1,4	1,6	Rückst.	12,2	EKQv+Rückst.	=	51,3
Wertpapiere	0,4	0,4	Sonstige	4,9	EKQv'	=	28,3
Beteiligungen	3,0	3,0			EKQv'+Rückst.	=	37,1
Sonstige	8,0	8,0					
	100	138,1		100			

*Bereinigt um Veränderungen der Struktur der Aktiva.

1980

Aktiva	vH	vH*	Passiva	vH			vH
Sachanlagen	31,2	52,0	Eigenkapital	26,1	EKQh	=	83,7
Vorräte	23,2	25,8	Kurzfr. Verbindl.	31,6	EKQh'	=	50,2
Kurzfr.Forder.	24,0	30,0	Langfr. Verbindl.	9,5	EKQh+Rückst.	=	179,5
Langfr. Forder.	1,0	1,1	Rückst.	29,9	EKQv+Rückst.	=	56,0
Wertpapiere	4,5	4,5	Sonstige	2,9	EKQv'	=	20,2
Beteiligungen	5,9	5,9			EKQv'+Rückst.	=	43,2
Sonstige	10,2	10,2					
	100	129,5		100			

*Bereinigt um Veränderungen der Struktur der Aktiva.

$EKQv_{66} - EKQv_{80}$ = 13,0 vH-Punkte
$EKQv'_{66} - EKQv'_{80}$ = 8,1 vH-Punkte

Tabelle 9.2/1 (Forts.)

Verarbeitendes Gewerbe

1966

Aktiva	vH	vH*	Passiva	vH		vH
Sachanlagen	39,7	66,2	Eigenkapital	33,1	EKQh =	83,4
Vorräte	26,2	29,1	Kurzfr. Verbindl.	32,6	EKQh' =	50,0
Kurzfr.Forder.	20,6	25,8	Langfr. Verbindl.	19,1	EKQh+Rückst. =	112,8
Langfr.Forder.	2,3	2,6	Rückst.	11,7	EKQv+Rückst. =	44,8
Wertpapiere	1,1	1,1	Sonstige	3,5	EKQv' =	24,5
Beteiligungen	5,3	5,3			EKQv'+Rückst. =	33,2
Sonstige	4,8	4,8				
	100	134,9		100		

*Bereinigt um Veränderungen der Struktur der Aktiva.

1980

Aktiva	vH	vH*	Passiva	vH		vH
Sachanlagen	28,3	47,2	Eigenkapital	24,7	EKQh =	87,3
Vorräte	27,9	31,0	Kurzfr. Verbindl.	39,3	EKQh' =	52,3
Kurzfr.Forder.	29,1	36,4	Langfr. Verbindl.	16,5	EKQh+Rückst. =	148,8
Langfr. Forder.	1,5	1,7	Rückst.	17,4	EKQv+Rückst. =	42,1
Wertpapiere	1,9	1,9	Sonstige	2,1	EKQv' =	19,1
Beteiligungen	6,9	6,9			EKQv'+Rückst. =	32,5
Sonstige	4,4	4,4				
	100	129,5		100		

*Bereinigt um Veränderungen der Struktur der Aktiva.

$EKQv_{66} - EKQv_{80}$ = 8,4 vH-Punkte

$EKQv'_{66} - EKQv'_{80}$ = 5,4 vH-Punkte

Die Veränderung der Struktur der Aktivseite der Bilanzen gibt Anlaß, die tatsächliche Bedeutung der Haftungsfunktion bzw. der Risikoübernahmefunktion von Eigenkapital zu überprüfen. Es ist nämlich kaum anzunehmen, daß der Rückgang der Sachanlagen und die Zunahme der kurzfristigen Forderungen risikoneutral ist. Denn die unterschiedlichen Aktiva tragen ganz unterschiedliche Risiken in dem Sinne, daß die Wahrscheinlichkeit eines Ausfalls des von ihnen zu erwartenden Einzahlungsstroms unterschiedlich ist und damit für die Gesamtunternehmen die Wahrscheinlichkeit des Umschlagens von einem Einzahlungsüberschuß in einen Auszahlungsüberschuß sich mit dem Anteil der Aktiva verändert. So wird i.d.R. davon ausgegangen, daß z.B. Sachkapital riskanter als Vorräte oder kurzfristige Forderungen ist, diese wiederum riskanter als langfristige Forderungen und Beteiligungen. Daß der Befund "Eigenkapitallücke" ganz anders aussieht, wenn man diese Veränderungen berücksichtigt, zeigt sich schon an dem sehr groben Maß für die Messung des leistungswirtschaftlichen Risikos, der horizontalen Eigenkapitalquote oder Sachanlagendeckung. Im verarbeitenden Gewerbe ist diese Quote von 1965 bis 1980 sogar von 83,6 vH auf 87,3 vH gestiegen. Auch in der Abgrenzung der VGR (s. Abschnitt 8.4.1) ergibt sich von Anfang der sechziger Jahre bis heute keine nennenswerte Veränderung der horizontalen Quote.

Differenziert man etwas stärker und versieht man die Aktiva mit spezifischen Risiken, dann läßt sich der Effekt der Umstrukturierung der Aktivseite bei bestimmten Setzungen bezüglich des Risikos quantitativ abgreifen und damit die Eigenkapitalquote bereinigen. Eine solche Bereinigung ist in der Weise vorgenommen worden, daß für riskantere Aktiva ein größerer Sicherheitszuschlag berechnet wurde als für weniger riskante Aktiva. Das heißt, ein unter leistungswirtschaftlichem Aspekt risikoreicheres Unternehmen muß mehr Sachkapital haben als ein weniger risikoreicheres, um die horizontale oder vertikale Eigenkapitalquote vergleichbar zu machen. Ein Anleger in einem riskanten Unternehmen muß mehr Eigenkapital in diesem Unternehmen wissen, wenn er nur die gleichen Erträge wie in sicheren Unternehmen hinnehmen soll. Er muß im riskanten Unternehmen für die gleiche Einlage höhere Erträge bekommen; dazu muß aber die Menge der Sachanlagen bei gleicher Rentabilität aller Sachanlagen der Volkswirtschaft höher sein als im relativ sicheren Unternehmen. Daher wurde in der Modellrechnung ein Risikoäquivalent für die Aktiva berücksichtigt.

Setzt man im verarbeitenden Gewerbe das Eigenkapital in Beziehung zu einer auf diese Weise bereinigten Bilanzsumme, ergibt sich bei den angenommenen Wahrscheinlichkeiten eine Verminderung der "Eigenkapitallücke" von 8,4 Prozentpunkten auf 5,4 Prozentpunkte, die Quote sinkt nur noch von 24,5 vH auf 19,1 vH. Dabei ist dieser Rückgang in den Branchen recht unterschiedlich. Während in der chemischen Industrie die ohnehin relativ geringe "Lücke" nahezu völlig verschwindet und im Straßenfahrzeugbau die Differenz der Quoten von 13 Punkten auf 8 Punkte schrumpft, spielt im Baugewerbe, der Elektrotechnik und der NE-Metallerzeugung dieser Effekt eine weit geringere Rolle. Aber auch für alle erfaßten Unternehmen schrumpft die "Eigenkapitallücke" von 9,1 auf 6,2 Prozentpunkte.

Selbstverständlich ist diese Bereinigung ein reines Modellergebnis. Niemand weiß, wie hoch die Risikofaktoren der Aktiva relativ und absolut sind; ebensowenig gibt es klare Anhaltspunkte dafür, ob und wie sich die Risiken der einzelnen Aktiva im Zeitablauf verschoben haben. Höhere Risiken der Sachanlagen im Jahre 1980 im Vergleich zu 1966 können die "Lücke" noch erhöhen, geringere Risiken können die "Lücke" völlig zum Verschwinden bringen. Die Ergebnisse zeigen nur, wie sensibel die Globalquote auf Veränderungen der Struktur der Aktiva reagiert. Diese Veränderungen sind aber normaler Bestandteil des Strukturwandels bzw. Ausdruck veränderter Finanzierungsgewohnheiten der Unternehmen infolge veränderter Rahmenbedingungen und Wettbewerbsverhältnisse. Die Aufblähung der Bilanzen durch höhere kurzfristige Forderungen auf der einen und höhere kurzfristige Verbindlichkeiten auf der anderen Seite kann z.B. Ausdruck einer Übernahme von Bankfunktionen der Unternehmen, also eines innerbetrieblichen Strukturwandels sein. Für diese "Bankgeschäfte" benötigen die Unternehmen aber auch nur eine bankmäßige Eigenkapitaldeckung und nicht eine Deckung, die dem "normalen" leistungswirtschaftlichen Risiko entspricht (Deutsche Bundesbank, 1978).

Daneben gibt es andere Effekte auf der Aktivseite, die eine Korrektur zumindest einiger Branchenergebnisse erforderlich machen. So kann das hohe Niveau und der geringe Rückgang der Eigenkapitalquote in der chemischen Industrie weitgehend durch die hohe und steigende Beteiligungsquote erklärt werden. Der Anteil der Beteiligungen stieg dort von 10,2 vH im Jahre 1966 auf 16,9 vH im Jahre 1980. Das führt dann zu einem zu günstigen Ausweis der Eigenkapital quote, wenn es sich dabei vor allem um gegenseitige Beteiligungen der Chemieunternehmen handelt. Beteiligungskapital, das von Unternehmen bereit gestellt wird, ist schon belastetes Kapital, weil es bereits in dem Unternehmen, das die Beteiligung hält oder erwirbt, mit einer bestimmten Menge Fremdkapital beliehen worden ist. Beteiligungskapital von Unternehmen hat folglich eine andere Qualität als Kapital, das beispielsweise von privaten Anlegern aufgebracht worden ist. Der potentielle Fremdkapitalgeber wird aber genau das tun, was in der Statistik unterbleibt, er wird nämlich eine konsolidierte Bilanz von verschachtelten Unternehmen aufstellen, um die Nettobelastung des Eigenkapitals zu ermitteln. Je höher die Belastung des kapitalgebenden Unternehmens ist, um so weniger kann dessen Kapital zusätzlich im kapitalnehmenden Unternehmen noch einmal mit Fremdkapital beliehen werden. Wäre das nicht so, könnten die Unternehmen durch Auslagerung von Unternehmensteilen oder durch Beteiligung an anderen Betrieben die Fremdkapitalquote weit über das für den Fremdkapitalgeber akzeptable Maß hinaus erhöhen. Eine untereinander beteiligte Gruppe von Unternehmen muß also als Gruppe eine höhere Eigenkapitalquote besitzen, um die gleiche Menge Fremdkapital zu erhalten, wie eine Gruppe, die keine gegenseitigen Beteiligungen hält. Die Eigenkapitalquote der chemischen Industrie ist also in dem Ausmaß der gegenseitigen Verschachtelung und deren Zunahme im Zeitablauf zu hoch ausgewiesen und zu wenig zurückgegangen. In anderen Branchen gibt es diesen Effekt auch, er spielt aber eine weniger bedeutende Rolle. Auch dies zeigt, wie wenig aussagekräftig die Globalzahl (Eigenkapital/Bilanzsumme) ist.

Auch auf der Passivseite der Bilanzen hat es von 1966 bis 1980 bedeutende Verschiebungen gegeben. Im gesamten verarbeitenden Gewerbe steigen die kurzfristigen Verbindlichkeiten nahezu in Kongruenz zu den kurzfristigen Forderungen um 6,7 Prozentpunkte, während die längerfristigen Verbindlichkeiten nur um 2,6 Prozent zurückgehen. Daneben aber ist der entscheidende Gegenposten zum Rückgang des Eigenkapitals um 8,4 Prozentpunkte der Anstieg der Rückstellungen um 5,7 Prozentpunkte auf einen Anteil von 17,4 vH im Jahre 1980. Nun ist die Frage der korrekten Zurechnung von Rückstellungen zu Eigen- oder Fremdkapital nicht eindeutig zu beantworten. Das Statistische Bundesamt weist Rückstellungen in der Einheitswertstatistik zumindest teilweise (in Höhe der Bewertungsdifferenz zwischen den Rückstellungen in der Vermögensaufstellung und der Handels- und Steuerbilanz als stille Reserve) als Eigenkapital aus.

Der Sachverständigenrat dagegen stellt lapidar fest: "Rückstellungen sind im Prinzip Fremdkapital. Es sind keine haftenden Mittel..." (SVR 1984/85, Ziffer 149).

Genau eine solche Definition aber geht an dem Problem vorbei. Es geht nicht so sehr um die Menge der haftenden Mittel selbst, sondern um die Veränderung der Eintrittswahrscheinlichkeit solcher Tatbestände, die die Gefahr eines Umschlagens von Einzahlungs- in Auszahlungsüberschüsse begründen und damit die Haftungsfunktion des Eigenkapitals auslösen können. Die Wahrscheinlichkeit des Eintretens solcher Tatbestände wird durch eine Zunahme der Rückstellungen in der Bilanz sicher gemindert und insofern sind die Veränderungen der Rückstellungen zweifellos eigenkapitalrelevant (zur Beurteilung von Niveau und Veränderung der Eigenkapitalquote heranzuziehen). Der Sachverständigenrat gesteht das selbst zu, indem er wenig später konstatiert: "Es handelt sich bei Rückstellungen um Fremdkapital eigener Art; es ist von der Bereitstellung her oft sehr langfristiges Kapital und erfordert für die Zeit der Rückstellung keine festen Zinszahlungen, was unter Liquiditätsaspekten vorteilhaft ist" (SVR 1984/85, Ziffer 149). D.h., daß den Rückstellungen gerade nicht die möglicherweise insolvenzauslösenden Eigenschaft "Änderung des Fremdkapitalzinses" eigen ist, sondern daß sie für die Zeit, in der sie ausgewiesen werden (also praktisch immer) zinslos sind und daher in hohem Maße die residualen Auszahlungen an das Eigenkapital in ihrer Haftungsfunktion entlasten. Da zudem über Rückstellungen in erheblichem Maße stille Reserven gebildet werden dürften, ist anzunehmen, daß diese Aussage sogar für den Verlustfall Gültigkeit hat. Auch hier ist es nicht gerechtfertigt, die intertemporalen Wandlungen des Finanzierungsverhaltens mit ihren möglichen Implikationen für die tatsächlichen Finanzierungsverhältnisse durch die nahezu ausschließliche Konzentration auf eine Globalzahl zu ignorieren.

Auch die Betrachtung der Branchenergebnisse der Bundesbankstatistik bestätigt diese Einschätzung. Hier ist der enge Zusammenhang zwischen Zunahme der Rückstellungen und Rückgang der Eigenkapitalquote überall dort, wo es nicht Sonderentwicklungen wie in der chemischen Industrie gab, besonders augenfällig. In der NE-Metallerzeugung etwa, wo der Anteil der Rückstellungen von 1966 bis 1980 sogar sank und sich die Struktur der Aktivseite der Bilanz weniger als sonst änderte, lag die Eigenkapitalquote 1980 nicht nur relativ hoch (27,0), sondern sie wies auch einen der kleinsten Rückgänge auf (-4,2 Punkte). Im Straßenfahrzeugbau dagegen war mit 13 Prozentpunkten nicht nur der Rückgang der Eigenkapitalquote besonders ausgeprägt, der Anstieg der Rückstellungen von 12,2 vH auf 29,9 vH war ebenso außergewöhnlich. Bereinigt man hier in der oben erwähnten Weise die Struktur der Aktiva und zählt die Hälfte der Rückstellungen als Eigenkapitaläquivalent, dann bleibt die Eigenkapitalquote von 1965 bis 1980 nahezu konstant, die "Eigenkapitallücke" von 13 Prozentpunkten verschwindet fast vollständig. Tendenziell gilt das auch für die Elektrotechnik und den Maschinenbau. Dagegen führt bei einer Reihe von kleineren Branchen (NE-Metallerzeugung, Stahl- und Leichtmetallbau, Holzverarbeitung, Textil- und Bekleidungsgewerbe) weder die eine noch die andere Bereinigung zu einer nennenswerten Korrektur des Befundes einer deutlich gesunkenen Eigenkapitalquote.

Nicht leicht zu erklären ist, daß die Einheitswertstatistik des Statistischen Bundesamtes auch für die Branchen durchweg von 1966 bis 1980 eine nahezu konstante vertikale Eigenkapitalquote ausweist. Das liegt nur zum Teil daran, daß hier die Rückstellungen teilweise als Eigenkapital gezählt werden. Die Aktivseite (Sachanlagen) zeigt nur kleinere Abweichungen von den Ergebnissen der Bundesbank, was jedoch nicht sehr plausibel ist, da die Sachanlagen in der Einheitswertstatistik ganz anders bewertet werden. Allerdings erfaßt die Bundesbank in der Regel eine deutlich größere Bilanzsumme insgesamt (die Unterschiede schwanken im Zeitablauf zwischen 20 und 40 Prozent). Das läßt auch auf einen anderen Unternehmensbestand schließen. Unter Umständen wirkt beides dadurch zusammen, daß das Statistische Bundesamt die Rückstellungen mitzählt und solche Unternehmen größeres Gewicht haben, die hier - wie der Fahrzeugbau -besondere Entwicklungen durchlaufen haben. Zählt man aber in der Bundesbankstatistik die Rückstellungen zum Eigenkapital, nähern sich die Quoten beider Statistiken für das gesamte verarbeitende Gewerbe im Jahr 1980 deutlich an (StaBuA: 37,6 vH, Bundesbank: 42,1 vH), wenn auch der unterschiedliche Verlauf nach Branchen weiterhin Fragen offenläßt.

9.3 Weitere Problemfelder

Das empirische Ergebnis für das verarbeitende Gewerbe ist, wie erwartet, wenig eindeutig. Hinter dem scheinbar so einfachen und homogenen Befund der Eigenkapitallücke in der Statistik der Deutschen Bundesbank verbergen sich offenbar ganz heterogene Phänomene, sowohl was die Frage der richtigen Abgrenzung von Eigenkapital und leistungswirtschaftlichen Risikoträgern betrifft als auch hinsichtlich der Branchenentwicklungen. Nachdrücklich demonstriert wird das von zwei großen Branchen wie dem Straßenfahrzeugbau und der chemischen Industrie. Während der Straßenfahrzeugbau einen scheinbar pathologischen Befund aufweist, der sich aber bei näherem Hinsehen ohne weiteres als im Strukturwandel normale Verschiebung von Funktionen auf Aktiv- und Passivseite interpretieren läßt, zeigt die chemische Industrie scheinbar den gesündesten Befund, der aber nach genauerer Überprüfung der stattgefundenen Verflechtungen relativiert werden muß.

Insgesamt leidet die Auswertung des Materials der Bundesbank und des Statistischen Bundesamtes an einer zu statischen Interpretation angesichts der Tatsache, daß das Material eine unübersehbare Menge von permanent ablaufenden Anpassungsprozessen widerspiegelt. Schon der erfaßte Bereichskreis der Unternehmen variiert und ist damit im strengen Sinne auch nicht intertemporal interpretierbar. So zeigt beispielsweise eine neuere Untersuchung eines festen Unternehmensbestandes von 1978 bis 1982 ein ganz anderes Niveau der Eigenkapitalquote und nur einen geringfügigen Rückgang im Verlauf sowie kaum merkliche Unterschiede zwischen den Unternehmensgrößenklassen (Albach/Bock/Warnke, 1985, Tabelle 29*).

Die Schwierigkeiten der Interpretation des Ausgangsmaterials lassen sich beispielhaft noch deutlicher belegen: es gibt Hinweise darauf, daß in den letzten Jahren - ob aus steuerlichen Gründen, aus Gründen der Haftungsbeschränkung oder unter Effizienzgesichtspunkten kann hier im einzelnen nicht untersucht werden - gerade mittelständische Unternehmen dazu übergehen, die bisherigen Unternehmen in eine Produktionsgesellschaft einerseits und eine Besitzgesellschaft andererseits aufzuspalten. Die Bilanz eines dieser Unternehmen allein gibt dann sicher ein nur unvollständiges Bild der gesamten Risiko-und Haftungsbeziehungen. Die besonders niedrig erscheinende Eigenkapitalquote kleiner und mittlerer Unternehmen mag hier eine ihrer "Ursachen" haben. Auch Änderungen der Rechtsformen können Auswirkungen auf das statistische Ergebnis haben, die nicht ihrer ökonomischen Bedeutung entsprechen. So hat die Körperschaftsteuerreform von 1977 Anreize geschaffen, Personengesellschaften in eine GmbH umzuwandeln. Tatsächlich ist es zu vermehrten Gründungen von GmbH's gekommen. Die Bundesbank rechnet bei Personengesellschaften das sogenannte Gesellschafterdarlehen dem Eigenkapital zu (Bundesbank, 1985, S. 7). Bei Kapitalgesellschaften zählt es als Fremdkapital. Nun weist die Kreditanstalt für Wiederaufbau darauf hin, daß 90 vH aller sonstigen Eigenmittel (in erster Linie Gesellschafterdarlehen) auf nur zwei Rechtsformen entfallen, nämlich die GmbH und die GmbH & Co. KG (Geschäftsbericht 1984). Der Anteil dieser sonstigen Eigenmittel beträgt bei diesen Rechtsformen im Durchschnitt 10 vH bis 20 vH der Bilanzsumme und entspricht damit der Größe des Eigenkapitals. Inwiefern ist es gerechtfertigt, diese Mittel zum vollen Betrag als Fremdkapital zu rechnen? Hier kann doch keineswegs von dem gleichen Auszahlungsstrom wie bei reinen Fremdmitteln und damit vom gleichen Risikoäquivalent gesprochen werden.

In einer ganz besonderen Situation befinden sich nach den Globalzahlen der Bundesbankstatistik der Einzelhandel und die Bauwirtschaft. Im Einzelhandel lag im Jahr 1983 die Eigenkapitalquote nur noch bei 9,7 vH, nach 27,3 vH im Jahre 1965. Dabei ist besonders bei kleinen Unternehmen die Eigenmittelquote drastisch gesunken. Allein seit dem letzten Jahr der Auswertung nach Größenklassen (1977) ging die Eigenkapitalquote der Einzelkaufleute mit weniger als 10 Millionen DM Umsatz von rund 20 vH auf rund 10 vH zurück. Hypothesen zur Erklärung eines solchen Befundes lassen sich z.B. in der Tatsache finden, daß viele kleinere Unternehmen angesichts des wachsenden Wettbewerbdrucks gezwungen waren, sich zu Einkaufsgenossenschaften zusammenzuschließen und/oder von großen Einkaufsgenossenschaften in Filialketten aufgenommen wurden bzw. Franchisingverträge schlossen. Dann aber kann es durchaus sein, daß diese Unternehmen mit einer Verstetigung (größerer Kongruenz) ihrer Ein- und Auszahlungsströme rechnen und daher einen geringeren Risikopuffer benötigen. Das ist auch deswegen einleuchtend, weil sich die Gewinnsituation dieser Unternehmen keinesweges so dramatisch verschlechtert hat, daß dies den Rückgang der haftenden Eigenmittel auch nur in Ansätzen erklären könnte.

Noch dramatischer erscheint die Situation der Bauwirtschaft im Jahre 1983. Insgesamt ist die Eigenkapitalquote auf rund 3 vH gesunken. Einige Unternehmensgruppen (kleinere Personengesellschaften und Einzelkaufleute) arbeiten völlig ohne oder schon mit negativem Eigenkapital (1977 lag deren Quote noch bei rund 10 vH), während sich bei den großen Kapitalgesellschaften die Quote seit 1977 kaum verändert hat. Selbst ein solcher Befund muß nicht den unmittelbar bevorstehenden Konkurs der Unternehmen anzeigen, die ihre Wechsel bei der Bundesbank einreichen, wofür schon die Tatsache spricht, daß die Bundesbank diese Wechsel angenommen hat. Wenn es solchen Bauunternehmen gelingt, durch eine flexible Personalpolitik und durch geringen Sachkapitalbestand (Leasing) ihre fixen Kosten sehr niedrig zu halten, dann können diese Unternehmen sehr gut völlig ohne Eigenkapital arbeiten, wenn es zugleich möglich ist, die Einzahlungs- und Auszahlungsströme zu synchronisieren. Das geschieht z.B. dadurch, daß sich der Bauunternehmer jede Stufe der Fertigstellung vom Bauauftraggeber vorfinanzieren läßt und jeweils durch Erstellung der Baustufen diese Vorfinanzierung tilgt. Dann trägt das Unternehmen weder das Risiko einer Steigerung der Fremdkapitalzinsen noch ein nicht versicherungsfähiges Risiko auf der Aktivseite, denn solange der Auftrag läuft, sind Maschinen und Kapital sicher beschäftigt. Eigenkapital zum Durchhalten von Arbeitern und Maschinen bei Auftragsflauten hat sich offensichtlich in der schwierigen Phase nach 1979 als weniger effizient erwiesen als die flexible Anpassung von Arbeitszeit und Sachkapitalbestand an das Auftragsvolumen. Auch das ist ein Beispiel für unternehmensinternen Strukturwandel, der überkommene Finanzierungsregeln obsolet machen kann.

Insgesamt gesehen zeigt gerade die jüngste Vergangenheit (1980 bis 1984), daß eine durchweg gute Gewinnsituation nicht hinreichende Bedingung zur Erhöhung der Eigenkapitalquote ist. Auch zuletzt lag diese noch immer bei rund 18 vH, obwohl die funktionale Einkommensverteilung sich so günstig entwickelt hat wie seit Anfang der sechziger Jahre nicht mehr. Es ist daher an der Zeit, den Strukturwandel auch im Finanzierungsbereich der Unternehmen zur Kenntnis zu nehmen und die Eigenkapitalquote als Indikator für Finanzierungsprobleme auch auf der makroökonomischen Ebene einer adäquaten Relativierung zu unterziehen.

9.4 Wirtschaftspolitische Folgerungen

Gerade die Entwicklung der letzten Jahre zeigt, daß für wirtschaftspolitische Folgerungen die Kausalkette: höhere Gewinne, bessere Eigenkapitalausstattung, stärkere Investitionstätigkeit keine geeigneten Ansatzpunkte liefert, denn das Glied Eigenkapitalausstattung ordnet sich nicht ein. Angesichts der notwendigen Relativierung des Befundes "Eigenkapitallücke" ist das auch unproblematisch. Das bedeutet aber, daß die Wirtschaftspolitik sich eine bestimmte Eigenkapitalquote oder auch nur den Anstieg einer solchen Quote nicht zum Ziel setzen sollte. Eine auf dieses Ziel gerichtete Politik könnte nämlich darauf hinauslaufen, den Strukturwandel im Finanzierungsbereich unmittelbar zu hemmen, anstatt ihn zu erleichtern. Das schließt nicht aus, daß Maßnahmen zur Erleichterung des Börsenzugangs, zur steuerlichen Gleichbehandlung von Eigen-und Fremdkapital oder zur Abschaffung von den Kapitalmarkt in seinen die Flexibilität behindernden Vorschriften geprüft und auch umgesetzt werden sollten. Doch sollte dies nicht mit dem Ziel geschehen, die Eigenkapitalquote zu erhöhen, selbst wenn die Maßnahmen dazu prinzipiell (ceteris paribus) geeignet erscheinen.

Darüber hinaus liefert der Rückgang an Eigenkapital auch keine zusätzlichen Argumente für die Diskussion um die gestiegene Macht der Banken. Da sich mit Ausnahme einiger kleinerer Branchen die wirtschaftliche Situation gar nicht grundlegend verändert hat, ist eine Zunahme an Bankenmacht bzw. Abhängigkeit von dieser Seite nicht zu diagnostizieren. Auch die Zinsaufwendungen der Unternehmen, gemessen in vH des Rohertrages oder des Umsatzes haben sich seit 1971 (für die sechziger Jahre liegen keine Zahlen vor) nicht erhöht (vgl. Bundesbank, 1985). Gleichwohl hat es Verschiebungen der Bedeutung einzelner Bankengruppen bei der Kreditgewährung gegeben. Beispielsweise sank der Anteil der Kredite an Unternehmen und Selbständige (eine Aufgliederung in Unternehmen und selbständige Privatpersonen ist erst ab 1982 möglich), der von Großbanken vergeben wurde, von 13,2 vH im Jahr 1976 auf rund 10 vH im Jahr 1986, während der Anteil der Sparkassen von 19 auf 23,2 vH und der Realkreditinstitute von 7,8 auf fast 15 vH zunahm. Auch bei den Kapitalanlagen der Versicherungen hat sich seit Beginn der 70er Jahre, sicher auch bedingt durch die strengen Anlagevorschriften, keine wesentliche Veränderung ergeben, die den sekundären Sektor unmittelbar betrifft. Ausnahmen bilden allerdings das Bankgewerbe und der Handel.

Insgesamt läßt sich feststellen, daß der Prozeß der Tertiarisierung im Finanzierungsbereich vor allem in den Unternehmen selbst stattgefunden hat. Das gilt sowohl für die Übernahme von Bankenfunktionen durch die Ausweitung kurzfristiger Forderungen und Verbindlichkeiten, als auch für die Zunahme von Rückstellungen, die zum größten Teil Pensionsrückstellungen sind. Dadurch haben die Unternehmen als Gruppe zwar ihre Abhängigkeit von der Fremdfinanzierung nicht vermindern können, jedoch ist die Bedeutung der Außenfinanzierung für erhebliche Teile (die großen Branchen) gesunken. Nimmt man die zunehmende Beteiligung an anderen Unternehmen hinzu, dann hat die Bedeutung der von außen (dem Publikum, den Banken) kommenden Finanzierung schon für das gesamte verarbeitende Gewerbe nicht zugenommen. Im Straßenfahrzeugbau, der chemischen Industrie, und in der Elektrotechnik, also den Branchen, die durchweg überdurchschnittliche Geschäftsergebnisse aufzuweisen hatten, geht die sinkende Eigenkapitalquote sogar einher mit einer abnehmenden Abhängigkeit von Nicht-Unternehmensquellen. Das entspricht dem Trend zum Managementunternehmen, durch das der Zusammenhang zwischen Kapitaleinlage und der Übernahme unternehmerischer Verantwortung immer mehr aufgelöst wird. Für solche Unternehmen sind Rückstellungen eine nahezu ideale Finanzierungsquelle, weil sie den Vorteil des Eigenkapitals in Form nicht festgelegter und von außen bestimmter Auszahlungen mit dem Vorteil des Fremdkapitals in Form der Nicht-Mitsprache an konkreten Unternehmensentscheidungen miteinander verbinden.

In den genannten drei Branchen und im Maschinenbau, die zusammen immerhin 45 vH des verarbeitenden Gewerbes abdecken, ist der Anteil der Rückstellungen von 14,7 vH im Jahre 1966 auf 22,9 vH im Jahre 1980 gestiegen. 1984 lag er - nach der Revision im Jahr 1980, die eine Erhöhung um einen Prozentpunkt gebracht hatte - schon bei 29 vH.

10. Folgerungen für ausgewählte Politikbereiche

Strukturverschiebungen zwischen sekundärem und tertiärem Sektor sind Resultat des permanenten Strukturwandels. Dabei handelt es sich einerseits um spontane Anpassungsprozesse privater Marktteilnehmer; wenn dadurch ein im Sinne der Allokation effizientes Resultat erzielt wird, bedarf es kaum wirtschaftspolitischer Eingriffe. Andererseits vollzieht sich dieser Prozeß in einem bestimmten ordnungspolitischen Rahmen; in dieser Sichtweise sind viele Politikbereiche prinzipiell angesprochen.

Dies gilt umso mehr, als im tertiären Sektor neben privaten Unternehmen auch solche der öffentlichen Hand, der Staat selbst und andere gemischtwirtschaftliche Bereiche, wie z.B. die Organisationen ohne Erwerbszweck enthalten sind. Daher sollen im folgenden erstens Folgerungen für die Ordnungs-und Wettbewerbspolitik, zweitens für die Handelspolitik, drittens für die Finanz- und Strukturpolitik, viertens für die Beschäftigungs- und Einkommenspolitik und schließlich fünftens für die Statistik des tertiären Sektors gezogen werden.

10.1 Ordnungs- und Wettbewerbspolitik

Die Aufgabenteilung zwischen Staat, privaten Unternehmen und den Verbänden, Parteien, Kirchen und anderen Organisationen ohne Erwerbszweck ist Resultat eines langen historischen Prozesses. Hierin spiegeln sich Entwicklungen der Wertvorstellungen und politischen Verhältnisse wider. Angesichts der technischen und sozialen Innovationen sowie der Entwicklungen, die aus dem internationalen Bereich herrühren, werden die Rahmenbedingungen permanent revidiert.

Die zunehmende Komplexität des Wirtschafts- und Rechtssystems hat im Bereich der Institutionen, die in der Vermittlung und Lösung gesellschaftlicher Konfliktpotentiale tätig sind, zu deutlichen Ausweitungen des gesetzlichen und des institutionellen Regelwerks geführt. Dazu gehörte die Fortentwicklung rechtlicher Normen und Regelungen mit der Funktion des Ausgleichs und des Schutzes von Interessen. Dies ist durchaus als ein für den Wirtschaftsprozeß und die Mehrung des Wohlstands unerläßliches öffentliches Gut anzusehen. Die

Austarierung unterschiedlicher Interessen und die Eröffnung von Entfaltungsmöglichkeiten für Privatinitiativen sind für die Stabilität sowie die Erneuerungsfähigkeit der Volkswirtschaft von entscheidender Bedeutung gewesen; daher sollten die in diesem Bereich vorhandenen Spielräume eher erweitert werden.

Bei der Diskussion der Rahmenbedingungen sollten allerdings zwei Aspekte auseinandergehalten werden. Der eine betrifft den Wertewandel selbst, d.h. die Veränderung von Normen und Zielen; der andere bezieht sich auf eine Fortentwicklung und Veränderung der Regelmechanismen (Instrumente). Über den Inhalt und das Ausmaß solcher Regelungen muß im Einzelfall jeweils neu gestritten werden, ungerechtfertigt scheint es aber beispielsweise, Entregulierung als ein Allheilmittel anzusehen, ohne das Ziel der Allokationseffizienz gegen andere Ziele wie z.B. Umweltschutz, Aufrechterhaltung eines gesellschaftlichen Konsenses u.a. abzuwägen. Solange Zielbündel verfolgt werden, ist ein Instrumentenrigorismus eher abträglich.

Die zunehmende Aufspaltung von Unternehmen in Produktions- und Kapitalhaftungsunternehmen deutet darauf hin, daß Unternehmen versuchen, die Auswirkungen institutioneller Regelungen (Mitbestimmungsrecht, Steuerrecht, Kartellrecht, Konkursrecht, u.a.), die für sie Risiken implizieren und Kosten erzeugen können, durch neue Konstruktionen so gering wie möglich zu halten. In diesen Fällen ist es notwendig, zu fragen, ob eine Entwicklung in dieser Richtung zielkonform ist oder ob hier nicht neue Regelungen nötig sind, damit solche Entwicklungen nicht zu einer Erosion des vorhandenen Zielsystems führen.

Zum Ordnungsrahmen gehören auch die Finanzierungssysteme der Sozialversicherung, anderer Zwangsversicherungen (Kfz-Haftpflichtversicherung u.a.) und berufsständischer Gebührenordnungen. Hier haben sich teilweise Fehlentwicklungen ergeben, die besonders in einem als übermäßig empfundenen Kostenanstieg zu sehen sind. Solche Fehlentwicklungen verlangen Korrekturen.

Besondere Aufmerksamkeit verdient in diesem Zusammenhang der Banken- und Versicherungsbereich. Die Veränderung des Regelsystems in diesem Bereich geht dahin, daß sowohl im internationalen als auch im nationalen Kontext

Banken und Versicherungen zunehmend beide Geschäfte betreiben können. Ob diese Entwicklung vor dem Hintergrund der Aufrechterhaltung des Ziels eines Verbraucherschutzes ohne zu starke Eingriffe in Preisbildungsprozesse und der Erhaltung der Effizienz der Geldpolitik wünschenswert ist, erscheint fraglich. Die jeweiligen Finanzinnovationen sollten nicht zu einer Erosion der Risikoabsicherung und zu einer Gefährdung der Liquidität des Bankensystems führen.

Eine andere Frage ist es, ob die Macht von Banken und Versicherungen aus ordnungs- und wettbewerbspolitischen Gründen beschnitten werden sollte. Hierbei ist auf die Stellungnahmen sowohl der Monopolkommission als auch des Sachverständigenrates hinzuweisen. Die Beurteilung dieses Problems hängt weitgehend davon ab, ob es gelingt, die Macht von Banken und Versicherungen zu messen. Dabei geht es zum einen um die Beteiligung der Banken und der Unternehmen. Aus den von uns durchgeführten Analysen hat sich ergeben, daß Banken und Versicherungen ihren Anteil an den Gewinnen gesteigert und daß besonders die Kreditinstitute ihren Anteil an dem Grundkapital aller Aktiengesellschaften erhöht haben. Dabei ist aber zu berücksichtigen, daß die Verflechtung zwischen Finanzierungsinstitutionen und Beteiligungsgesellschaften besonders hoch ist. Der Einfluß der Finanzierungsinstitutionen auf die Aktiengesellschaften des produzierenden Gewerbes kann also nicht an ihren direkten Beteiligungen gemessen werden. Auch über die Beteiligungsgesellschaften halten Banken Anteile am Kapital der Aktiengesellschaften des sekundären Sektors. Eine ins einzelne gehende Beurteilung erfordert im Prinzip eine der Input-Output-Rechnung analoge Zurechnung von direkten und indirekten Beteiligungen. Die Arbeiten hierfür sind weit vorangeschritten; weitere Analysen sind unabdingbar. Momentan gibt es keine sichere empirische Grundlage für die Bestimmung des tatsächlichen kapitalmäßigen Einflusses von Banken und Versicherungen. Darüber hinaus bleibt dann immer noch die Frage, wie solche - sicherlich gestiegenen - Anteile am Grundkapital ordnungspolitisch zu beurteilen sind.

Banken und Versicherungen beteiligen sich nicht nur an Unternehmen, sondern nehmen auch Einfluß über die Bereitstellung von Mitteln zur Fremdfinanzierung der Produktionsprozesse. Die Diskussion der gesunkenen (vertikalen) Eigenkapitalquote hat gezeigt, daß ihre Beurteilung verschiedene Aspekte differenziert berücksichtigen muß. Hinweise auf eine gestiegenen Macht der Banken im

Zusammenhang mit steigender Fremdfinanzierung liefert diese Entwicklung nicht unmittelbar. Die Entwicklungen auf den internationalen Kreditmärkten haben zur Folge, daß zumindest Großunternehmen vielfältige Finanzierungsmöglichkeiten haben, die sogar am Bankensystem vorbeilaufen können (Disintermediation).

Im internationalen Vergleich der Versicherungsmärkte zeigt sich, daß die Bundesrepublik - ähnlich wie Schweden und die Schweiz - sehr stark den Versicherungsmarkt reguliert (vgl. z.B. Finsinger, 1985). Dies geht bis hin zur Preisregulierung aufgrund der Genehmigungspflicht der Prämien durch das Bundesaufsichtsamt für das Versicherungswesen. Die Prämien liegen i.d.R. über dem Niveau anderer Länder. Die Überschüsse der Versicherungsunternehmen werden durch das System der Rückvergütungen zum Teil wieder ausgeschüttet. Man hat es also mit einem Mischsystem mit festen (hohen) Prämien, festen Leistungen und variablen Rückvergütungen zu tun. Angesichts der demographischen Entwicklung, die üblicherweise nur im Zusammenhang mit der Entwicklung des Sozialversicherungssystems diskutiert wird, ist es allerdings schwierig, die auf die privaten Versicherungen zukommenden Risiken richtig abzuschätzen; insofern ist ein abschließendes Urteil über die Angemessenheit eines solchen Prämiensystems ohne weitergehende Untersuchungen kaum möglich.

In der Bundesrepublik wird z.B. in der Kraftverkehrsversicherung mehr als ein Drittel des Geschäfts rückversichert. Die staatliche Beaufsichtigung des Versicherungswesens hat nicht verhindert, daß erhebliche Betriebskosten anfallen - nicht nur im Rückversicherungsgeschäft, sondern auch bei Löhnen und Gehältern, die bei einem Spitzenniveau überdurchschnittlich expandieren.

Finanz- und Versicherungsmärkte stehen in der Bundesrepublik unter Liberalisierungsdruck. In der Tendenz dürfte dies dazu führen, daß hier die traditionell gewachsenen Monopol- und Machtstellungen teilweise wieder abgebaut werden. Insofern ist eine Marktöffnung auch für ausländische Anbieter ein durchaus begrüßenswerter Beitrag zu einer Korrektur möglicher Fehlentwicklungen.

Mehr Wettbewerb ist auch in anderen Dienstleistungsbereichen geeignet, Hemmnisse für die Entwicklung des tertiären Sektors abzubauen; bei relativ hohen Einkommenselastizitäten werden Dienstleistungen, die mit zu hohen, staatlich regulierten Gebühren angeboten werden, weit weniger in Anspruch genommen, als es dem Bedarf entspricht.

10.2 Handelspolitik

Dienstleistungen erhalten in der außenhandelspolitischen Debatte einen immer höheren Stellenwert:

- der statistisch als Dienstleistung abgegrenzte internationale Handel hat Größenordnungen erreicht, die ihn unter Leistungsbilanzgesichtspunkten interessant machen;
- zwischen Dienstleistungen und Waren bestehen häufig komplementäre Beziehungen; Dienstleistungshandel kann insofern als Transmissionsriemen für eine verbesserte Wettbewerbsposition im Warenhandel angesehen werden.

Beide Aspekte sind in der Praxis kaum voneinander zu trennen. Nicht von ungefähr sind es die USA und Großbritannien - beides Länder mit zum Teil sehr entwickelten und wettbewerbsfähigen Dienstleistungszweigen -, die auf internationale Verhandlungen drängen mit dem Ziel, den internationalen Dienstleistungsverkehr zu liberalisieren. Sicherlich stehen dahinter beide Motive: Verbesserung der Dienstleistungsbilanz und Verbesserung der Warenhandelsbilanz. Auch bei einer Einzelbetrachtung der verschiedenen Posten der Dienstleistungsbilanz hat sich gezeigt, daß diese beiden Aspekte nicht leicht auseinanderzuhalten sind. Transportleistungen, Telekommunikation, Versicherungen und Banken verbessern selbst in erheblichem Umfang die Dienstleistungsbilanz, sie stehen aber auch in einem direkten Erfolgszusammenhang mit Warenexporten. Dies gilt insbesondere auch für Ingenieur-und Beratungsleistungen und insbesondere die Software.

Nichttarifäre Hemmnisse, die nach den Erfolgen der verschiedenen Zollsenkungsrunden im Rahmen des GATT immer mehr Bedeutung erlangt haben, sind schon von jeher im Bereich der Dienstleistungen wirksam gewesen. Dies gilt für technische Standards und Normen, berufsständische und andere Sonderbedingungen, qualitätsbezogene Beschränkungen oder nationale Besonderheiten von Ausschreibungsverfahren. Diese und ähnliche nichttarifäre Hemmnisse

nen Volkswirtschaften hingewiesen worden. Auch im Versicherungsmarkt sind ähnliche Tendenzen zu beobachten.

Nach einem Urteil des Europäischen Gerichtshofs in Luxemburg Anfang Dezember 1986 verstößt die Bundesrepublik - wie auch Frankreich, Dänemark und Irland - gegen EG-Recht über den freien Dienstleistungsverkehr, da besonders bei Direktversicherungen das Versicherungsaufsichtsgesetz Unternehmen aus anderen EG-Ländern dazu zwingt, eine Niederlassung zu gründen. Nach dem Urteil des Europäischen Gerichtshofs wird der Versicherungsaufsichtsbehörde eine Zulassungsbefugnis zugebilligt, wenn es sich um sogenannte Massenversicherungen mit individuellen Kunden handelt. Dagegen schränkt das Urteil diese Aufsichtsbefugnis bei Versicherungsgeschäften mit großen industriellen Kunden weitgehend ein (vgl. Süddeutsche Zeitung vom 5.12.1986). Aus diesem letzten Beispiel ersieht man deutlich die Verzahnung von Handels-, Ordnungs- und Wettbewerbspolitik.

10.3 Finanz- und Strukturpolitik

Finanzpolitisch ist eine Expansion des tertiären Sektors unter den gegenwärtigen politischen Prioritäten kaum durchsetzbar, wenn sie zu einer Erhöhung der Staatsquote führt. Zugleich kann aber daraus nicht der Schluß gezogen werden, daß eine Senkung der Staatsquote das vordringliche Ziel sei. Vorrangig muß es darum gehen, in den Bereichen, in denen ein zusätzlicher Bedarf an Dienstleistungen besteht oder sich abzeichnet - z.B. in der Altenpflege, bei der Integration von Randgruppen, bei der Rehabilitation und Resozialisierung, aber auch bei Entwicklungen einer leistungsfähigen privaten produktionsorientierten Dienstleistungswirtschaft -, Spielräume für private Intiativen zu schaffen, ohne die vorhandene staatliche Aufgabenerfüllung einzuschränken. Hier ist allerdings fortwährend nach Einsparungsmöglichkeiten zu suchen, um die öffentliche Verwaltung effizienter zu gestalten und um eine zu weitgehende Bürokratisierung wieder abzubauen.

Auch die Abgabenquote im Bereich des Sozialversicherungssystems scheint an Grenzen gestoßen zu sein, obwohl aufgrund der absehbaren demographischen Entwicklung hier in Teilbereichen weitere Belastungen zu erwarten sind.

Sicherlich sind hier Neuerungen erforderlich, die weitreichende Folgen für den Umfang und die Stellung des Sozialversicherungssystems bei der Zukunftvorsorge haben werden.

Die Konsequenzen für die Strukturpolitik sind vergleichsweise einfacher zu ziehen. Wenn man davon ausgehen kann, daß eine Wohlstandssicherung und -steigerung auch auf komplementären Entwicklungen des sekundären und tertiären Sektors beruhen, dann muß die Strukturpolitik hierauf stärker Rücksicht nehmen als bisher. Sicherlich gehören einige der durch Subventionen stark geförderten Bereiche zum tertiären Sektor. In erster Linie ist hier die Deutsche Bundesbahn zu nennen. Daneben spielen vor allem Subventionen an den Handel eine Rolle, die allerdings im wesentlichen der Landwirtschaft zugute kommen. Von den hochsubventionierten Bereichen des tertiären Sektors spielt die Wohnungswirtschaft ein besondere Rolle. Vom DIW ist verschiedentlich darauf hingewiesen worden, daß die Subventionierung dieses Bereichs eine Entwicklungsdynamik hat, die sehr bald Einschnitte erfordert, nicht nur weil budgetäre Grenzen gesprengt werden, sondern auch weil die Zielkonformität der Mittel nicht mehr überzeugt (vgl. DIW, 1984, S. 74ff).

Sieht man von diesen genannten Bereichen ab, so ist festzustellen, daß die gegenwärtige Strukturpolitik überwiegend strukturkonservierende Industriepolitik ist. Insofern ist eine Überprüfung der Ausgewogenheit der Subventions- und Strukturpolitik unter Beachtung der Expansionspotentiale des privaten Dienstleistungsbereichs dringend erforderlich. Dies könnte sogar langfristig für den sekundären Sektor eine aussichtsreichere Strategie sein, weil damit die Wettbewerbsfähigkeit der Warenproduktion eher erhöht wird als durch eine unbefristete Förderung von Schrumpfungsbranchen des sekundären Sektors.

Mit der Förderung von Existenzgründungen und der Bereitstellung von venture-capital auch für Dienstleistungsunternehmen sind z.T. schon Schritte in der richtigen Richtung unternommen worden. Dadurch wird die Spezialisierung von Dienstleistungsunternehmen unterstützt; dies dürfte wiederum die Attraktivität für Unternehmen des sekundären Sektors erhöhen, bestimmte Teilfunktionen auszulagern.

Auch die regionale Strukturpolitik bezieht in zunehmenden Maße tertiäre Aktivitäten ein. Ein Beispiel hierfür ist die GA "Verbesserung der regionalen Wirtschaftsstruktur...." Eine den Dienstleistungssektor besser berücksichtigende Strukturpolitik könnte damit ein Beitrag zum Strukturwandel leisten und damit auch zu einer Verminderung der Probleme beitragen, die aus der Anpassung von strukturschwachen Branchen des verarbeitenden Gewerbes resultieren.

10.4 Beschäftigungs- und Einkommenspolitik

Betrachtet man die Entwicklung in der Periode der Unterbeschäftigung in der Bundesrepublik, d.h. seit 1973, so zeigt sich, daß im Unterschied zu der vorhergehenden Vollbeschäftigungsperiode die Beschäftigungsexpansion im tertiären Sektor nicht mehr ausgereicht hat, die Freisetzung von Arbeitskräften in der Landwirtschaft und im warenproduzierenden Gewerbe aufzufangen. Dennoch haben fast ausschließlich Wirtschaftszweige des tertiären Sektors ihre Beschäftigung noch erhöhen und damit wenigstens teilweise den Beschäftigungsrückgang in den an deren Sektoren kompensieren können. Dieser Befund zeigt, daß es ungerechtfertigt ist, anzunehmen, daß unabhängig von der konjunkturellen und strukturellen Entwicklung des sekundären Sektors der tertiäre Sektor wie in einem System kommunizierender Röhren in der Lage ist, jeden Beschäftigungsrückgang auszugleichen (vgl. Stille, 1986). Nur eine umfassende Beschäftigungspolitik, in der die Dienstleistungen eine wichtige Rolle spielen und die Beeinflussung der Beschäftigungsstruktur eine Teilstrategie ist, kann erfolgreich sein. Bei einer solchen Teilstrategie ist anzustreben, daß sie möglichst zu einer besseren Umsetzung des gesamtwirtschaftlichen (end- oder vorleistungsnachfrageorientierten) Bedarfs an Dienstleistungen, zur Erschließung neuer Nachfragefelder und zur Verbesserung der Rahmenbedingungen im Innern sowie der internationalen Wettbewerbsfähigkeit beiträgt.

Bei modernen, produktionsorientierten Dienstleistungen kommt es darauf an, günstige Rahmenbedingungen zu schaffen, die z.T. schon im Zusammenhang mit den anderen Politikbereichen diskutiert worden sind. Dazu gehört aber auch die Weiterverfolgung des Ziels eines hohen Ausbildungstandards. Dies betrifft weiterhin den Humanbereich (Gesundheit, Bildung, Soziales) und die basisorientierten Funktionen des Staates. Es sollte gesellschaftlicher Konsens darüber herbeizuführen sein, daß hier noch Bedarf und ein zusätzliches Beschäftigungspotential besteht. Bei seiner Realisierung ist der veränderten Arbeitsteilung zugunsten privater Dienstleistungsunternehmen und der Organisationen ohne Erwerbscharakter Rechnung zu tragen und das Dienstleistungsangebot von Selbsthilfeinitiativen und Trägervereinen einzubeziehen.

Welche dieser institutionellen Lösungen sich auf lange Frist als tragfähig erweisen wird, hängt neben Kostenaspekten auch davon ab, ob spezielle Aufgaben von der einen oder anderen Institution bedarfsgerechter erfüllt werden. Die Erfahrung zeigt, daß die auf Kleinräumigkeit und Dezentralität basierenden "alternativen" Organisationsformen häufig "Fühlungsvorteile" haben. Eine Zunahme dieser Aktivitäten kann sich deshalb in einer Verringerung des Arbeitsangebotes und in einer Zunahme der Lebensqualität niederschlagen.

Eine Expansion im Dienstleistungsbereich ist aus zwei weiteren Gründen interessant: Zum einen werden die Chancen der Einrichtung von Teilzeitarbeitsplätzen als besonders günstig eingeschätzt. Hierbei geht es darum, daß Teilzeitarbeitsplätze auch für höherwertige Funktionen bereitgestellt werden; die bisherige Praxis, daß Teilzeitarbeitsplätze fast ausschließlich mit Frauen besetzt sind, ist durch entsprechende Anreize zu korrigieren.

Zum anderen stellt sich die Frage nach Einkommensniveau und -struktur. Tatsächlich besteht im tertiären Bereich schon eine erhebliche Lohndifferenzierung. Auch im Bereich der Alternativökonomie sind zuweilen Löhne üblich, die zugespitzt als "Selbstausbeutung" bezeichnet werden.

Einkommenszurückhaltung wird unter den gegenwärtigen tarifpolitischen Bedingungen allein für den öffentlichen Bereich gefordert; es hat sich aber gezeigt, daß im letzten Jahrzehnt die Einkommensentwicklung im öffentlichen Bereich schwächer als in der Privatwirtschaft gewesen ist. Hiermit sind aber nicht die Strukturprobleme der öffentlichen Besoldung angesprochen. Eine Ausweitung wichtiger Dienstleistungen im öffentlichen Bereich erfordert die Schaffung von mittleren Positionen auch für Akademiker. Geschieht dies nicht, unterbleiben hier notwendige Einstellungen (vgl. Krupp, 1986). Im Universitätsbereich - und darüber hinaus - gibt es z.Zt. eine nur vorübergehende Absenkung der Eingangsstufen für Hochschulabsolventen. Dies geht an einer Lösung des angesprochenen

Problems vorbei. Eine stärker leistungsbezogene Umgestaltung des Besoldungsrechts, die Flexibilität nach unten und nach oben zuläßt, wäre auf lange Frist die angemessene Lösung.

In diesem Zusammenhang ist schließlich zu bemerken, daß die Blickrichtung bei der Diskussion einer Lohn- oder Einkommensdifferenzierung nicht notwendigerweise auf die niedrigen Einkommen zielen muß; wichtiger wäre über Einkommensprivilegien am oberen Ende der Einkommensskala zu diskutieren. Andererseits wird die Expansion zukunftsträchtiger, die Wettbewerbsfähigkeit der Wirtschaft erhöhender Dienstleistungen auch in Zukunft mit überdurchschnittlichen Einkommenssteigerungen verbunden sein.

10.5 Statistik des tertiären Sektors

Aus der Darstellung des empirischen Befundes über die Strukturverschiebungen zwischen sekundärem und tertiärem Sektor ist deutlich geworden, wie häufig man sich mit Behelfsindikatoren für wichtige Sachverhalte zufrieden geben muß und wie wenig aktuell oft die zur Verfügung stehenden Informationen über den Dienstleistungssektor sind. Angesichts des unbestreitbaren Gewichts der Dienstleistungen sind hier zwei Forderungen unmittelbar einsichtig: Zum einen eine Verbesserung der Aktualität und zum anderen eine breitere Erfassung des tertiären Sektors. Insbesondere bei den übrigen Dienstleistungen sind mehr Informationen erforderlich. Dies setzt auch eine Überarbeitung der bisher geltenden Nomenklaturen voraus. Unerläßlich ist es hier, detailliertere Informationen für so essentielle Größen wie Produktion, Investitionen und Beschäftigte zu erhalten, aber auch für Löhne und Gehälter sowie die Dienstleistungen im Außenhandel. Bei allen diesen Größen ist die Untererfassung des tertiären Sektors, insbesondere der übrigen Dienstleistungen, im Vergleich zu der statistischen Erfassung des primären oder sekundären Sektors eklatant.

Die empirischen Befunde haben aber auch deutlich gemacht, daß gerade die veränderte Arbeitsteilung zwischen Warenproduktion und Dienstleistungen im produzierenden Gewerbe anhand der Produktionsstatistik sich mit der verfügbaren Information nur rudimentär darstellen läßt. Dies heißt, daß auch im produzierenden Bereich den dort erbrachten Dienstleistungen erhöhte Aufmerksamkeit gebührt. Das Gleiche gilt mit umgekehrtem Vorzeichen auch für die Wirtschaftszweige des tertiären Sektors; hier könnte eine breitere Erfassung der verschiedenen Dienstleistungszweige in der Kostenstrukturstatistik zunächst teilweise Abhilfe schaffen.

Angesichts der gegenwärtig bestehenden Konfliktlagen im Statistikbereich - Klagen der Wirtschaft über zu hohe Kosten der Informationsbereitstellung, die Berücksichtigung der Datenschutzprobleme, Probleme der Kompetenz- und Kostenverteilung innerhalb der öffentlichen Verwaltung - scheint es sinnvoll, mit dem Ausbau vorhandener Statistiken in Richtung auf eine bessere Erfassung der Dienstleistungen zu beginnen. Dies muß - in welchem organisatorischen Rahmen auch immer - rasch und umfassend geschehen.

Literaturverzeichnis

Horst Albach u.a. (1985): zus. mit K. Bock u. T. Warnke: Kritische Wachstumsschwellen in der Unternehmensentwicklung, Stuttgart 1985.

William J. Baumol (1967): Macroeconomics of Unbalanced Growth: "The Anatomy of Urban Crisis", in: American Economic Review, Juni 1967, S. 415-426.

William J. Baumol (1968): Macroeconomics of Unbalanced Growth: A Comment, "The American Economic Review", 4/1968.

Theo Beckermann (1980): Das Handwerk in der Bundesrepublik Deutschland, RWI-Schriftenreihe NF Heft 42, Berlin, 1980.

Daniel Bell (1973): The Coming of Post-Industrial Society. A Venture in Social Forecasting (Basic Books) New York.

Ludwig Berekoven (1983): Der Dienstleistungsmarkt in der Bundesrepublik Deutschland, Göttingen, 1983, 2 Bde.

Klaus Bette (1985): Die Einordnung des Factoring in das deutsche Recht, in: Deutscher Factoring-Verband e.V., 1985.

BIS (1986): Bank for International Settlements: Recent Innovations in International Banking, Basle, April 1986.

BIZ (1986): Bank für Internationalen Zahlungsausgleich, 56. Jahresbericht, Basel, 9. Juni 1986.

Ulrich Brasche u.a. (1984): Ulrich Brasche, Christoph F. Büchtemann, Wolfgang Jeschek, Werner Müller, Auswirkungen des Strukturwandels auf den Arbeitsmarkt, Anforderungen des Strukturwandels an das Beschäftigungssystem, (SBE-Schwerpunktthema), DIW-Beiträge zur Strukturforschung, Heft 80, Berlin, 1984.

Scott Burns (1975): The Household Economy, Boston, 1975.

Hans E. Büschgen (1986): Finanzinnovationen, Neuerungen und Entwicklungen an nationalen und internationalen Finanzmärkten, in: ZfB 56. Jg. (1986), H. 4/5.

Colin Clark (1940): The Conditions of Economic Progress, London etc, 1940, 3. Aufl., 1957.

Commerzbank (1985), Wer gehört zu wem, Mutter- und Tochtergesellschaften von A - Z, 15. erweiterte Auflage, Frankfurt a. Main 1985.

Eberhard Dähne (1974): Die Bedeutung der Dienstleistungswirtschaft für die Arbeitsmarktentwicklung in der BRD (RKW-Schriftenreihe), Frankfurt, 1974.

Deutsche Bundesbank (1978): Monatsbericht, November 1978.

Deutsche Bundesbank (1983): Zahlenübersicht und methodische Erläuterungen zur gesamtwirtschaftlichen Finanzierungsrechnung der Deutschen Bundesbank, Sonderdruck Nr. 4, Frankfurt 1983.

Deutsche Bundesbank (1985): Sonderdruck Nr. 6, September 1985.

Deutsche Bundesbank (1986): Innovationen im internationalen Bankgeschäft, Monatsbericht, April 1986, S. 25-35.

Deutscher Factoring Verband e.V. (Hrsg.) (1985): 25 Jahre Factoring in Deutschland, Mainz, 1985.

DIW (1981): Deutsches Institut für Wirtschaftsforschung: Abschwächung der Wachstumsimpulse, Analyse der strukturellen Entwicklung der deutschen Wirtschaft (Strukturberichterstattung 1980), DIW-Beiträge zur Strukturforschung, Heft 61, Berlin, 1981.

DIW (1984): Deutsches Institut für Wirtschaftsforschung. Erhöhter Handlungsbedarf im Strukturwandel. Analyse der strukturellen Entwicklung der deutschen Wirtschaft (Strukturberichterstattung 1983), DIW-Beiträge zur Strukturforschung, Heft 79, Berlin, 1984.

Werner Dostal (1984): Datenverarbeitung und Beschäftigung. Teil 3: Der Informationsbereich, in: Mitteilungen aus der Arbeitsmarkt- und Berufsforschung, Heft 4/1984, S. 490-505.

Christian Engel (1857): Die vorherrschenden Gewerbezweige in den Gerichtsämtern mit Beziehung auf Produktions- und Consumtionsverhältnisse des Königreichs Sachsen, in: Zeitschrift des statistischen Büros des Königlich-Sächsischen Ministeriums des Inneren.

Renate Filip-Köhn u.a. (1984): Renate Filip-Köhn, Gerhard Neckermann, Reiner Stäglin (DIW) in cooperation with Werner Dostal (IAB) and J. Seetzen (HHI): Information Activities: Updating and Improving the Data Base for the Federal Republic of Germany (ref. ICCP Report No. 6), Forschungsprojekt im Auftrag des Bundesministers für Forschung und Technologie, Berlin, December 1984.

Renate Filip-Köhn (1985): Wachsende Bedeutung des Informationssektors in der Bundesrepublik Deutschland, in: Wochenbericht des DIW, Nr. 35/1985.

Alan Fisher (1939): Production - Primary, Secondary and Tertiary, in: The Economic Record, Vol. 15, 1939, S. 24-38.

Heiner Flassbeck/ W. Koll (1983): Kapital und Rendite, in: Wirtschaftswoche, Heft 21/1983

Jean Fourastié (1949): Le Grand Espoir du XX. Siécle, Paris 1949, (deutsch: Die große Hoffnung des 20. Jahrhunderts, Köln 1954).

Victor R. Fuchs (1968): The Service Economy (Columbia University Press), New York/London, 1968.

Victor R. Fuchs (1969): (ed.) Production and Productivity in the Service Industries, (NBER) New York and London, 1969.

Horst Füllenkemper, Hannes Rehm (1985): Internationale Finanzmärkte unter Innovations- und Liberalisierungsdruck, in: Kredit und Kapital 4/1985, S. 553-585.

Jonathan Gershuny (1981): Die Ökonomie der post-industriellen Gesellschaft, Frankfurt, 1981.

Jonathan Gershuny, I. Miles (1983): The New Service Economy, London, 1983.

Bernd Görzig (1981): Der Einfluß verkürzter Abschreibungsperioden auf Gewinne und Renditen. In: Vierteljahrshefte zur Wirtschaftsforschung, Heft 1/1981, Berlin 1981.

Bernd Görzig (1981a): Entwicklung von Gewinnen und Renditen im Unternehmensbereich. In: Vierteljahrshefte zur Wirtschaftsforschung, Heft 4/1981.

Bernd Görzig (1986): Zur Rentabilitätsentwicklung in der deutschen Wirtschaft, - Meßkonzepte und -probleme, Entwicklungstendenzen. In: Beihefte zum Statistischen Archiv, Nr. 24, Wiesbaden 1986.

Bernd Görzig (1987): Strukturwandel bei Gewinnen und Investitionen, DIW-Vierteljahrshefte zur Wirtschaftsforschung, Heft 1/2-1987, Berlin 1987.

Bernd Görzig, Erika Schulz (1987): Die Auswirkungen veränderter Unternehmensorganisation auf Kapital und Beteiligungen. In: Vierteljahrshefte zur Wirtschaftsforschung, Heft 4/1986, Berlin 1987.

Hoppenstedt (1985): Handbuch der Großunternehmen 1985, Band 1 und 2, Darmstadt u.a. 1985.

Rolf Jungnickel, Ulrike Maenner (1984): Eigenimporte der deutschen Industrie, (HWWA), Hamburg, 1984.

Kreditanstalt für Wiederaufbau (1984): Geschäftsbericht.

Hans-Jürgen Krupp (1986): Der Strukturwandel zu den Dienstleistungen und Perspektiven der Beschäftigungsstruktur, Mitt AB 1/1986, S. 125-158.

H. Legler, B. Speckner (1978): Informationssektor in der Bundesrepublik Deutschland - Beschäftigung und Einkommen - Endbericht des Instituts für Systemtechnik und Innovationsforschung (ISI) der Fraunhofer-Gesellschaft zu einem Forschungsauftrag des Heinrich-Hertz-Instituts für Nachrichtentechnik GmbH, Karlsruhe, Dezember 1978, und H. Legler: Erwerbstätige im Informationssektor in der Bundesrepublik Deutschland 1978 - Ergänzung zum Endbericht, Karlsruhe, August 1979.

Alfred Marshall (1905): Handbuch der Volkswirtschaftslehre, Stuttgart/Berlin, 1905.

Franco Modigliani/ M.H. Miller (1958): The Cost of Capital, Corporation Finance and the Theory of Investment, American Economic Review, Vol. 48 (1958), S. 261-297.

Jürg Niehans (1983): Financial Innovation, Multinational Banking, and Monetary Policy, in: Journal of Banking and Finance 7 (1983), pp. 537-551.

OECD (1981): Information Activities, Electronics and Telecommunications Technologies. Impact on Employment, Growth and Trade, ICCP Report No. 6,

Volume I, Paris 1981, und die kürzlich vorgelegte Aktualisierung: Trends in the Information Economy, ICCP No. 11, Paris 1986.

Charlotte Otto-Arnold (1978), unter Mitarbeit von Ulrich Burschat: Dienstleistungen in der Gesamtwirtschaft, DIW-Beiträge zur Strukturforschung, Heft 48/1978.

H. J. Petersen u.a. (1984): H. J. Petersen, Fritz Franzmeyer, Peter Hrubesch, Siegfried Schultz, Dieter Schumacher, Herbert Wilkens: Der internationale Handel mit Dienstleistungen aus der Sicht der Bundesrepublik Deutschland - Entwicklung, Handel, Politik - , DIW, Beiträge zur Strukturforschung, Heft 78/1984.

Mare Uri Porat (1977): The Information Economy, OT Special Publication 77-12 (1), US-Department of Commerce, May, 1977.

D. Schäfer, L. Schmidt (1983): Abschreibungen nach verschiedenen Bewertungs- und Berechnungsmethoden. In: Wirtschaft und Statistik, Heft 12, Wiesbaden 1983.

Fritz W. Scharpf (1986): Strukturen der post-industriellen Gesellschaft, oder: Verschwindet die Massenarbeitslosigkeit in der Dienstleistungs- und Informations-Ökonomie?", in Soziale Welt, Heft 1, 1986, 3-24.

J. Schmidt (1980): Zur Entwicklung der Kapitalrentabilität in den Unternehmensbereichen der Bundesrepublik Deutschland, Mitteilungen des Rheinisch-Westfälischen Instituts für Wirtschaftsforschung, Jg. 31, Essen 1980.

J. Schmidt (1984): Konzeptionelle Probleme bei der Ermittlung der Kapitalrentabilität, Mitteilungen des Rheinisch-Westfälischen Instituts für Wirtschaftsforschung, Heft 2, Essen 1984.

Dieter Schneider (1986): Mindestnormen zur Eigenkapitalausstattung als Beispiele unbegründeter Kapitalmarktregulierung?, Vortrag gehalten bei der Tagung des Vereins für Socialpolitik (Manuskript), München 1986.

Jiri Skolka (1976): Long Term Effects of Unbalanced Labour Productivity Growth, in: Solari, du Pasquier (eds.), Private and Enlarged Consumption, North Holland 1976, 279-301.

Jiri Skolka (1977): Dienstleistungen oder Selbstbedienung, in: Wirtschaft und Gesellschaft, 1977.

Statistisches Bundesamt (1975): Klassifizierung der Berufe, Systematisches und alphabetisches Verzeichnis der Berufsbenennungen, Ausgabe 1975, Stuttgart und Mainz.

Statistisches Bundesamt (1979) (Hrsg.): Systematik der Wirtschaftszweige mit Erläuterungen, Ausgabe 1979, Stuttgart, 1980.

Statistisches Bundesamt (1986), Fachserie 2, Reihe 2.1, Abschlüsse der Aktiengesellschaften, Wiesbaden 1986.

Reiner Stäglin (1986): The Information Sector as a Sub-System of an Input-Output Table. Paper presented at the Eighth International Conference on Input-Output Techniques, Sapporo, Japan, 28 July - 2 August 1986, veröffentlicht in: Vierteljahrshefte zur Wirtschaftsforschung, Heft 4/1986 (im Druck).

Reiner Stäglin (1987): Der Informationssektor als Satellitensystem der Input-Output-Rechnung, in der Reihe: Forum der Bundesstatistik, Band 6, herausgegeben vom Statistischen Bundesamt, Wiesbaden 1987 (in Vorbereitung).

George J. Stigler (1956): Trends in Employment in The Service Industries (Princeton University Press), Princeton, NJ, 1956.

Frank Stille (1986): Der Dienstleistungssektor als beschäftigungspolitischer Hoffnungsträger im Prozeß des Strukturwandels?, RKW (Hrsg.), (gleicher Titel), Eschborn, 1986.

W. Strohm (1986): Aspekte der Erfassung von Dienstleistungen in der Statistik des Produzierenden Gewerbes, Vortrag auf der Statistischen Woche am 26.9.1986.

SVR (1984/85): Sachverständigenrat zur Begutachtung der gesamtwirtschaftlichen Entwicklung: Jahresgutachten 1984/85.

Sachwortverzeichnis

Seiten